울고 있는 아이에게
말을 걸면

이 책을 읽는 내내 귓가에 사이렌 소리가 들렸다. 책을 읽기 시작한 주말 아침 88고속도로를 지날 일이 있었다. 길은 꽉 막혀 있고 비까지 내리는데 뒤에서 응급차의 사이렌 소리가 들렸다. 이렇게 꽉 막힌 도로에서 응급차가 제대로 갈 수 있을까 걱정하는 사이 모든 차들이 거짓말처럼 움직여 길을 내주었다.

이 책에서는 아동·청소년 문제가 응급차의 진행만큼 촉각을 다투는 일이라고 말하고 있다. 변진경 기자의 글은 응급 상황에 놓인 어린이, 청소년을 위해 울리는 사이렌 소리다.

7년 전쯤이다. 19대 국회에 아동복지법 개정안이 산정되었다가 무산된 적이 있다. 아동보육시설 아동의 한 끼 식사비가 2500원이 채 안 될 때였다. 신문을 보고 분노하는 내 곁에서 보육시설에 살던 중학생이 담담하게 말했다.

"이모, 우리는 선거권이 없어서 그렇대요."

우리나라에서 어린이와 청소년은 늘 정치 영역 밖에 있다. 어른들의 생각은 늘 그랬다. 국가가 위기 상황인데 어린이 청소년 문제가 대수냐고, 먹고살기 바쁜데 교육 문제가 대수냐고.

가난한 아이들이건 부유한 아이들이건 미래가 아닌 지금 여기에서 충분히 행복해야 한다. 그러나 우리는 아이들의 행복을 늘 뒷전으로 미룬다. 이 책은 아이들이 현재의 가난과 결핍 때문에 불행하지 않도록, 미래의 성공을 위해 현재의 행복이 저당 잡히지 않도록 지금 당장 바꿔야 할 것들에 대해 말하고 있다. 아이들은 미래를 위한 존재이니 존중받을 기회도 미루어야 한다고 생각하는 사람은 없을 것이다. 그런데 지금 그 아이들이 맞아 죽고, 굶주려 죽고, 차에 치여 죽는다. 그들에게 미래는 없다.

이 책은 한국 사회가 어린이와 청소년을 어떻게 대하는지, 그들이 살아가기에 얼마나 위험한 곳인지, 그들의 미래를 어떻게 빼앗는지 보여준다. 세상은 약자의 눈이 아닌 어른들의 눈높이 맞춰 돌아간다. 그러나 눈높이는 아이들 학습지에만 필요한 게 아니다. 아이들을 위한 모든 정책이 그들의 눈높이에 맞춰져야만 미래가 아이들의 것이 된다. 내 아이만이라도 행복한 세상은 오지 않는다. 모든 아이들이 안전하게 잘 살 수 있는 세상이어야 내 아이도 행복하다. 저자가 우리에게 묻는다.

"우리는 좋은 사람인가? 아직도?"

나는 어른들이라면 누구나 아이들에게 좋은 사람이어야만 한다고 믿는다. 그래야만 우리에게도, 우리 아이들에게도 미래가 있다. 책을 읽는 동안 어린이와 청소년에게서 시선을 거두지 않는 기자의 마음이 읽혀 수시로 눈시울이 뜨거워졌다. 덕분에 나 또한 다시 울고 있는 아이에게 말을 걸 힘이 생겼다.

— 김중미 · 아동문학가, 《괭이부리말 아이들》 저자

전에는 기사나 뉴스에서 '어린이'라는 단어가 등장하기만 해도 반가웠다. 분명히 사회 구성원인데도 어린이와 관련된 소식은 턱없이 부족했기 때문이다. 그런데 요즘은 조금 긴장하게 된다. '노키즈존'이니 '민식이법 놀이'니 하는 혐오의 말이 나란히 등장할 때가 많아서다. 아동학대나 아동 성범죄 같은 중대한 범죄도 충격적인 사건이 있을 때만 잠시 주목받을 뿐이다. 늘 마음이 무겁다. 대화 중에 '아이들'이라는 말이 등장하면 상대의 기색을 살피기도 한다. 이야기가 불편하게 흘러가면 나는 어떻게 대응할까 머릿속으로 계획을 세우게 된다. 그러다 보면 어린이를 보호하고 존중하자는 당연한 명제가 어쩌다 이렇게 민감한 사안이 되었나, 이것을 왜 '설득'해야 하나 싶어 한숨도 나고 화도 난다. 무기력해진다.

변진경 기자는 그런 순간을 피하지 않고 오히려 더 많이 찾아내는 사람이다. 취재하고 기록하고 분석해왔다. 그가 어린이의 사생활, 섭식, 안전 문제를 다루는 기사를 낼 때마다 나는 캄캄한 길에서 손전등을 들고 용감하게 앞장서는 사람을 떠올리곤 했다. 이 책을 읽으니 사실은 그도 두렵고 그만두고 싶고 다른 길로 가고 싶었으리라는 것을 알겠다. 빼곡한 숫자와 도표, 인용 사이에 그의 숨결과 손길이 담겨 있다. 분노와 좌절에 사로잡히지 않기 위해 사력을

울고 있는 아이에게 말을 걸면

다했을 것이다. 그리고 여러 번 울었을 것이다. 이 책이 밝혀주는 길 구석구석에서 우리는 울고 있는 아이들을 발견한다. 많은 사람이 모인다면 이 길이 밝아질 것이다. 아이들도 더는 울지 않을 것이다. 우리에게 희망이 남아 있다는 뜻이다.

— 김소영·작가,《어린이라는 세계》저자

나는 가끔 아동을 바라보는 비非아동들을 가만히 관찰하곤 한다. 아주 드물게 낯선 아이에게도 미소로 인사하는 장면을 볼 때도 있지만, 대부분은 무심히 지나간다. 변진경 기자는 신기하리만치 꾸준하게 우리 곁의 아이들을 따뜻한 눈으로 관찰하고 열정을 담아 글을 써왔다. 그만의 오랜 관찰과 애정은 단지 아동학대 문제에만 머물러 있지 않았다. 한국 사회에서 아동이 겪고 있는 사건들을 통하여 불평등과 안전, 인권과 교육에 이르기까지 그들의 입체적 삶에 관한 깊은 통찰로 연결되어 있었다. 그래서 그의 글은 건조한 뉴스나 흔해빠진 기사로 휘발되지 않는다. 아이들의 삶에서 실제로 일어나고 있는 일들이 켜켜이 담겨 있기 때문이다. 분명한 사실들이기에 더욱 외면할 수 없는 그 이야기들을 하나하나 따라가다 보면, 이 문제가 아동의 문제가 아니라 우리 모두의 문제라는 것을 머리에서 마음으로 깨닫게 된다.

　모든 사람이 좋은 세상을 원한다고 해서 그 세상이 저절로 오지는 않는다. 아동이 살기 좋은 세상을 만들어야 한다는 애초의 결연

했던 당위는, 사진 찍기와 기사 보도로 효용을 다한 후 막상 현장에서 작동해야 하는 '일'이 되고 '돈'이 들 때, 종종 스리슬쩍 자취를 감추곤 한다. 아동을 지원하는 일을 10여 년간 해오면서 내가 번번이 절망하는 이유이기도 하다. 이 책은 그 절망이 사실은 당연한 거라고, 그렇게 계속 절망만 하고 있지 않아도 된다고 손을 내밀며 담담한 위로와 희망을 준다. 아동을 온전한 인격체로서 존중한다는 것이 무슨 의미인지 궁금한 사람들, 아이들이 처해 있는 문제가 풀려나가면 우리 사회가 어떻게 더 나아질 수 있는지 확인하고 싶은 사람 모두에게 이 책이 다른 어떤 책보다 중요한 이정표가 될 것이라 확신한다.

— 김예원·변호사, 《상처가 될 줄 몰랐다는 말》 저자

울고 있는 아이에게
말을 걸면

변진경 지음

아를

우리가 가닿지 못하는 곳에서
울고 있는 아이들의 이야기

이 책을 쓰면서 어릴 적 동무들을 자주 생각했다.

진영이라는 아이가 있었다. 눈꼬리가 위로 올라가도록 머리카락을 높고 단단히 묶고 다니는 새침데기 친구였다. 집에 놀러 가면 아무도 없었다. 진영이의 엄마는 싱글맘이었다. 작은 주택 옆에 딸린 방 한 칸 부엌 한 칸이 진영이네 집의 전부였다. 주인집 아주머니는 마음씨가 좋아 셋방살이 아이와 그 친구가 마당에서 고무줄놀이 소꿉놀이를 해도 뭐라고 하지 않았다.

진영이 엄마는 늘 사또밥, 자갈치, ABC초콜릿 같은 과자를 한 보따리 사놓고 출근을 했다. 진영이와 친했지만 한 번도 진영이 엄마를 만나지 못했다. "너희 엄마 언제 와?" 물으면 진영이는 "몰라."라고 말했다. 저녁 어스름이 깔릴 무렵 엄마가 기다리겠다 싶어 집을 나서면 진영이는 내 옷자락을 잡았다. "더 놀다 가면 안 돼? 나무서운데……." 나는 남의 집에서 어두운 저녁을 맞기가 싫어 진영이를 외면하고 내 집으로 달렸다.

도현이는 아픈 동무였다. 늘 구부정하게 허리를 숙인 채로 다녔고 입가에 흐르는 침을 잘 닦지 않았다. 나쁜 친구들이 돌멩이를 던져도 느릿느릿 고개를 돌려 히죽 웃기만 했다. 더 어릴 때 교통사고를 당해 머리를 크게 다쳤다고 했다. 어떤 친구들은 "쟤 머리에 개 뇌가 들었대."라고 수군거렸다.

도현이는 할머니와 둘이 살았다. 도현이의 할머니는 도현이보다 허리가 더 굽었다. 도현이의 실내화 주머니를 대신 들고 있으면 땅에 주머니 바닥이 닿았다. 할머니는 매일 아침 교실까지 도현이를 데려다주고 수업이 끝날 때까지 학교 주변을 서성였다. 나쁜 친구들은 할머니에게도 돌멩이를 던지며 욕했다. "야, 개 뇌! 개 뇌!" 할머니와 도현이는 그저 땅바닥을 보며 추적추적 걸었다. 나는 멀찍이서 지켜보다가 고개를 돌렸다.

수민이는 초등학교 3학년 때 같은 반 친구였다. 몸이 바싹 말랐고 늘 지저분한 옷을 입고 다녔다. 말이 없어서 선생님이 발표를 시켜도 입을 닫고 끝끝내 그냥 서 있기만 했다. 친구들 말에 따르면 2학년 때까지는 그럭저럭 말도 하고 웃기도 했던 모양인데 엄마가 집을 나간 뒤부터 달라졌다고 했다.

어느 날 학교를 마치고 집에 갔는데 문이 잠겨 있었다. 엄마가 올 때까지 집 주변을 서성이던 중에 수민이를 만났다. "같이 놀래……?" 그날 처음 수민이와 놀았다. 말이 없던 수민이는 알고 보니 엄청 재미있는 친구였다. 공터에서 잘 부서지는 돌멩이를 찾아서 함께 가루를 빻으며 놀았다. 슈퍼에서 사이다 한 병을 사서 한입씩 나눠 마시고 일부러 트림 소리를 냈다. "예쁜 데 있는데 같이 가

울고 있는 아이에게 말을 걸면

볼래?" 수민이가 안내하는 길을 따라 한참을 걸었다. 읍내와 점점 멀어지고 야트막한 구릉이 나타났다.

봄이었던 모양이다. 키가 작은 나무에 연분홍 꽃들이 흐드러지게 피어 있었다. 복숭아나무밭이었다. 바람이 살짝 불 때마다 꽃잎들이 얼굴에 와 닿았다. 수민이는 여기에서 조금 더 걸어가면 예전에 엄마랑 같이 살았던 집이 나온다고 했다. 제일 좋아하는 장소라고 했다. "나도 여기 진짜 좋다. 우리 이번 소풍 장소 여기로 투표하자. 내가 여기 추천할게!" 곧 다가올 어린이 학급회의 안건은 '소풍 장소'였다. 학급 부회장이던 나는 수줍음 많은 수민이 대신 '수민이의 예전 집 앞 복숭아나무밭'을 우리 반 소풍 장소로 추천하겠노라 약속했다. 수민이는 활짝 웃었다.

♥

진영이, 도현이, 수민이 같은 친구들은 내 주변에서 점점 사라졌다. 경북 의성 시골에서 살다가 대구로, 서울로 갈수록 새 친구들이 사는 삶은 점점 더 매끈하고 단정해졌다. 이제 어릴 적 그 친구들 같은 아이들은 잘 보이지 않는다. 시간이 흘러 세상이 좋아진 것일까? 나도 그렇게 생각했다. 기자가 되어 구석진 곳을 일로써 들여다보기 전까지는.

내 일은 남들보다 조금 더 가까이 타인에게 다가가는 일이다. 표피로 드러난 사건과 숫자 따위들을 단서로 수면 아래에 있는 사람의 이야기들을 발굴하는 게 내 일이고 그걸 늘 잘하고 싶었다. 그러려면 두 가지가 필요했다. 첫째, 가설을 잘 세워야 했고 둘째, 가설을 입증시킬 만한 증거들을 충분히 모아야 했다.

취재를 해서 하나의 수면 아래 이야기를 쓰면 그것이 밑거름이 되어 다음 취재로 이어진다. 취재마다 유독 마음에 남는 장면, 사람, 단어들이 있다. 사회부, 문화부, 경제부 등에서 잡다하게 취재하고 기사를 써오는 동안 하나의 카테고리 안에 차곡차곡 마음 쓰이는 질문들이 쌓였다. 주로 아이들에 관한 것들이었다. '그때 그 아이는 어떻게 되었을까?' '이런 경우 남겨진 아이들은 어떻게 되는 거지?' '그(피해자)가 아이가 아니었다면 사회는 어떻게 반응했을까?' '이런 일이 만약 가난하고 취약한 아이에게 생긴다면?'

그저 가만히 있으면 수면 아래 이야기들은 들리지도 보이지도 않았다. 찾아 나서야 했다. 가설을 세우고 증거들을 모았다.

- 아동학대로 아이가 죽기 전, 가정은 SOS 신호를 보냈을 것이다.
- 지금도 결식아동이 많을 것이다. 다만 결식의 형태가 다를 뿐.
- 길 위 아이들 눈에 블랙박스가 있다면, 거기에 비친 진짜 '갑툭튀'는 아이가 아닌 자동차일 것이다.
- 코로나19로 인한 1년의 교육 공백은 100년의 빚으로 돌아올 것이다. 특히 가난하고 힘든 아이일수록 그 빚의 크기가 클 것이다.

이 책에 실린 이야기들이 바로 그 가설과 증거들이다. 취재하면서 자주 화가 나고 슬퍼졌다. 그럴 때마다 더 집요하게 '팩트'들을 수집했다. 가설이 사실로 증명되는 과정은 내게도 괴롭고 불편했다.

하지만 알리고 싶었다. 한국 사회는 아이들에게 유독 가혹한 세계라는 사실을. 아이라서 봐주기는커녕 아이라서 더 냉정한 세상 속에서 어린이들은 매우 불리한 게임을 하고 있었다. 나는 상대를 믿는데 상대는 나를 믿지 않는 게임. 많은 비극들이 거기에서 발생했다.

한번 약해진 곳은 목소리를 들어주는 이가 없어져서 점점 더 약해진다. 취재하면서 절실히 느꼈다. 혹시 독자들은 줌zoom과 같은 화상 회의 프로그램으로 원격수업이나 재택회의를 하면서 '강제 음소거'를 당해본 일이 있는가. 내가 만난 아이들은 대부분 그런 상태였다. 사회는 그들을 일원으로 대해주는 척하지만 사실은 철저히 소외시키고 있었다. 말해봤자 들어주는 이가 없다는 생각에 아이들은 스스로 제 목소리를 음소거한 채 살아가고 있었다. 뒤늦게 다가가서 마이크를 켜달라고 요청하면 아이들은 그 방법을 모르거나 의도를 경계했다. 저출생 시대 아동 인구수는 해마다 줄어들고 있다. 어린이 집단의 목소리 자체가 쪼그라드는 상황이다. 그 속에서 부유하고 여유로운 보호자를 두지 못한 가난하고 약한 아이들은 더욱더 목소리를 잃어갔다.

아무리 가닿으려 해도 결국 닿지 못한 사각지대들이 있다. 취재할 때마다 학교, 동사무소, 지역아동센터, 시민단체 등을 뒤졌다. 가장 어둡고 그늘진 곳에 놓인 아이들의 목소리까지 '음소거 해제'를 요청하고 싶었다. 하지만 결국 내가 닿을 수 있었던 곳은 세상과 끈이 연결된 곳까지였다. 이미 어느 정도 도움의 손길이 가닿았던 곳만이 내게도 닿았다. 이 책에도 어쩌면 그런 이야기들만 담겨 있을지 모른다. 진짜 끈이 닿아야 할 곳, 정말 도움이 필요한 아이들의 목소리는 끝끝내 담아내지 못했는지도 모른다. 하지만 분명 그곳은 존재한다. 그곳의 이야기들은 비극이 되어야만 세상에 전달된다. 아동학대로 사망하거나, 홀로 있던 집에 불이 나 죽거나 다쳐서, 또래 간 폭력 사건의 피해자나 가해자의 모습으로 등등, 더 이상 돌이킬 수 없는 지경이 되어서야만.

그래서 이 책은 우리가 가닿지 못하는 곳에서 울고 있는 아이들의 이야기를 상상하기 위한 밑천 정도가 될 것이다. '설마'를 경계하고 '혹시'를 옆구리에 낀 채 주변을 살피기 위한 지침서라도 되었으면 좋겠다. 어떤 것을 상상해도 그보다 더 나쁘고 불행한 일들이 우리 주변의 가난하고 취약한 아이들에게 벌어지고 있다는 사실을 상기시켜주는 데에 이 책이 역할을 하기를 바란다.

수민이와의 약속을 나는 지키지 못했다. 학급회의날 '수민이네 예전 집 앞 복숭아나무밭'을 봄 소풍 장소로 추천하기로 했으나 나는 하지 않았다. 다른 아이들은 '문소루'나 '베틀바위' 같은 무난하고 익숙한 소풍 장소들을 추천하는데 아무도 모르는 '수민이네 옛날 집 앞 복숭아나무밭'을 손 들어 추천하기가 민망스러웠다. 사실은 좀 부끄러웠다. 옷도 꾀죄죄하고 말문도 열지 않아 반 아이들이 '이상한 애'로 생각하는 수민이랑 같이 놀고 어떤 약속을 했다는 사실을 굳이 알리고 싶지가 않았다. 그날 이후 수민이를 한 번도 쳐다보지 않았다. 아니, 쳐다보지 못했다.

다 잊은 줄만 알았던 어린 시절 부끄러운 기억들이 이 책을 쓰면서 자꾸 마음속을 덮었다. 다시 그 동무들에게 다가가는 상상을 한다. 같이 놀아줄걸. 위로해줄걸. 외면하지 말걸. 다가가서 동무의 눈물을 닦아줄걸.

하는 수 없이 다 커서 이제 그런 아이들이 보이지 않게 되었을 때에야 기어코 닿아보려고, 말을 건네보려고, 눈물을 닦아주려고 안간힘을 썼다. 뒤늦었지만 그렇게 다시 동무가 되고 싶었다.

2022년 4월

변진경

차례

1장

학대하는 부모,
살아남지 못한 아이

그 아이들이 살 수 있는 기회는
몇 번 있었을까?

"한 아이를 키우는 데 한 마을이 필요하다면, 한 아이를 학대하는 데도 한 마을이 필요하다."

영화 〈스포트라이트〉(2015)에서 가톨릭 사제들의 아동 성추행 사건을 추적하는 《보스턴 글로브》 기자에게 피해자들의 변호를 맡은 변호사는 이렇게 말한다. 아동학대 가해자는 소수의 악마에 국한되지 않는다. 그가 '주연'이라면 그와 아이를 둘러싼 사회와 정부는 적어도 '조연'이다.

2020년 한 해 동안 3만 905명에 이르는 아이가 학대를 당했다. 그 가운데 43명은 학대받다가 숨졌다(전국 아동보호 전문기관을 통해 접수된 사례만이다. 접수되지 않은 사건을 포함하면 수치는 훨씬 더 높아질 것이다). 가해자는 주로 부모였다. 전체 아동학대의 82.1%, 아동학대로 인한 사망 사건의 86.3%를 친부모, 계부모, 양부모가 저질렀다.[1]

어제 일어난 끔찍한 사건은 오늘 일어난 더 끔찍한 사건으로 덮여 대중의 기억 속에서 멀어질 정도로 사건은 점점 더 잦고 참혹해지고 있다. 도대체 왜 부모들은 자기 아이를 학대하다가 급기야 죽이기까지 하는 걸까. 아이들이 더 이상 자기 집에서 자기 부모 손에 죽어나가지 않기 위해 우리 사회는 무엇을 할 수 있을까. 아이를 죽인 '악마'만 처벌하면 모든 문제가 해결될까.

'아이가 왜 죽었을까'를 찾는 것은, '만약 무엇이 달랐다면 그 아이가 살 수 있었을까'를 알아보는 일이기도 하다. 그래서 발견되는 '빈틈'을 채우는 방법도 함께 찾아보고자 했다. 이미 많은 아이들을 잃었지만, 앞으로 다시 반복될 게 분명한 이 비극을 단 한 건이라도 막을 수 있을지 모르기 때문이다.

어느 '리틀맘'의 하소연

2017년 11월 김주미 씨(33)는 '중고나라' 사기를 당했다. 인터넷 중고물품 거래 사이트에서 아이 분유를 사기로 하고 판매자에게 9만 원을 입금했는데 물건이 오지 않았다. 판매자는 이런저런 핑계를 대며 환불을 미뤘다. 알고 보니 비슷한 피해자가 여럿 있었다. 주미 씨가 독촉 문자를 계속 보내자 판매자는 자기가 애가 셋인데 애가 아프고 남편이 다리 한쪽이 '아작 나' 병원에 입원해 있어 정신이 없어서 그랬다고 말했다. 주미 씨가 믿어주지 않자 그 판매자는 다섯 식구 이름과 생년월일이 적힌 주민등록등본과 세 아이 사진을 전송해주기도 했다.

이런저런 하소연을 하던 판매자는 스스로를 '리틀맘'이라고 불

울고 있는 아이에게 말을 걸면

렸다. 열여덟 살에 첫아이를 갖고 나름 열심히 살고 있다고, 그런데 남편이 도움이 안 되는 인간이라고, 철없는 엄마 아빠 밑에서 건강하게 커주는 아가들이 고마울 뿐이라고도 말했다. 긴급생계비 신청을 해뒀으니 그 돈이 들어오면 바로 환불해주겠다고 약속했다. 얼마 뒤 주미 씨 통장에 정말로 9만 원이 들어왔다. '리틀맘'은 남편의료비 등을 제외하고 5인 가족 생계비로 난방비 포함 99만 원을 받았다며 "기다려줘서 고맙다."고 했다.

그로부터 한 달쯤 지난 새해 첫날 주미 씨는 끔찍한 뉴스를 들었다. 하루 전날 새벽 광주광역시 두암동 한 아파트에서 불이 나 세 아이가 죽었다는 뉴스였다. 다섯 살, 세 살, 두 살 세 남매였다.

경찰에 따르면 불이 났을 때 스물세 살 아빠는 PC방에서 게임을 하고 있었고 스물두 살 엄마는 술에 취해 있었다. 베란다에서 홀로 구조된 엄마는 밖에서 술을 먹고 들어와 가스 불에 라면 물을 올린 걸 깜빡 잊어버린 것 같다고 했다가 나중에는 담배를 피우던 중막내가 울어 급히 끄다가 불이 난 것 같다고 진술을 바꿨다.

뉴스 속 새까맣게 그을린 세 남매 집 거실 사진을 보고 주미 씨는 머리카락이 쭈뼛 섰다. 한 달여 전 중고나라 판매자가 보내준 세남매 사진 속 배경이 거기 있었다. 꽃무늬 벽지, 이불 무늬, 흰색 3단기저귀함 위치까지 똑같았다. 사진 속에서 아이스크림을 입에 물고 V자를 그리던 세 남매는 작은 방 안 이불 속에서 불에 탄 채 발견됐다. "철없는 엄마 아빠 밑에서 건강하게 커주는 아가들이 고마울뿐"이라던 세 남매 엄마는 아이들이 화장장 불 속에 들어가던 날경찰 손에 이끌려 현장 검증에 나섰다. 경찰은 중과실치사·중실화

혐의로 엄마 정미애 씨를 검찰에 송치했다.

벼랑 끝 세 남매 가정에 벌어진 비극

"아이들 데리러 온 엄마는 '오늘 고기반찬 먹자.' 하면서 밝게 손 흔들었어요. 아마⋯⋯ 실수였을 거예요. 아이들이 어디라도 아프면 눈물 글썽이며 울먹였던 사람이에요."

광주 세 남매 승리, 승진, 솔이가 다녔던 어린이집 원장은 "애들 엄마는 그럴(방화나 학대를 할) 사람이 아니다."라고 말했다. "아빠도 막내딸 보면 눈에 하트가 뿅뿅한 '딸바보'였고⋯⋯. 나이도 어린데 아기자기하게 살아가는 거 보면서 대단하다고 생각했어요." 승리가 다니던 유치원의 담임교사도 엄마 미애 씨에 대해 "준비물도 빠트리지 않고 학부모 관련 참석할 일에도 열심이었다."라고 말했다. 근처에서 장사를 하는 요구르트 판매원은 "선하고 착하게 생긴, 가끔씩 요구르트 한 봉지씩을 사 간, 외상을 진 적이 있지만 이내 갚은" 세 남매네 부부를 기억했다.

하지만 적어도 1년 전부터 세 남매의 가정은 서서히 벼랑 끝으로 다다르고 있었다. 광주광역시 두암동 주민센터 직원에 따르면 1년 전 미애 씨의 시아버지가 찾아와 "아들네 사정이 궁핍한 것 같다."라며 대신 기초생활수급 신청을 요청했다. 증명 자료를 요구하자 세 남매의 아빠 김정훈 씨가 다음 날 각종 체납 통지서들을 갖고 왔다. 부양가족 수가 많아서 기대했지만 미애 씨의 친정 부모가 소득이

　　　　　　　　　울고 있는 아이에게 말을 걸면

있다는 이유로 수급 신청에서 최종 탈락했다.

세 남매의 부모는 일정한 직업이 없었다. 정훈 씨는 PC방이나 편의점 등에서 아르바이트를 전전했다. 사건이 일어나기 한 달 전 (중고나라 분유 구매자가 들은 것처럼) 실제로 다리를 다쳐 병원에 입원했고, 사건 발생 당시 실직 상태였다. 미애 씨는 아이를 어린이집에 맡기고 콜센터에서 일하기도 했지만 세 아이의 육아와 오래 병행할 수 없었다. 전에 살던 집 월세도 밀렸고 새로 이사 간 임대아파트 관리비를 한 번도 못 냈다. 아파트 관리사무소 직원은 "전기도 끊겼다는 이야기를 들었다."라고 말했다.

1년 내내 다섯 식구는 긴급생계비로 버텼다. 2017년에는 2월부터 7월까지 5인 가족 앞으로 137만 원씩 여섯 차례 지급됐다. 아빠 정훈 씨가 다리를 다친 뒤 추가로 한 번 더 지급된 긴급생계비 125만 원을 받아 가면서 엄마 미애 씨는 동사무소 직원에게 연방 고맙다며 고개를 숙였다.

긴급생계비 외에 확인된 이 가정의 소득이라곤 중고나라에서 분유 허위 판매로 얻어낸 '사기 수익' 정도다. 미애 씨는 분유 사기로 돈을 벌고 피해자들에게 다시 돈을 입금해주기를 반복했다. 분윳값으로 6만 원을 입금한 피해자에게 그녀는 "애들 아빠가 가정에 책임을 안 져서 그랬다."라며 9일에 걸쳐 하루 5000원이나 1만 원씩 나눠 갚았다. 아이들이 숨지기 나흘 전 부부는 협의 이혼했다. 주변 사람들과 경찰의 말을 종합해보면 아이들을 보육원에 보내는 문제를 두고 갈등이 심했다고 한다. 엄마 미애 씨가 세 남매의 양육을 맡고 아빠 정훈 씨는 매달 양육비 90만 원을 지급하기로 했다.

이혼했지만 아직 가족과 함께 살던 정훈 씨는 사건 당시 아이들이 잠들자 밤 9시 44분쯤 친구들과 게임을 하러 PC방에 갔다. 저녁 7시 40분쯤 외출한 엄마 정씨는 친구와 술을 마시고 코인 노래방에서 4000원어치 노래를 부른 다음 편의점에 들렀다. 첫째 아이의 헐렁한 옷을 고정하기 위한 옷핀을 사서 새벽 1시 50분쯤 집에 들어갔다. 이날 밤 그녀는 괴로워하고 있었다. 남편 정훈 씨에게 "죽고 싶다." "나 이 세상에서 사라질 거야. 죽을 거야." 등의 카카오톡을 보내고 수차례 전화를 걸었다. 작은방에서 세 아이들과 잠들었다가 방 앞에서 불이 난 것을 깨달은 그녀는 방 안에서 10분여간 남편과 남편의 친구, 112에 전화해 구조를 요청했다. 몸에 2도 화상을 입은 채 베란다에서 손을 흔들던 그녀는 홀로 구조됐다.

경찰은 이 사건을 '방화'가 아닌 '실화'로 판단했다. 하지만 사건 보도 초기부터 많은 이들이 엄마 미애 씨를 단박에 '자녀 살해 방화범'으로 의심했다. 경험적으로 부모가 자식을, 특히 벼랑 끝에 선 어리고 궁핍한 부모가 자녀를 학대하고 죽이는 끔찍한 이야기에 너무나 익숙해져 있기 때문이다. 준비되지 않은 출산, 실업, 가난, 고립, (술·담배·게임) 중독, 철없는 부모, 불균형한 양육 부담…… 여러 자녀 학대·살해 사건에서 공통으로 목격되던 위험 요소들을 미애씨네 가정도 안고 있었다.

경찰과 달리 검찰은 초반부터 정씨가 일부러 불을 낸 것으로 판단했다. 검찰 발표에 따르면 미애 씨는 검찰 조사 과정에서 "작은방 바깥에서 담배를 피운 뒤 이불 위에 담배꽁초를 올려둔 채 라이터로 불붙이는 장난을 하다 작은방에서 휴대전화를 하던 중 화재가

울고 있는 아이에게 말을 걸면

발생했다. 처음에는 아이들과 자살할 생각에 전화하지 않고 내버려 뒀다."라고 진술했다.

2018년 7월 13일 광주지방법원은 미애 씨에게 징역 20년을 선고했다. 재판부는 미애 씨가 "피해자들 양육 문제와 생활고가 전혀 나아질 기미가 보이지 않는다는 생각에서 피해자들이 잠든 방에 불을 놓기로 마음먹었다."라고 판단했다. 고의로 이불 등에 불을 붙여 세 남매를 죽게 만들었다는 것이다. 미애 씨는 이후 "고의가 아니었다."라는 취지로 1년 동안 항소와 상고를 거듭했다. 광주고등법원과 대법원은 이를 모두 기각했다.

'고립된 어린 아빠'는 보호자가 아니었다

'고립된 어린 부모'가 저지른 비극의 또 다른 대표적 사례가 2014년 3월 경북 구미시에 사는 스물두 살 아빠 김세호 씨가 26개월 된 지훈이를 죽여 시신을 쓰레기봉투에 담아 주택가에 버린 사건이다. 사건 당시 가해자가 아이 사체를 담은 쓰레기봉투를 들고 엘리베이터 안 거울을 보며 머리카락을 손질하던 모습이 CCTV에 찍히기도 했다. 그래서 많은 사람들은 '게임 중독' 혹은 '사이코패스' 친부의 아들 살해 사건으로 기억한다.

재판 과정에서 새로운 사실이 확인되었다. '고립'이 부른 범죄였다. 태어난 지 26개월, "엄마", "아빠", "고모" 정도의 말을 할 줄 알고 기저귀를 차고 중이염을 자주 앓던 약하고 작은 지훈이는 미성숙하고 경제적·정신적으로 완벽하게 고립된 아빠 손에 홀로 맡겨졌다. 고립된 아빠 밑에서 아이는 2주를 버티지 못했다.

지훈이는 스무 살이 안 된 부모에게서 태어났다. 아빠 세호 씨는 고등학교 1학년 중퇴 후 지훈 엄마 민주 씨를 만나 동거를 시작했다. 일정한 직업이 없던 세호 씨와 민주 씨는 아이가 태어나자 PC방에서 아르바이트로 생계를 꾸렸다. 이들을 안타깝게 여긴 지인이 마련해준 일자리였다. 지인은 지훈이네 가족을 위해 원룸도 얻어줬다. 아빠는 오전 9시부터 오후 4시까지, 엄마는 새벽 2시부터 오전 10시까지 교대로 일하며 아이를 돌봤다. 세호 씨가 출근하며 아이를 어린이집에 맡겼고 퇴근하며 집으로 데려왔다. 1심 재판부 판결문에도 "그 당시 피해자 양육에 관련해서는 별다른 문제가 없었다."라고 나와 있다.

위태롭게 유지되던 가정은 세호 씨가 그를 도와주던 지인과 다투면서 균열이 가기 시작했다. 부부가 PC방 아르바이트를 그만두고 원룸에서도 나가야 하는 상황으로 내몰렸다. 부부 싸움도 잦았고 결국 별거에 들어갔다. 민주 씨는 기숙사가 있는 공장에 취직해 짐을 싸서 떠났다. 세호 씨는 자신의 어머니에게 연락해 지훈이와 함께 (모친의) 집으로 들어가고 싶다고 말했다. 세호 씨의 어머니가 거절했다. 그는 하는 수 없이 아이를 데리고 예전에 살던 집으로 들어갔다. 공과금을 내지 못해 전기와 난방이 끊긴 채 비워둔 집이다. 바로 그 집에서 열하루 뒤 지훈이가 숨졌다.

아이와 단둘이 남게 된 날부터 아빠는 온라인 세계로 도피했다. 인터넷 게임에 빠져든 것이다. 민주 씨와 헤어지고 빈집으로 들어가던 날부터 지훈이가 숨지기까지 약 열흘 동안 세호 씨는 짧게는 8시간, 길게는 49시간 동안 PC방에서 게임을 했다. 이즈음 그를 목격한 지인들의 진술에 따르면 "평소 게임 중독에 이를 정도로 게임에만 몰두하지는 않았는데 혼자 아이를 맡기 시작한 날부터는 평소와 달리 게임에만 빠져 있었다."

아빠가 PC방에서 게임 레벨을 올리고 있을 동안 26개월 된 지훈이는 난방과 전기가 끊긴 집에서 홀로 견뎠다. 세호 씨는 게임을 하다가 중간중간 음식을 사서 집에 들러 아이를 먹였다고 진술했다. 지훈이가 숨진 2014년 3월 7일, 세호 씨는 전날 저녁부터 당일 새벽까지 PC방에서 게임을 하고, 집으로 와서 잠을 잔 뒤 분식집에 가서 먹을 것을 샀다. 아이에게 음식을 먹이고 오후 1시쯤 다시 PC방에 가기 위해 아이에게 잠을 자라고 했다. 지훈이가 자지 않고 장난을 치자 손날로 아이의 명치를 3회 내리쳐서 죽게 했다.

검찰은 공소장에서 아빠가 아이의 입과 코를 막아 죽이려 했다며 "자신의 처지에 대해 비관하고 있던 중 순간 격분하여"라고 범행 동기를 밝혔다. 그날 세호 씨의 휴대전화 인터넷 검색 기록에는 '유아살해', '아버지 유아살해', '자살약', '수면제 과다복용', '가장 편하게 죽는 방법' 등이 남아 있었다. 그는 1심에서 살인 혐의가 인정되어 징역 15년을 선고받았다. 2심 재판부는 '전기와 난방이 끊긴 상태에서 아동이 돌연사 등 다른 원인으로 사망했을 가능성이 있다'며 살인 혐의를 무죄로 보고 징역 5년을 선고했다. 대법원은 폭행치사 또는 상해치사 혐의가 인정될 수 있다며 사건을 다시 심리하라고 파기환송했다. 2016년 3월 징역 8년형이 확정됐다.

'모든 것을 내려놓고 싶어' 아이를 놓다

경기도 부천시에 사는 한 젊은 부부도 같은 전철을 밟고 있었다. 어린 딸을 학대하고 방치하다가 죽였다. 2016년 3월 9일, 자신의 집 작은방에서 두개골이 함몰되고 곳곳의 뼈가 부러지고 온몸에 멍이 든 주검으로 발견된 은서는 태어난 지 84일 된 상태였다.

20대 초반의 아이 아빠 박성관 씨와 아이 엄마 이유미 씨는 만난 지 4개월 만에 양가 부모 몰래 혼인 신고를 하고 아기를 가졌다. 계획에 없던 임신이었다. 유미 씨는 아기를 지우려고 했지만 성관 씨가 함께 키우자고 설득했다. 직업이 없던 성관 씨는 2015년 12월 은서가 태어나자 인근의 소규모 가방 공장에 취직했지만 오래가지 못했다. 무단결근과 지각 등으로 2016년 1월 해고당했다. 신용카드 대금, 월세, 공과금, 휴대전화 요금, 태아 보험료가 밀리기 시작했다. 대부업체의 고금리 대부금으로 생계비를 충당했다.

엄마 유미 씨는 출산 후 거의 매일 술을 마셨다. 3월 들어서는 단 한 번도 은서를 먹이거나 씻기지 않았다. 그녀의 출산을 설득하면서 양육을 전적으로 자청한 성관 씨는 야간 호프집 아르바이트를 하고 돌아와 은서를 돌봤다. 성관 씨도 음주와 인터넷 게임이 잦았다. 1심 판결문에 따르면 빚, 밥벌이, 독박 육아의 압박을 술과 게임으로 누르던 성관 씨는 은서가 생후 40일이 되던 날 처음으로 은서를 학대했다. 부부 싸움을 하고 집에서 혼자 술을 마시던 중 옆에 누워서 분유를 먹고 있던 은서의 이마를 긁고 뺨을 때리고 피멍이 들 때까지 눈두덩을 짓눌렀다.

　　　　　　　　　　　울고 있는 아이에게 말을 걸면

이후 한 달여에 걸쳐 학대는 점점 잦아지고 심해졌다. 부부 싸움을 하다 넘어진 엄마의 몸에 깔려 갈비뼈와 오른팔이 골절된 은서를 부부는 병원에 데려가지 않았다. 성관 씨는 기저귀를 갈아주다가 엉덩이를 꼬집고 분유를 안 먹는다고 얼굴을 할퀴었다. 목욕시키고 물기를 닦아주다가 갑자기 화가 나 팔을 잡아당겨 팔꿈치 관절을 탈구시켰으며 울음을 그치지 않는다는 이유로 주먹으로 얼굴을 쳤다. 유미 씨도 이런 사실들을 알았지만 방치했다.

급기야 2016년 3월 9일 새벽, 성관 씨는 은서를 바닥에 떨어트렸다. '모든 것을 내려놓고 싶다는 생각에 충동적으로' 저지른 일이었다. 피를 흘리며 자지러지게 우는 은서 입에 억지로 분유병을 물렸다. 창문이 3분의 1쯤 열려 있어서 3월 초순의 찬바람이 들어오는 작은방에 담요로 둘러싼 은서를 혼자 눕혀두고 안방으로 자러 갔다. 그날 최저 기온은 영하 4도였다. 4시간 뒤 잠에서 깨어난 성관 씨가 작은방을 들여다봤을 때 은서는 바닥에 얼굴을 대고 입 부근에 피를 흘린 채 차갑게 식어 있었다.

1심 재판부는 판결문에서 "스스로 목도 제대로 가누지 못했던 생후 80여 일의 피해자가 온몸에 멍이 들고, 여러 곳의 뼈가 부러진 상황에서 할 수 있는 행동은 오직 부모를 향해 살려달라고 우는 것밖에 없었다. (…) 결국 이 사건은 한 생명을 양육할 수 있을 만큼 충분한 책임감과 절제심, 부부 사이의 깊은 신뢰와 애정을 갖추지 못했던 어린 부모가 자신들이 만들어낸 소중한 생명의 빛을 스스로 꺼트린 비극적인 사안이다."라고 규정했다.

몰랐거나 무기력했거나 철없거나

2017년 승리·승진·솔이 사건, 2014년 지훈이 사건, 2016년 은서 사건의 가해자인 엄마 또는 아빠는 모두 벼랑 끝에 서 있는 상태였다. 경제적으로 궁핍하고 정신적으로 피폐하며 사회적으로 고립돼 있었다. 비슷한 상황에서도 아이를 잘 키워낸 상당수 선량하고 장한 어린 부모들과 달리 이들은 장애물을 뛰어넘지 못했다. 이들은 자신이 꾸린 가정 안에서 가장 약자인 아이를 향해 분풀이를 했다.

김희경 전 세이브더칠드런 사업본부장은 2016년 즈음 사회를 떠들썩하게 만든 일련의 아동학대 사건들을 조사하면서 일정한 유형을 발견했다. "상당수 가해 부모들이 너무 이른 나이에 아이를 낳았다는 점이 가장 큰 공통점이었다. 이들 가정이 깨지기 직전, 위기 시점에 학대가 시작되거나 심화됐다. 또한 이들은 사회적 관계가 완전히 단절되고 사회적 지지망이 없는 경우가 많았다."

자신이 받은 스트레스 때문에 아이에게 폭력을 행사하는 경우 못지않게 안타까운 경우는, '몰라서' 혹은 '무기력하게' 부모가 아이를 방치하고 죽이는 사건이다. 전국의 아동학대 사건을 맨 처음 접하는 아동보호 전문기관의 사회복지사들에 의하면, 가해자들은 공통적으로 '양육 태도 및 방법 부족'이란 특성을 가장 높게 지니고 있었다.

2016년 10월 인천시에서 생후 2개월 된 둘째 아이 아영이를 영양실조로 죽게 둔 20대 부부가 이에 해당한다. 고등학교를 중퇴하고 스물한 살에 아이를 낳은 서경진 씨는 둘째 아이 생후 한 달쯤

울고 있는 아이에게 말을 걸면

되던 시기, 한 손으로 분유를 타다가 다른 쪽 팔에 안고 있던 아기를 바닥에 떨어트렸다. 엄마 경진 씨는 "상태가 좋지 않았지만 한두 시간 지나니 괜찮아져 병원에 데려가지 않았다."고 경찰에 진술했다. 하지만 바닥에 떨어진 이후 아영이는 잘 먹지 못하고 시름시름 앓았다. 3.06킬로그램으로 태어난 아영이가 1.98킬로그램까지 야위어가는 동안 부부는 한 번도 아이를 병원에 데려가지 않았다.

아영이가 영양실조로 죽기 이틀 전 경진 씨는 그간 미뤄온 신생아 예방접종을 하러 아이를 안고 인근 보건소로 갔지만 운영 시간이 지난 탓에 그냥 집에 돌아왔다. 2016년 10월 11일 아침 아영이가 숨을 헐떡이며 우유병을 물지 않자 부부는 병원에 데려가는 대신 심폐소생술로 아이를 살리려 했다. 제3금융권에 2000만 원 빚을 진 상태에서 생계를 책임지던 아빠가 교통사고를 당하면서 그나마 있던 배달 일자리도 잃은 직후였다. 경제적 위기에 더해 부모의 무기력과 무지가 아이를 죽인 것이다.

경제적 궁핍, 사회적 고립, 무지와 무기력에 더해 어린 부모의 비상식적 행동 패턴도 아이들의 안전과 생명을 위협한다. 고의로 방화를 하지 않았다는 변명을 믿는다 하더라도 거실의 이불에 담뱃불을 비벼(혹은 튕겨) 꺼 결과적으로 아이들을 숨지게 한 엄마나, 아무리 아이들이 자고 있다 해도 집을 비우고 PC방에 게임하러 간 아빠들의 행동은 이해하기 힘들다. 하지만 어린 부모들에게는 이상한 일이 아니다. 이들은 범행 당시 스무 살을 넘겼지만 거의 10대에 첫 출산을 경험했다. 출산 당시엔 '부모'였지만 동시에 자신의 욕구를 통제하는 법을 아직 제대로 익히지 못한 '미성년자'였다. 법적으로 성인이 된 지금도 이들은 정서적으로 미성년자에 더 가깝다.

2017년 5월 경기도 성남시에 사는 20대 초반의 미혼모 최연화 씨는 생후 2개월 된 아기 성호를 재워놓고 8시간 동안 집을 비웠다. 홀로 있던 아기는 질식사했다. 그녀가 아이를 두고 친구와 함께 간 곳은 놀이동산이었다. 신생아 딸이 남편에게 학대당하는 동안 옆에서 지켜보기만 한 부천시 은서 사건의 엄마는 수사·재판 과정에서 이렇게 말했다. "또래 친구들은 즐겁게 살고 있는데 나는 아기를 낳고 돌보게 되어 아기가 밉게 느껴졌다."

권태훈 춘천 아동보호 전문기관 팀장은 아동학대 신고가 들어와서 현장 조사를 나가보면 배 속에 둘째가 있고 품에 첫째 아이를 안은 10대 엄마가 술을 마시며 담배를 피우고 있는 상황을 종종 만난다고 말했다.

"술과 담배는 태아에게 위험하다고 얘기하면 '아 진짜요?'라고 되묻는다. 어떻게 이런 걸 모를 수가 있나 싶은데, 그 친구들은 모른다. 어느 열아홉 살 엄마는 아이 기저귀가 무거워서 흘러내릴 정도인데 갈지 않기에 이야기했더니 '하루에 두 번만 갈면 되는 거잖아요.'라고 했다." 권 팀장은 현장에서 '학대의 대물림'도 자주 실감한다. "한 어린 엄마는 가정 내 아동학대 가해자로 신고돼 살펴봤더니 10년, 15년 전 학대 피해자로 등록된 적이 있었다. 학대를 받고 자란 아이가 준비되지 못한 출산에 노출됐고 또다시 자신의 아이에게 학대를 가한 것이다."

아이들이 '죽어가던 시간'은 결코 짧지 않았다. 승리·승진·솔이 세 남매가 불길에 휩싸이기 최소 1년 전부터 그 가정은 경고음을 내고 있었다. 주택가의 100리터짜리 쓰레기봉투 안에서 발견된 구미 26개월 지훈이에게도 살 수 있는 기회가 몇 번 있었다. 온몸의 뼈가 부러지고 멍이 든 채 눈을 감은 84일 은서, 영양실조로 1.98킬 로그램의 몸무게로 숨진 생후 2개월 아영이도 살아생전 그 아이가 속한 가정을 한 번이라도 들여다보는 사회적 '눈'이 있었다면 지금 살아 있을지 모른다. 우리는 정말 그 아이들이 죽을 줄 몰랐을까.

살아남은 아이들이
계속 살아가게 하려면

친아버지에게 폭행당한 나은이는 뇌병변 1급 장애를 입었다. 생후 4개월이었다. 강원도 동해시에 사는 이수철 씨는 2014년 1월부터 4개월간 젖먹이 딸을 지속적으로 학대했다. 손톱으로 아이 얼굴을 할퀴고 멍이 들 만큼 배를 꼬집고 아이 머리를 벽에 찧다가 급기야 아이를 바닥으로 떨어트렸다. 머리뼈가 골절되고 뇌가 상했다. 혐의를 부인하는 남편을 처벌하고 나은이를 살리기 위해 엄마 이민영 씨는 백방으로 뛰었다. 수철 씨는 징역 5년형을 선고받았다.

아이 엄마 민영 씨는 그 후에도 오랫동안 울어야 했다. 자기 아들의 석방을 위해 탄원서를 써주지 않으면 양육비를 10원도 주지 않을 거라고 볶아대는 시집 식구를 피해 두 아이를 데리고 살던 곳을 떠나야 했다. 나은이는 일주일에 다섯 번 재활치료가 필요한데 치료비와 생활비를 벌 방도가 없었다. 주민센터에 가서 기초생활수급자 신청을 하니 근로 능력이 있고 남편(이혼 조정 중이었다)도 있다는 이유로 거부당했다. 민영 씨는 가해자가 출소하면 자신과 아이

울고 있는 아이에게 말을 걸면

에게 해코지할까 봐 매일 전전긍긍하며 거주지가 드러나지 않게 살고 있었다.

창살 없는 감옥에서 각자도생하는 생존자들

그 많은 아동학대 피해자와 가족은 어떻게 살고 있을까? 아동학대 '사건'에 대한 언론과 대중의 공분이 휩쓸고 지나간 다음, 피해자의 삶을 지원하고 보호하는 체계가 그 자리를 채웠을까? 나은이 엄마 민영 씨는 가해자인 남편 출소 만기일을 1년 앞둔 해 가을, 보건복지부 국정감사에 참고인으로 출석해서 말했다.

"아동학대 사건에 요새 관심이 많은 건 사실이지만 그 이후의 후속 조치에 대해서는 아무것도 되는 게 없습니다. 3년이 지났지만 여전히 어제오늘 겪은 일 같고 너무너무 생생하게 이 지옥 속에서 살고 있습니다. 정말로 창살 없는 감옥이 이런 곳인가 하는 생각이 들 정도로 아이와 저는 너무너무 힘들게 살고 있습니다."

살아남은 아동학대 피해자들은 그야말로 '각자도생'하고 있다. 2013년 5월 아이 돌보미에게 수차례 머리를 맞아 뇌손상을 입은 서연이(당시 17개월)도 마찬가지다. 아이는 머리뼈를 떼어내 냉동 보관했다가 다시 넣는 대수술을 받으며 사경을 헤매고 있었지만 당시 경찰 조사는 제대로 진행조차 되지 않았다. 엄마 서혜정 씨가 직접 인터넷에 청원 글을 올리고 나서 겨우 공론화되고 수사가 본격화됐다. 당시 가해자 수사를 촉구하는 혜정 씨의 요구에 경찰이 돌려준

말은 "애가 죽은 것도 아니지 않느냐."였다.

미진한 수사는 빙산의 일각이었다. 재판, 아이 치료·재활, 2차 피해 방지 등 이후 이어진 모든 과정에서 혜정 씨는 거의 아무런 법적·경제적·의료적·심리적 지원도 받지 못했다. 아동학대 피해자도 재판 과정에서 국선 변호사를 선임할 수 있고 범죄피해자보호기금이라는 것을 받을 수 있다는 사실은 알음알음 다른 곳에서 정보를 얻었다. 신청하려 하니 경찰·검찰 담당자는 "아, 그거 신청하시게요?"라며 요건이나 필수 서류를 갖춰 오라고 까칠하게 대했다(원래 아동학대 등 범죄 피해자 지원 제도 고지는 안내가 의무화되어 있다). 병원에 입원해 있을 때 지역 아동보호 전문기관에서 치료비로 건네준 200만 원이 서연이가 나라에서 받은 지원의 전부였다.

아무도 도와주는 이가 없으니 결국 나서는 사람은 직접 아동학대 피해를 겪은 당사자와 그 가족이다. 혜정 씨는 학대 후유증이 남은 아이 치료·양육과 직장 생활을 병행하면서 '아동학대피해가족협의회'라는 민간단체를 꾸렸다. 자신이 겪은 답답함이 너무 커서 다른 피해자 가족을 도와주기 시작했다.

"아동학대 피해자가 받을 수 있는 지원도 적지만, 있다 한들 아무도 알려주는 사람이 없습니다. 몇 가지 지원 제도를 알려주고 법적 조언을 해줬을 뿐인데 '언니를 안 만났으면 난 지금 어떻게 살고 있었을까, 어쩌면 막막해서 다른 마음을 먹었을 수도 있어.'라고 우는 아동학대 피해자 엄마를 보고 너무 가슴이 아팠어요."

여기까지도 그나마 돌봐줄 보호자가 있는 학대 피해 아동들의 이야기다. 엄마와 아빠 모두에게 학대를 받은 아이의 경우, 아이의

　　　　　　　　　　　울고 있는 아이에게 말을 걸면

상황을 대변해줄 목소리조차 없다. 가해자(부모)와 격리된 아이들이 갈 수 있는 곳은 전국 76곳에 불과한 학대 피해 아동 쉼터 정도다(2020년 12월 기준). 보호가 필요한 아이들은 해마다 증가하는데 쉼터가 늘어나는 속도는 더뎌 늘 '정원 초과' 상태다.[2] 피해 아동이 입소해도 2~3개월 이상 머물기가 힘들고 쉼터에서 이들을 돌봐주는 사회복지사 수도 늘 모자란다. 일반 아동보호 시설은 학대 피해 아동을 받기 꺼려해 쉼터를 나온 뒤 갈 곳도 마땅치 않다. 아동학대 사건을 많이 맡아온 한 변호사는 "피해 아동이 하도 갈 곳이 없어서 아동보호 전문기관 직원이 임시로 자기 집에 데리고 있거나 담당 국선 변호사가 입양을 생각하기도 할 정도"라고 말했다.

단 한 줄 언급 없는 '예산 확보 방안'

아동학대 예방과 처벌뿐 아니라 피해 아동에 대한 사후 지원도 국가의 의무다. 아동복지법 제22조 4항은 국가와 지방자치단체가 '학대 피해 아동의 보호와 치료 및 피해 아동의 가정에 대한 지원'을 하도록 규정하고 있다. 각 기초자치단체에 지역 아동보호 전문기관을 최소 하나씩 두고, 보호가 필요한 아동을 발견하면 아동 보호 전담 공무원에게 그 보호자에 대한 상담·지도를 수행케 하며, 아동학대 등으로 특수한 치료가 필요한 아동은 전문 치료기관에 입원시켜야 한다는 내용도 법에 명시돼 있다.

　모두 현실에서는 이루어지지 않은 것들이다. 2020년 12월 기준 아동복지법상 필요한 아동보호 전문기관 수는 229개인데 실제 설치된 곳은 71개에 불과하다.[3] 아동보호 전담 공무원도 없는 지자체가 부지기수이고 아동학대 전문 의료기관도 극소수만 존재한다. 아동학대 실태 조사 또한 법에 규정된 국가의 의무이지만 기본적인 사례 건수만 집계할 뿐 국가가 나서서 아동학대 사건의 전말과 그에 따른 제도 개선책을 제대로 조사한 적도 없다. 전 국민을 경악하게 한 울주군 서현이 사건과 대구·포천 입양아 사건에 대해 보고서가 나온 적이 있지만 개별 국회의원과 아동보호 민간단체, 변호사 등 정부 밖에서 진상 조사와 제도개선위원회를 꾸린 결과이다.

왜 아동학대 사후 지원에 관한 법이 제대로 지켜지지 않을까. 예산이 없기 때문이다. 끔찍한 아동학대 사망 사건이 잇따르던 2014년과 2016년 정부는 관계부처 합동으로 아동학대 방지 종합 대책을 내놓았다. 생애 주기별 부모 교육, 정부 합동 발굴 시스템 구축, 현장 대응 인프라 구축, 재학대 방지 사후 관리, 가족 기능 회복 지원 등 동원할 수 있는 대책 수십 가지가 제시되고 전체 대책 추진 일정표까지 발표됐다. 하지만 딱 하나 빠진 것이 있었다. 바로 '예산 확보 방안'이다. 어디에서 어떤 예산을 확보해 그 대책을 실행할지에 대한 내용은 단 한 줄도 들어 있지 않았다.

2018년 당시 아동학대 예방과 사후 관리에 배정된 예산액은 254억 원 정도. 이 돈은 국민이 낸 세금으로 구성된 일반회계 예산이 아니다. 범죄자들이 낸 벌금으로 조성하는 범죄피해자보호기금과 복권 판매 사업으로 거둬들인 복권기금이 아동학대 관련 예산 재원의 전부였다. 그해 일반회계에서 배정된 아동학대 관련 예산은

울고 있는 아이에게 말을 걸면

'아동학대 인식개선 홍보사업비' 11억 원뿐이었다. 실질적인 정책 효과를 낼 만한 금액이 아니다. 사실상 아동학대 정책에는 국민 세금을 쓰지 않는다고 말해도 무방할 정도였다.

게다가 두 기금은 아동학대 관련해서만 쓰이는 게 아니었다. 범죄피해자보호기금은 성폭력·가정폭력 등 모든 범죄 피해자와, 복권기금은 한부모 가정, 입양 아동, 소외 청소년 등 여러 취약 계층 복지 사업과 함께 나눠 써야 한다. 경기 상황에 따라 두 기금의 목표액을 채우지 못할 때도 허다하다. 불안정하고 한정된 돈을 놓고 아동학대 피해자들이 어려운 형편의 소외 계층과 다퉈야 하는 꼴이다.

예산 확보가 어려운 이유는 또 있다. 아동학대 관련 정책은 보건복지부가 담당하지만 그것을 실행할 범죄피해자보호기금과 복권기금을 쥐고 있는 곳은 각각 법무부와 기획재정부다. 보건복지부가 아무리 아동학대 예방·관리 정책에 의욕이 높다 하더라도 지갑을 들고 있는 다른 부처에 매번 아쉬운 소리를 해가며 돈을 타내야 하는 처지다.

비정상적 예산 구조에 대한 비판이 커지자 정부는 2021년 6월 아동학대 방지 사업 예산의 지원 창구를 보건복지부 일반회계로 일원화하는 방안을 발표했다. 전체 예산 규모도 2021년 416억 원 규모로 이전에 비해 비교적 크게 늘렸다. 나아지고 있다. 하지만 비극의 증가 속도를 행정 개선의 속도가 따라잡지 못하고 있다. 2015~2020년 아동학대 피해 사례 수는 164% 증가했지만 예산은 18% 증가했다.[4]

'살아남은' 아이들이 계속 '살아갈' 수 있으려면

현장의 수요와 예산 부족 사이 괴리를 온몸으로 견디는 곳은 아동학대 사건 현장의 최전선에 선 각 지역 아동보호 전문기관들이다. 아동복지법상 규정된 최소 필요 수의 3분의 1에도 못 미치는 지역 아동보호 전문기관에서(2020년 12월 기준, 229곳이 필요한데 71곳이 설치됨) 상담원 1명이 76건의 학대 사례를 담당해야 한다. 정부 기준의 2배, 미국의 5배가 넘는다.[5] 학대 사건이 발생해 가정으로 현장 방문을 가고 있으면 또 다른 현장에서 호출이 온다. 한 사람이 관리해야 하는 지역 면적도 너무 넓어서 아이 한 명을 만나러 한나절 이동해야 할 때도 허다하다.

당연히 아동학대 피해자들에 대한 사후 관리가 미흡해질 수밖에 없다. 서울의 한 지역 아동보호 전문기관에서 일했던 상담원은 "매번 가정을 방문할 여유가 없으니 그 지역을 순찰하는 경찰에게 그 집 앞을 지나갈 때마다 사이렌을 한 번씩 울려달라고 부탁해서 '지켜보고 있다'는 메시지를 주는 식으로나마 사후 관리를 하기도 했다."라고 말했다. 강원도의 한 아동보호 전문기관 직원은 자신이 10년 전 부모에게 아동학대 피해를 입어 보호시설에 보낸 한 아동이 최근 범죄자가 돼 소년원에 입소했다는 이야기를 들었을 때 너무 가슴이 아팠다고 했다.

"가해 부모와 격리시킨 아이들이 보호소 등에서 사후 돌봄을 잘받지 못해 엇나가는 경우를 보면 '차라리 한두 대 맞고 살더라도 부모에게 돌려보내는 게 낫지 않았을까' 생각할 정도로 직업적 딜레마를 느낀다. 아동학대 사건을 발견하고 처벌하는 것 못지않게 학대 피해 아동이 몸과 마음이 건강한 성인이 되도록 국가가 충분히 뒷받침해주는 것이 필요한데 지금은 겨우 생존 정도만 지원해주는 수준이다."

대통령 선거가 치러질 때마다 후보 공약집에는 아동학대 관련 정책이 들어갔다. 제19대 대선 당시 문재인 후보는 어린이 안전보장 구축을 위해 정부에 전담 컨트롤타워를 설치하고 지역 아동보호 전문기관의 아동학대 전문 상담원을 대폭 확대하며 전문성을 강화하겠다고 약속했다. 제20대 대선 당시 윤석열 후보는 아동보호 전문기관과 피해 아동 쉼터를 추가 설치하고 AI를 기반으로 한 아동학대 예방 시스템을 구축하겠다고 밝혔다.

하지만 아동학대 예방과 사후 관리의 최전선에서 일하고 있는 현장 종사자들은 여전히 일을 계속 할지 그만둘지 날마다 기로에 선다. 트라우마가 극심한 사건들에 매일 노출되는 이들에게 국가는 경력·전문성과 상관없이 2500~3000만 원 수준의 연봉을 준다. 아동보호 전문기관 상담원들의 근속 연수는 평균 2.6년. '번아웃'과 잦은 퇴사로 전문성조차 제대로 쌓기 힘든 구조이다.

돌보미에 의한 아동학대로 한쪽 시력을 잃고 한쪽 다리가 불편해진 서연이의 엄마 서혜정 씨(아동학대피해가족협의회 대표)는 "한 아이가 잔인하게 살해당할 때마다 온 나라가 호들갑을 떨지만 정작 11월 되면 관련 예산을 싹둑 다 자른다. 오죽하면 우리끼리 '차라리 사건이 터지려면 예산 정국 때 터지지'라는 소리를 하겠나."라고 말했다. 서 대표는 국정감사장에서 또 다른 피해자 엄마들과 함께 공무원, 국회의원들 앞에 서서 눈물로 호소하며 말했다.

"대한민국의 미래는 아이들입니다. 저출산 대책 물론 좋습니다. 그런데 낳아놓은 아이도 지금 지키지 못하고 있잖아요. 한 해에 수만 명의 아이가 부모에게 학대를 받고 있습니다. 아동학대, 정말 더 이상은 외면하지 말아주세요."

구멍 뚫린 아동학대 '사후 관리' 시스템

'아동학대 보고서' 관련 취재를 하고 글을 쓰며 외상후 스트레스장애PTSD를 겪었다. 종종 멍해지거나 불안해졌고 한번 화가 나면 잘 가라앉지 않았다. 수면이 불규칙해졌고 주변의 모든 상황이 부정적으로 느껴졌다. 어른이 아이를, 그것도 부모가 제 자녀를 학대하다가 죽이는 사건을 살펴본 뒤 글로 풀어내는 일은 예상보다 훨씬 고통스러웠다. 취재하다가 수차례 '숨이 멎는' 경험을 했다. 지면에도 차마 쓰지 못한 경악과 슬픔과 절망의 이야기들이 가슴속에서 잘 지워지지 않았다.

그래봤자 고작 몇 달, 취재한 사건도 기껏해야 20여 건이었다. 문득 절감했다. 이 정도로도 이렇게 무너지는데, 매일 일선에서 아동학대 사건을 접하고 관리하고, (사실은 거의 나아지는 게 없는 상태에서) 종결해야 하는 현장 종사자들은 마음이 어떨까? "매일매일이 트라우마의 연속"이라던 한 지역 아동보호 전문기관 상담원의 말이 떠올랐다.

상담원들은 지역 내 모든 아동학대 신고를 받고, 출동하고, 조사하고, 판단하고, 아이를 격려하고, 치료하고, 관리한다. 이런 일련의

긴 과정을 거쳐야 하는 아동학대 사건이 한 해 4만 2251건(2020년 신고 건수 기준). 그런데 이것들을 다 감당하는 지역 아동보호 전문기관 상담원은 전국을 합쳐 960명(2021년 기준)에 불과하다.

이 아이가 마음이 쓰여도 저 아이 사건이 터지면 놓고 갈 수밖에 없는, 그래서 놓쳤던 아이가 다시 학대당해 최악의 결말을 맞는 경우를 빈번히 목격하고 또 자초하면서 하루하루를 견뎌내는 상담원들을 많이 만났다. 결국 무뎌지거나 그만두거나. 빈자리는 신입이 채웠다가 다시 2~3년 뒤 비워지기가 반복됐다. 그만큼 아동학대 '사후 관리'에도 구멍이 커졌다.

지역 아동보호 전문기관을 거쳐 간 많은 아이들이 비행 청소년이나 장애인, 심하게는 주검으로 돌아왔다. 자신이 맡은 아동학대 사례를 끝까지 관리하지 못한 상담원들도 분명히 잘못이 있다. 그런데 이게 다 그들만의 책임일까? 이들도 시스템 없는 아동보호 체계 내에서 온몸으로 '갈리고' 있는 건 아닐까? 아무런 투자 없이 문제만 더 이상 발생하지 않기를 바라는 무책임한 우리 사회 구조가 아동학대 영역에도 그대로 작동하고 있다.

'아동학대'라는
아픈 교훈을 대하는 자세

영국의 사회학자 배리 골드슨Barry Goldson은 "어린 시절은 국가의 바로미터(잣대)"라고 말한다. 한 국가가 아이들을 어떻게 돌보느냐를 통해 그 사회와 개인이 어떠한지를 구체적으로 보여준다는 것이다. 한국은, 우리 개개인은 아이들 앞에서 어떤 모습일까? 하루가 멀다 하고 벌어지는 끔찍한 아동학대 사건은 우리만의 문제가 아니다. 다른 점이 있다면 사건이 벌어진 다음이다. 아동학대 사건을 우리보다 먼저 겪고 더 많이 고민한 국가를 직접 찾아 답을 구했다.

아동학대는 예측되고 예방될 수 있다

영국 런던 북부에 위치한 세인트 팬크러스 공동묘지를 깊숙이 걸어 들어가면 '기억의 정원'이 나타난다. 꽃과 나무 사이에 고인의 재를 뿌리거나 묻을 수 있게 꾸민 일종의 수목장 공간이다. 둥근 정원

한가운데에 곰 인형 그림이 새겨진 검은색 추모비 하나가 나지막이 놓여 있다. '1st March 2006~3rd August 2007' 생년월일과 사망일 위에 적힌 고인의 이름은 'BABY P.' 2008년 영국은 물론 전 세계 사람들에게 충격을 안겨준 아동학대 사건의 피해자 피터 코널리의 약칭이다. 생모 트레이시 코널리의 방임과 동거남 스티븐 바커, 제이슨 오언의 폭행으로 목숨을 잃은 두 살 아기 피터의 재가 이곳 주변에 뿌려졌다. 자신의 보호자들로부터 끔찍한 학대를 당해 생후 17개월에 생을 마감한 피터의 추모비에 어른들이 새겨줄 수 있는 문장은 이것밖에 없었다.

'Safe at last(마침내 안전해지다).'

피터는 2006년 3월 1일 런던 북부 토트넘 지역에서 태어났다. 토트넘이 속한 해링게이 자치구는 2006년 5월 당시 영국에서 가장 높은 실업률을 기록했다. 2007~2008년 기준 무료 급식 대상 아동 수는 전국 평균 15%의 두 배(32%)에 달했다. 이 가난한 동네에서 성장한 피터의 생모 트레이시도 지역 아동보호 기록부에 이름이 오른 아동학대 피해자였다. 열여섯 살에 첫아이를 낳고 스물다섯 살에 셋째 아이 피터를 낳았다. 일정한 소득이 없고 육아 기술이 부족한 싱글맘을 위해 여러 차례 지역 사회복지사와 방문 간호사 등이 피터 가족의 집을 찾아갔다. 당시 보고서에는 부적절한 위생과 양육 기술 부족, 트레이시의 과도한 흡연과 출산 후 우울증 등이 지적되긴 했지만 물리적 학대 증거는 없다고 적혀 있다.

상황이 급속히 나빠진 건 트레이시가 새 남자친구 스티븐 바커와 그의 형 제이슨 오언 등을 집에 들인 후부터다. 이 시기 이후 피터의 몸 곳곳에서 염증과 타박상 등이 관찰됐지만 지역 소아과 의사, 간호사, 사회복지사, 경찰은 아이를 병원이나 양육 지원센터로 데리고 와서 적극적으로 치료를 요청하는 친모를 의심하지 않았다. 트레이시는 이들에게 스티븐 형제와의 동거를 철저히 숨겼다. 역시 부모의 방임과 학대 속에서 자란 스티븐 형제는 피터가 죽기 최소 한 달 전부터 지속적이고 심각하게 아이를 폭행했다. 2007년 8월 3일 죽은 채 발견된 피터는 척추와 갈비뼈 여덟 군데가 부러져 있었다. 손발톱이 일부 빠졌고 입속이 찢겨 있었다. 충격에 의해 빠진 치아를 삼킨 것이 직접적 사인이었다.

피터는 2007년 영국에서 발생한 가족 살인 사건의 피해 아동 57명 가운데 한 명이다. 2000~2007년 한 해 평균 52명, 총 416명의 아이가 가정 내에서 학대로 숨졌다. 피터에게 일어난 일은 영국 아동학대 사건 역사에서 그리 특이하지 않다. 1945년 2월 뉴포트 지역의 열두 살 소년 데니스 오닐은 위탁 부모의 폭행과 굶주림으로 목숨을 잃었다. 1973년 1월 일곱 살 마리아 콜웰은 브라이턴의 자기 집에서 의붓아버지에게 맞아 죽었다. 1984년 7월 브렌트 지역에서 계부모와 함께 살던 네 살 재스민 벡퍼드는 시체로 발견됐다. 당시 벡퍼드의 체중은 10킬로그램 남짓이었다. 2000년 2월 해링게이 지역의 여덟 살 빅토리아 클림비는 친척과 그 남자친구에 의해 몸에 128개의 상처를 입은 채 숨을 거뒀다.

이런 끔찍한 사건들은 동서고금 비슷하게 이어져왔다. 그러나 아이들의 죽음 앞에서 이 나라는 조금 달랐다. 영국은 일찍부터 아동학대가 불러온 비극에서 교훈을 얻어내려고 노력해온 나라 중 하나이다. 이미 1889년 국가의 아동보호 책임과 권한을 명시한 아동학대 방지 및 보호법(Children Act 1889)이 마련됐다. 이 기틀 위에서 130년 동안 영국 아동보호 시스템은 차츰 성장해왔다. 성장의 주춧돌은 잔인하게도 아이들의 죽음이라는 '실패' 사례였다.

뼈아픈 실패에 대한 영국 사회의 첫 번째 작업은 조사inquiry였다. 굵직한 아동학대 사건이 벌어질 때마다 영국 정부는 독립 조사단을 꾸려 공식 보고서를 발표했다. 무엇이 아이를 죽음으로 내몰았고 어디에서 막을 수 있었는지 빈 구멍을 찾기 위한, 일종의 '오답 노트'이다.

1945년 데니스 오닐 사망 조사 보고서는 모든 지방 당국에서의 아동보호위원회와 아동보호 담당관 설치를 이끌어냈다(Children Act 1948). 그때부터 지금까지 영국에서는 지방정부와 여기에 소속된 아동보호 사회복지사들이 각 지역 아동학대 예방·조사·관리의 실질적 책임을 맡고 있다. 1974년 마리아 콜웰 사망 조사 보고서는 사회복지사의 권한을 한층 강화시켰고 '초기 개입'의 필요성을 제기했다(Children Act 1975). 1985년 재스민 벡퍼드 사망 조사 보고서는 아동학대가 '예측되고 예방될 수 있다'는 개념을 확립시켰다. 이에 따라 1989년 개정된 아동법(Children Act 1989)은 중대한 위험에 처한 아이를 어떻게 가려내고 관리할 것인지에 대한 평가 기준과 절차를 담았다.

더 많은 예산, 더 끈끈한 협력 체계

그중에서도 2003년 빅토리아 클림비 사망 조사 보고서[6]는 영국 아동보호 시스템의 일대 개혁을 이끌어냈다. 보고서는 빅토리아를 구할 수 있었던 열두 번의 '기회'를 서술했다. 교육·건강·복지 분야에 걸쳐 있는 많은 아동학대 예방·감시 인력들이 협력 체계 없이 각자 따로 작동했기에 놓친 기회들이었다. 이후 영국은 첫째, 지방정부에서 아동의 교육·건강·사회 서비스를 담당하던 부서들을 '아동 서비스Childrens' Services'라는 하나의 지휘 체계 아래 통합했다(Children Act 2004). 둘째, 지역아동보호위원회를 통해 지방정부 내에서뿐 아니라 학교·병원·경찰 등과의 지역 내 협력 체계를 구축했다. 셋째, 심각한 사례 검토SCR: Serious Case Review 회의를 통해 수시로 그 협력 체계가 작동하도록 만들었다.

이렇게 발전한 아동보호 시스템은 영국 지방정부의 가장 중요한 업무 중 하나로 작동됐다. 아동 서비스국은 지방정부에서 그 규모와 예산 비중이 가장 큰 부서가 되었다. 피터가 살던 런던의 한 자치구인 해링게이 지역(총인구 20여만 명)을 예로 들면 2005년 무렵 아동 서비스국의 직원 수는 1300명, 한 해 예산은 2억 5000만 파운드(약 3636억 원)에 달했다. 아동 인구 5만 5000여 명 가운데 450명이 보호 계획이 수립된 '보호 아동'이었고 그중 230명은 '위험 상태'로 분류되었다. 그 아이들의 가정에는 지역 사회복지사, 방문 간호사, 경찰 등의 상시 방문과 감독이 이뤄지고 그 결과가 심각한 사례 검토SCR를 통해 공유된다. 아이와 부모에게 필요한 지원책을 중심으로 해법이 논의되지만 불가피한 경우 아이를 부모로부터 분리해 보호하는 결정이 내려지기도 한다. 이 촘촘한 협력 체계와 의사결정 구조가 만들어지기까지 100년이 넘는 세월이 걸렸다.

피터도 해링게이 아동 서비스국에서 지속적으로 보호하던 '위험 상태' 아동 230명 가운데 한 명이었다. 사회복지사와 방문 간호사가 정기적으로 피터의 집에 들러 피터 모자의 상황을 확인했다. 주택, 의료, 보육 등 여러 분야에서 각종 지원 프로그램이 제공됐다. 엄마 트레이시는 피터를 자주 병원에 데려가고 부모 심리 치료와 자녀 양육 코치 등에도 여러 번 참여했다.

그런데도 아이가 죽었다. 더구나 피터가 죽은 해링게이 지역은 아동보호 체계를 전면 개편하게 만든 2000년 빅토리아 클림비의 사망 사건이 일어난 곳이었다. 피터를 죽인 엄마와 동거남들의 사진에 이어 지역 사회복지사들의 사진과 비난 기사가 신문을 도배했다. 영국 타블로이드 일간지 《선》은 해링게이 지역 사회복지사들의 해고를 청원하는 캠페인을 벌이기도 했다. 실제 해링게이 아동 서비스국 총책임자 샤론 슈스미스 등이 일자리를 잃었다(이후 해고당한 사회복지사들은 법적 소송을 냈고 부당해고 판결을 받았다).

많은 영국 사람들은 피터가 당한 끔찍한 학대 사실 못지않게 그가 받은 수많은 보호와 지원 내용에 충격을 받았다. 〈50개의 상처, 60번의 (사회복지사 등의) 방문: 베이비 P(피터 코널리)를 죽음으로 이끈 실패〉[7]라는 《가디언》 기사 제목처럼, 생전에 피터를 살펴본 눈이 많았다는 사실은 영국 아동보호 시스템이 총체적으로 실패했다는 결론을 뒷받침하는 증거로 쓰였다. 피터 코널리의 죽음 이후 그

울고 있는 아이에게 말을 걸면

간 쌓아올린 시스템에 대한 신뢰와 자원 투입에 대한 영국 사회의 공감대가 흔들리기 시작했다. 보수당은 연일 피터를 언급하며 당시 노동당 정부의 복지 정책을 비난했다. 피터 사건이 빌미를 제공해 준 '취약 계층 지원 무용론'은 실제 2년 뒤 보수당이 정권을 잡고 난 뒤부터 국가 운영에 반영되기 시작했다.

2008~2009년 피터 사건을 다룬 여러 조사 보고서에 따르면, 그가 죽음에 이르기까지 여전히 아동학대 방지를 위한 자원이 부족했다. 자원들 사이 협력 체계에도 빈틈이 있었다. 열악한 업무 환경으로 피터를 돌보던 사회복지사와 보건 인력이 자주 바뀌거나 공석이었다. 누군가는 피터의 집에 새로운 성인 남성이 들어왔다는 사실을 눈치챘지만 적절한 기회가 없어서 모두에게 공유되지 못했다. 그래서 더 많은 자원이 투입되고 더 끈끈한 협력 체계가 구축되어야 한다고 제안됐지만, 정부 정책은 거꾸로 갔다. 2010년 들어선 보수당 정부는 다른 분야에서처럼 아동보호 서비스에 대해서도 예산 감축과 민영화를 추진하기 시작했다.

아동보호 분야에 돈을 아끼고 '효율성'을 적용하고 나서 영국의 아이들은 더 안전해졌을까? 《베이비 P 이야기The Story of BABY P》(2014)를 쓴 레이 존스 킹스턴 대학 사회복지학과 명예교수는 말했다. "베이비 P(피터 코널리) 사건 이후 아동보호 수요는 폭증했는데 그에 대한 인력과 예산이 오히려 감축되면서 아동보호 서비스에 심각한 위기가 초래됐다."[8] 특히 슈어 스타트Sure Start, 트러블드 패밀리Troubled Family처럼 복지 지원을 통해 아이의 안전을 도모하는 가족 지원 정책 자금이 거의 끊겼다. 일련의 상황은 다음과 같은 질문을 불러일으킨다. '피터 코널리 가족이 더 적은 보호를 받고 더 적은 지원을 받았다면 피터가 살 수 있었을까?'

자원 투입이 빈약해진 시스템 속에서 아동보호에 대한 공적 책임은 모두 사회복지사 개개인에게 씌워졌다.《선》등 언론의 집중 공격으로 부당해고를 당하고 살해 위협에까지 시달린 샤론 슈스미스 해링게이 아동 서비스국장은《베이비 P로부터의 학습Learning from BABY P》(2016)에서 특히 피터 코널리 사건 이후 '실패의 두려움'이 아동보호 사회복지사들을 지배했다고 말했다.

"사회복지사에 대한 격렬한 비난으로 야기된 '실패에 대한 두려움'은 그들의 일상 업무에 부적절한 영향을 미쳤다. 사회복지사 직업의 불확실성과 불안함도 높아졌다."

일은 많고 주어진 예산은 점점 적어지는데 일이 잘못되면 욕만 먹는 아동보호 서비스 사회복지사 자리는 점점 기피 대상이 되었다. 특히 해링게이처럼 고위험군 아동이 많아 일손이 절실한 지역에서 그런 현상이 더욱 두드러졌다.

그럼에도 불구하고 영국은 여전히 한국과 비교할 때 아동보호 '선진국'이다. 여러 차례의 실패를 외면하지 않고 아이의 죽음에서 아픈 교훈을 얻으려는 꾸준한 노력의 결과 아동학대 사망률은 감소 추세를 기록했다.[9]

한국의 경우 2010년까지 일정 상한선을 유지하던 국내 아동학대 사망자 수는 2011년 이후 줄곧 10명을 넘기더니 2016년 36명, 2017년 38명으로 늘어났다. 2020년에는 43명을 기록했다. 그런데도 정부는 아동학대 업무 대부분을 민간 위탁 기관에 떠넘겼다. 아동보호 예산과 인력도 학대 사례 증가 속도를 따라잡지 못하고 있다.

　이제 막 첫걸음을 떼려는 한국은, 100년 넘는 시행착오를 거쳐 지금 또 한번 위기를 맞은 영국 아동보호 시스템을 보고 무엇을 배워야 할까? 영국의 아동학대 관련 법 개정 압력 단체인 맨데이트 나우Mandate Now의 설립자 톰 페리는 이렇게 말한다. "중요한 건 틀과 제도가 아닌 마인드 세팅이다. 그리고 그 마인드 세팅이란 바로 돈이다."[10]

실패 앞에서 포기하지 않는 나라

또 하나 주지해야 할 점은 우리보다 훨씬 더 일찍, 더 많이 아동보호에 돈을 써온 영국 사회 전문가도 '아동학대 근절' 방안에 관한 명확한 답을 찾지 못했다는 것이다.

　피터 코널리 사건으로 떠들썩했던 2008년 11월 15일 고든 브라운 영국 총리는 국민에게 "이런 일이 결코 다시는 일어나지 않도록 할 것이다."라고 말했다. 그러나 일선에서 일하는 사람의 답은 달랐다. 2008년 11월 11일 샤론 슈스미스 해링게이 아동 서비스국장은 BBC 라디오 인터뷰에서 "다시는 이런 죽음이 발생하지 않는다고 보증할 수 있겠나."라는 질문에 이렇게 답했다.

　"어떤 아동 서비스 책임자나 기관, 소아과 의사도 아이를 해할 의도가 있는 사람들을 모두 막을 수 있다고 보증할 수 없습니다. 이것은 슬프지만 사실입니다."

이 불편한 진실을 각오하는 게 이제 막 첫발을 떼려는 한국에게도 가장 필요한 자세일지 모른다. '아동학대 없는 나라'는 없다. 다만 '아동학대라는 실패 앞에서 포기하지 않는 나라'가 있을 뿐이다.

세계 최초 자녀 체벌금지법,
그리고 40년 후

1979년 3월 15일 스웨덴 의회에서 개정 법안 하나가 통과됐다. 찬성 259표, 반대 6표, 기권 3표. 의회를 구성하던 스웨덴 4개 정당 모두가 이 법안을 지지했다. 이 법은 부모와 자녀 간의 법적 관계를 다루는 스웨덴 부모법 개정안(자녀 체벌금지법)이다. 기존 법안에서 제6장 제1절 조항을 신설했다. 아동의 법적 지위를 새로 규정한 것이다. "아이들은 돌봄, 안전 및 좋은 양육을 받을 권리가 있다. 어린이는 인격과 개성을 존중받아야 하며 체벌을 포함해 그 어떤 모욕적인 대우도 받으면 안 된다." 이때부터 스웨덴에서는 가정을 포함한 모든 곳에서의 아동 체벌이 금지됐다. 스웨덴에서는 '사랑의 매'도 불법이다.

스웨덴은 세계 최초로 가정 내 자녀 체벌을 금지한 국가이다. 당시 이웃 유럽 국가들은 경악했다. '스웨덴이 미쳤다'라는 신문 기사가 대서특필되고 '무모한 실험'이라는 비판이 잇따랐다. 하지만 약 40년이 지난 지금, 스웨덴의 길을 따른 국가는 세계 63개국에 이른다(2022년 1월 기준).[11] 핀란드(1983년)와 노르웨이(1987년) 등 북유럽 국가를 시작으로 최근에는 페루(2015년), 몽골(2016년), 리투아니아(2017년)도 아동 체벌 금지를 법에 명문화했다. 한국은 내내 이 명단에서 빠져 있다가 뒤늦게 2021년 1월 8일 '자녀 징계권'을 규정한 민법 제915조가 삭제되면서 62번째 체벌 금지 국가가 되었다.

'처벌'이 아닌 교육적 지원을 통한 '인식 전환'

국제 상식이 된 '스웨덴 실험'은 어떻게 성공할 수 있었을까? 스웨덴도 다른 나라들처럼 체벌 문화가 있는 국가였다. 1734년 스웨덴 법에 따르면 아버지가 자녀를 때려 죽음에 이르게 한 경우 그 처벌은 아내를 때려죽인 경우보다 약했다. 집안 내 규율을 유지한다는 명분의 '가정 내 매질domestic-flogging'은 노인과 하인뿐 아니라 아내와 자녀들에게도 허용됐다. 1920년 스웨덴에서 노예 체벌이 금지됐을 때에도 자녀 체벌은 금지되지 않았다.

　변화는 학교에서 먼저 시작됐다. 1918년 학교 학생들에 대한 체벌 금지가 처음 도입됐다. 고등학교 고학년생에게만 국한되던 이 조항은 차츰 확대돼 1962년 전체 학생에게 적용됐다. 1970년대 아이가 부모에게 체벌받다 목숨을 잃은 몇몇 사건이 여론을 뒤흔들자 1977년 정부는 아동권리위원회를 구성해 사건 조사와 대안 모색에 나섰다. 1978년 가정 내 체벌에 관한 정부 보고서를 발표하고 의회에 체벌 금지 입법안을 냈다. 그 법안이 바로 1979년 3월 세계 최초

로 통과된 자녀 체벌금지법이다.[12]

당시 이 법안에 반대표를 던진 의원 6명은 "모든 부모가 범죄자가 되고 가정이 해체될 것"이라며 반발했다. 하지만 그런 일은 일어나지 않았다. 체벌금지법 시행 후 아동학대 신고량은 늘었지만 부모 기소율은 이전과 다르지 않았다. 아이를 부모로부터 격리해 보호시설로 보내는 사례도 급증하지 않았다. 법의 목적이 '처벌'이 아닌 '인식 전환'이었기 때문이다. 당시 스웨덴 법무장관은 이 법의 목적에 대해 이렇게 적었다.

"이 법은 부모들이 아이를 키울 때 어떤 종류의 폭력도 사용하지 않도록 교육적 지원을 통해 부모를 설득하기 위함입니다. 부모의 사고방식을 바꾸기 위한 정보 제공과 교육이 형벌 제재에 의존하는 것보다 중요합니다. 효과적이고 지속적으로 이 법규에 관한 정보를 줘서 이 규정을 현실화하는 게 중요합니다."

'규정을 현실화'하기 위해 스웨덴 정부가 선택한 방법은 대대적인 홍보 캠페인이었다. 텔레비전·라디오 광고, 포스터, 팸플릿 등 당시 가능했던 모든 수단이 동원됐다. 매일 아침 각 가정의 식탁 위에 오르는 우유팩에 체벌금지법의 목적과 내용을 알리는 만화가 실렸고, "당신은 체벌 없이 성공적으로 아이를 키울 수 있습니까?"라는 제목의 브로슈어가 스웨덴어·영어·독일어·스페인어·프랑스어로 번역돼 350만 가정에 보급됐다. 동네마다 양육지원센터가 설치되었으며 아이 키우기에 어려움을 겪는 부모들을 위한 상담 프로그램이 제공되었다.

"폭력, 위협, 협박을 사용하지 않고 갈등을 해결하는 방법을 자녀에게 가르쳐야 하는 것은 성인의 책임이다. 그리고 비폭력적인 육아 실천을 위한 조건을 마련하고, 부모가 아이의 좋은 모델이 되기 위한 에너지와 시간을 갖도록 필요한 도움을 제공하는 것은 정부의 책임이다."라는 인식이 있었기에 가능한 일이었다.[13]

아스트리드 린드그렌의 연설을 잊지 않는 나라

스웨덴 정부는 법 시행 후 주기적으로 체벌 실태와 부모들의 인식 변화를 추적하는 장·단기 연구를 벌였다. 연구 결과에 따르면 법이 도입되고 2년 뒤 90% 이상의 스웨덴 부모들이 자녀 체벌이 불법이라는 사실을 인지했다. '자녀를 양육하며 체벌을 사용할 수 있다'는 생각에 동의하는 부모 비율은 1960년대 절반 이상이었지만 2010년대에는 10% 남짓으로 떨어졌다. 인식 전환은 행동의 변화를 일으켰다. 자녀에게 체벌을 사용한 부모의 비율도 같은 기간 90% 이상에서 10%가량으로 감소했다.[14]

스웨덴의 경험에는 물론 특수성이 있다. 페르닐라 레비네르 스톡홀름 대학 법학과 교수는 "체벌금지법이 도입될 당시 스웨덴이 매우 높은 수준의 복지 사회였다는 점을 기억할 필요가 있다."라고 말했다. 경제 상황이 좋았고 무상보육, 무상교육, 무상의료 시스템이 잘 갖춰져 있었다. 정부와 정치인, 전문가에 대한 신뢰 수준도 높았다. 레비네르 교수는 "만약 (복지 시스템이 일부 무너지고 정부에 대한 신뢰가 약화된) 지금 그 법이 제안됐다면 결과가 달랐을 것이다."

　　　　　　　　　　울고 있는 아이에게 말을 걸면

라고 말했다.[15] 다른 국가에서 온 이민자 가족과의 문화 충돌 현상이나 자녀 체벌이 일종의 '터부'가 돼 오히려 은폐되기 쉽다는 점도 최근 스웨덴에서 떠오른 고민이다.

하지만 이런 문제는 '아이를 때려서 가르쳐도 되는지 아닌지'에 대한 논쟁과는 상관이 없다. 그 논쟁은 이미 1970년대 후반 스웨덴 사회에서 결론이 났다. 자녀 체벌 금지에 관한 논쟁이 벌어지던 1978년,《말괄량이 삐삐》시리즈로 유명한 '국민 작가' 아스트리드 린드그렌이 독일 도서 무역 평화상 수락 연설에서 소개한 일화는 아직까지 스웨덴 사회에서 회자되고 있다.

"체벌이 아이 양육에 필수적이라고 생각하던 젊은 엄마가 있었습니다. 어느 날 그녀의 어린 아들이 나쁜 일을 했기 때문에 그녀는 아이에게 숲에 가서 회초리로 사용할 자작나무를 찾으라고 했습니다. 오랜 시간 뒤 아들은 손에 돌멩이 하나를 든 채 눈물을 흘리며 말했습니다. '자작나무는 찾을 수 없지만 여기 엄마가 저에게 던질 수 있는 돌이 있어요.' 아들은 이렇게 생각했겠지요. '엄마는 내가 상처 입기를 원하니 이 돌멩이를 써도 되겠지.' 엄마와 아들은 서로 끌어안고 한참을 울었습니다. 이후 엄마는 그 돌을 주방 선반에 올려두고 바로 그 순간에 만들었던 평생의 약속을 상기합니다. '폭력은 절대 안 됩니다Never violence!'"

아이의 신체와 정신을
모두 망가트리는 '사랑의 매'

아이를 다치게 하고 싶어서 매를 드는 부모는 그리 많지 않다. 세계 대부분의 부모들이 '아이를 잘 가르치기 위해' 체벌을 사용한다. 체벌이 자녀 훈육에 효과적이라고 믿기 때문이다. 하지만 실제 전문가들이 연구한 결과 자녀 체벌은 득보다 실이 크다. 체벌은 나쁠 뿐만 아니라 효과도 없다.

스웨덴의 저명한 소아 전문의이자 아동 권리 전문가인 스타판 얀손 칼스타드 대학 교수는 오랜 연구 결과 자녀 체벌의 효과를 딱 하나 발견했다.[16] '즉각적인 명령 준수'이다. 하지만 이런 단기적 이익을 압도하는 장기적 손해를 매우 많이 발견했다. 체벌로 인한 불안감은 학습과 학업 수행을 방해하고 바람직하지 않은 행동을 반복하게 한다. 부모와 자녀 관계의 질을 떨어트리고 아동의 공격성을 증가시킨다. 무엇보다, 자녀의 몸을 망가트리는 부상의 위험을 크게 높인다.

미국 텍사스 대학 엘리자베스 거쇼프 교수는 체벌의 영향에 관한 세계 27개 연구 결과를 분석해봤다.[17] 거의 모든 연구에서 체벌을 많이 경험할수록 아동의 공격성과 반사회적 행동이 높아지고 우울과 불안감을 호소할 확률이 올라간다는 사실이 입증됐다. 학업 성취도와 지능, 언어 인지능력 저하와도 관련이 있었다. 체벌을 많이 받은 아이가 성인이 되었을 때 공격성과 반사회적 행동이 증가한다는 사실도 여러 연구 결과로 확인됐다. 폭력은 또 대물림됐다. 아동기에 체벌을 자주 경험했을수록 성인이 되었을 때 교제 폭력, 배우자 폭력, 자녀 폭력을 저지를 확률도 높아졌다. 거쇼프 교수는 이렇게 적는다.

"부모가 체벌을 사용하면 감소시키고자 의도한 아동 행동이 오히려 증가한다. 반면 위험은 커진다. 명백히, 자녀 체벌은 좋은 점보다 해로움이 더 많다."

아이를 위한 나라,
모두를 위한 나라

장면 하나. 밤 11시쯤 스웨덴 예테보리 란드베테르 공항 '짐 찾는 곳'에 막 비행기에서 내린 승객들이 모였다. 늦은 밤 피곤한 표정의 승객들이 빙글빙글 짐이 돌아가는 컨베이어 벨트 앞에 멍하니 서 있는 풍경은 여느 공항과 다르지 않았다. 다만 다른 것은 아이들이었다. 대개 이런 곳에서는 긴 비행을 끝내고도 아직 남아 있는 지루한 절차 앞에서 울고 보채는 아이들을 보기 마련이다. 그런데 아이들이 보이지 않았다. 아이들은 바로 옆 놀이터에서 놀고 있었다. 컨베이어 벨트 주변 빈 공간에 알록달록한 실내 놀이터가 아담하지만 알차게 꾸며져 있었다. 짐을 찾는 부모들의 시야 안에 들어오는 위치였다. 미끄럼틀과 경사진 작은 언덕을 오르내리며 아이들은 웃고 까불었다.

장면 둘. 스웨덴 스톡홀름 감라스탄과 쇠데르말름 지역을 잇는 연륙교 주변은 공사가 한창이었다. 안전을 위해 다리 가장자리는 모두 공사장 가림막으로 둘러쳐져 있었다. 이 가림막에는 5미터 간

격으로 투명한 유리창이 나 있었다. '공사장 전망창'이다. 지나가던 시민들은 전망창 너머로 강물 위에서 펼쳐지는 공사 풍경을 구경했다. 최근 한국 공사장에서도 간혹 볼 수 있는 장면이다. 다만 스톡홀름 공사장 가림막에는 '성인용'에 더해 '아동용' 전망창도 나 있었다. 어른 키 높이의 네모난 유리창 옆마다 아이 키 높이의 동그란 유리창이 함께 붙어 있었다. 아이들은 부모를 조르거나 까치발을 하지 않고도 바지선이며 크레인이며 흥미로운 공사 장비의 움직임을 관찰할 수 있었다.

다른 나라와 비교했을 때 상대적으로 스웨덴은 아이와 어른이 평등한 나라다. 어른 중심 사회에서 아이들이 소외되지 않도록 늘 아이의 눈높이를 고려한다. 공항과 공사장처럼 지루하거나 위험한 '어른의 공간'에서도 스웨덴 아이들은 배제되지 않는다. 스웨덴의 아동 친화 문화는 식당에서 뽀로로 식기를 내어주는 식의 고객 서비스 차원을 뛰어넘는다. 어리고 미숙하고 약해서 배려받는 게 아니라 어른과 똑같은 권리를 지닌 사람이기 때문에 사회 구성원의 일원으로 인정받는다. 그래서 스웨덴의 '아동보호'는 시혜적인 복지 정책 그 이상이다.

스웨덴에서 만난 아동보호 전문가들이 한결같이 하는 말은 "아이를 중심으로 본다."이다. 지방자치단체에서 일하는 아동보호 사회복지사, 독립된 공공 아동권익 단체에서 일하는 변호사, 아동보호 NGO에서 일하는 상담사 모두 "우리 일에서 가장 어렵고도 가장 중요한 원칙이 아이의 관점에서 아이를 바라보고 아이의 관점에서 그 마음을 생각해보는 것"이라고 말한다. 이들의 이야기 속에는

'어른 중심 국가'인 한국 어른들이 생각해볼 지점이 많다.

어떻게 하면 아이 중심 관점을 가질 수 있을까

전체 인구가 58만여 명인 예테보리는 스웨덴에서 두 번째로 큰 도
시다. 스칸디나비아 반도에서 가장 큰 항구를 품었고, 자동차 회사
볼보의 본사가 위치한 북유럽 무역·산업의 중심지이기도 하다.

브리타 티만 씨는 예테보리에서 아동·가족 보호를 담당하는 사
회복지 공무원이다. 시에서 티만 씨가 속한 부문에 배정한 예산은
2016년 기준 14억 6800만 크로나(약 1900억 원). 티만 씨처럼 아동과
가족을 지원하는 업무를 맡은 시청 소속 사회복지사는 100여 명에
이른다. 아동학대 신고 접수·조사·평가 업무부터 사전 예방을 위한
가족 지원업무까지 모두 국가와 지방정부의 '의무'이다. 심각한 아
동학대 사건이 발생했을 때 스웨덴 언론은 가장 먼저 지자체 커뮤
니티와 사회복지 서비스가 제대로 작동했는지 보도한다. 그런 다음
에 가해자를 포함한 사건과 관련된 개인을 이야기한다. 우리와 정
반대다.

아이를 보호하는 예테보리의 사회복지 공무원들이 업무에서 가
장 중시하는 것은 '아이 중심 관점'이다. 아이 중심 관점에서 보면
아동학대 예방을 위한 최선의 방법은 아이를 학대한 부모를 비난하
고 처벌을 강화하는 쪽이 아니다. 취약한 환경에 놓인 가족을 지원
해 아이를 둘러싼 가족의 울타리가 따뜻하고 튼튼해질 수 있도록

돕는 편이 아이 처지에서 가장 행복하다.

브리타 티만 씨는 "('도덕적 해이'의 위험에도 불구하고) 취약한 부모를 돕는 일이 아이에게 최선의 복지라는 명제를 경험을 통해 확신하고 있다."라고 말했다. "부모와 격리된 아이들은 늘 엄마 아빠에 대해 생각하고 그리워한다. (당장 부모와 떨어져 있어서 학대로부터 안전해진다고 해도) 여전히 엄마가 술을 마시고 아빠가 폭력을 행사하는 사람이라면 아이들은 바뀌지 않는 부모를 생각하며 스트레스를 받는다. 감옥에 있는 게 부모를 좀 더 나은 사람으로 만들지도 않는다. 아이들이 제대로 성장하기 위해 우리는 그들 부모를 돕고 바꿔야 한다. 부모가 아이의 좋은 롤 모델이 되는 게 중요하다."

아이 중심의 관점을 지닌다는 것이 말처럼 쉬운 일은 아니다. 티만 씨는 "우리도 요즘 가장 많이 교육받고 스스로 고민하는 지점이지만 매일 매 사건마다 어렵고 한계에 부딪치는 문제이다."라고 말했다. '어떻게 해야 그들 부모나 주변 성인보다 아이들을 먼저 바라보고, 이를 잊지 않고 실천할 수 있을까?' '아이들 관점에서 이야기를 나누는 방법은 무엇일까?' '아동 친화적인 사무실은 어떻게 만들 수 있을까?' 이 같은 아동 중심 사고는 사회복지 영역에서만 고민하는 주제가 아니다. 티만 씨는 "얼마 전 지역 판사들이 모인 워크숍에 참여했는데 판사들도 '어떻게 하면 더 아동 친화적인 법정을 만들 수 있을까?' 고민하고 있었다."라고 말했다.

아이들이 문제의 원인과 해결책을 알고 있다

가정폭력을 겪는 어린이, 난민 가정의 어린이, 장애를 지닌 어린이, 또래 괴롭힘에 시달리는 어린이, 정신 질환을 앓는 어린이, 경찰 체포와 구금 상태의 어린이, 보호시설이나 위탁 가정에서 사는 어린이……. 그동안 스웨덴의 아동 옴부즈맨Barnombudsmannen[18]이 만나온 어린이들이다. 스웨덴의 아동권익 보호 공공기관인 스웨덴 아동 옴부즈맨은 매년 특정 주제의 취약 아동 실상과 정책 제안을 담은 연례 보고서를 펴낸다. 2018년에는 열악한 지방자치단체 지역에 거주하는 어린이 900명의 목소리를 세상에 알렸다.[19]

옴부즈맨은 1809년 스웨덴 의회에서 처음 창설된 국민권익 보호 제도이다. 그 어원 또한 고대 스웨덴어에서 유래했다. 국가기관이지만 독립적 권한을 바탕으로 행정부 등 다른 공공기관을 견제·감시해 국민의 권리를 구제한다. 세계 여러 나라로 이 제도가 확산됐고 한국도 국민권익위원회 등 여러 형태로 옴부즈맨이 운영되고 있다.

옴부즈맨의 원조 국가 스웨덴에서는 현재 공무원들의 부정부패를 감시하는 의회 옴부즈맨, 민족·종교·성에 따른 차별을 감독하는 평등 옴부즈맨, 소비자 집단의 이익을 대변하는 소비자 옴부즈맨 등이 활동 중이다. 여기에 하나 더한 것이 바로 아동 옴부즈맨이다. 1990년 유엔아동권리협약을 비준한 스웨덴은 1993년 그 협약이 자국 내 어린이와 청소년들의 삶에 어떻게 적용되고 있는지 감독하는 아동 옴부즈맨을 설립했다. 충분한 영양을 섭취하고 안전을 누릴 권리부터 표현의 자유, 양심과 종교의 자유, 사생활을 보호받을 권리까지 생존·보호·발달·참여 네 가지 측면에서 아동권리를 규정한 유엔아동권리협약에는 한국을 포함한 196개국이 비준했다. 하지만 이 조항들이 진짜 지켜지고 있는지 점검하는 나라는 스웨덴을 포함해 몇 나라 되지 않는다.

스웨덴 아동 옴부즈맨은 매우 권위 있는 기관이다. 정부와 지방 자치단체에 정보를 청구하고 회의 개최를 위한 소집을 요구할 수 있으며 아동 관련 법률과 정책을 심의할 권한도 있다. 정부 요구가 아닌 옴부즈맨 자체의 판단으로 연례 조사의 주제를 정할 수 있고, 발간된 연례 보고서는 총리에게 직접 전달돼 아동정책 기획의 주요 근거로 쓰인다. 언론도 앞다퉈 아동 옴부즈맨의 연례 보고서 내용을 보도한다.

동시에 스웨덴 아동 옴부즈맨은 매우 비권위적인 기구이다. 특히 어린이 앞에서 그렇다. 공공기관을 조사하고 감독하는 일보다 더 중요한, 아니 그 일을 하기 위해 꼭 필요한 옴부즈맨의 업무가 바로 '아이들의 이야기를 듣는 일'이다. 그리고 그 일이 최우선이다. 아이들이야말로 어린이 권리 분야의 최고 전문가이기 때문이다. 아이들과 먼저 이야기를 나눈 다음, 법과 정책을 살피고 연구자·정치인 등 '성인' 전문가의 의견을 듣는다. 그냥 듣고 끝나는 것도 아니다. 연례 보고서 말미에는 '어린이의 제안'이 꼭 달린다. 보고서에는 "정치인들은 열악한 지역을 찾아 아이들을 직접 만나라." "체육관이나 박물관처럼 우리 지역에서 자랑스러워할 만한 것을 달라." 등 취약한 지역에 거주하는 어린이들의 목소리가 담긴다.

스웨덴 아동 옴부즈맨의 카린 파게르홀름 법무관은 아동학대 등 아동이 겪는 모든 문제에 관해 "아이들이 그 원인과 해결책을 알고 있다."라고 말했다. "범죄가 나면 경찰, 불나면 소방관, 다치면 구급차를 부르는 것처럼 아이들에게는 자신의 문제를 들어주고 해결해줄 누군가가 필요하다." 그리고 덧붙였다. "만약 아이들의 이야기가 들리지 않는다면, 아무도 묻지 않았기 때문이다. 아이들은 항상 온몸으로 시그널을 보내고 있다."

네 살 아이의 인생은 일흔 노인의 인생만큼 의미가 있다

1971년 봄, 세 살배기 마리아가 의붓아버지에게 학대를 받다 죽었다. 마리아의 엄마와 이웃 사람들은 학대 사실을 알았지만 보복이 두려워 아무것도 하지 못했다. 사건이 알려지자 스웨덴 국민들은 분노했다. 그리고 행동했다. 대중 참여 속에 언론인과 작가들이 주축이 되어 '스웨덴의 모든 아이들과 더 나은 어린 시절을 위한' 비영리 아동권리 NGO 브리스BRIS[20]를 설립했다. 1970~1980년대 체벌금지법 제정과 부모 교육 등에 브리스는 주요한 역할을 했다.

대중 캠페인과 입법 제안도 여전히 중요한 일이지만 브리스 업무의 핵심은 어린이들과 통하는 '헬프 라인Help Line'이다. 매일 오후 2시부터 저녁 9시까지, 스톡홀름을 포함한 스웨덴 6개 지역에 위치한 브리스 사무실에서 상담사들이 헤드셋을 끼고 컴퓨터 앞에 앉는다. 전화, 이메일, 온라인 채팅 등을 통해 자신이 겪는 어려움을 전

울고 있는 아이에게 말을 걸면

해오는 18세 미만 아이들과 이야기를 나누기 위해서다. 모든 상담은 철저히 익명이 보장된다. 상담한 사실 자체를 숨기고 싶은 아이들을 위해 인터넷 브라우저 기록 등을 지우는 방법도 홈페이지에 친절히 설명해놓았다. 그래야 아이들이 안심하고 더 자주 찾아와 더 많이 이야기하기 때문이다.

2017년 2만 6000여 명이 브리스의 문을 두드렸다. 하루에 70여 건 꼴이다. 10명 중 8명이 여자아이였고 평균 나이는 14세였다. 불안, 우울, 슬픔 등 심리적 문제를 호소하는 아이들이 가장 많았다. 가족 관계, 학교생활, 사랑, 정체성도 아이들의 고민거리였다. 섭식 장애 문제도 날로 늘고 있다. 여전히 상담의 20%가량은 폭력이 주제였다. 부모 등 어른에게 당하는 폭력은 물론이고 또래 간 폭력에도 아이들은 고통받고 있었다.

브리스 상담사들이 체감하는 가장 큰 문제는 아이들이 이런 어려움들에 대해 입을 열기를 극도로 두려워한다는 사실이다. 상담사 카리네 요한손 씨는 "아이들은 입을 열고 나면 그들 삶이 더 나빠질까 봐 걱정한다. 어른들을 믿지 못하기 때문이다."라고 말했다. 브리스 상담사들의 역할은 익명으로 얘기하는 불안하고 외로운 아이들이 다시 어른을 믿고 도움을 요청할 수 있도록 돕는 일이다. 그러기 위해서는 아이들의 이야기를 함부로 중간에 끊지 않고, 재단하지 않고, 평가하지 않고 들어주는 과정을 먼저 충분히 거쳐야 한다.

브리스는 아이들의 이야기를 듣는 동시에 아이들에게 필요한 부분을 사회에 요구하는 대변인이기도 하다. 폭스바겐(자동차 회사), 콤비크(통신사) 같은 기업들은 브리스에 후원도 하지만 브리스가 제공하는 아동권리 교육 프로그램에 직원들을 참여시키기도 한다. 이와 더불어 브리스는 유엔아동권리협약을 스웨덴 국내법(스웨덴 아동권리협약)으로 바꾸기 위한 운동에도 집중했다. 2018년 6월 14일 이 법안은 스웨덴 국회를 통과했다.

아이를 위한 나라, 나아가 모두를 위한 나라를 만들기 위해 우리는 무엇을 해야 할까? 카리네 요한손 상담사는 아이의 삶을 바라보는 태도에 대해 이야기했다.

"어린 시절을 투자의 시기로 생각하지 마라. 어린 시절은 아이의 모습 그 자체를 갖는 시기로서 중요하다. 유년기를 미래를 위한 투자로 생각한다면 유능한 어른을 만들 수는 있지만 내면이 행복하지 않을 것이다. 어린 시절에 누리는 모든 것을 그것 자체로 즐기게 하고 의미를 부여해줘야 한다. 잠시 멈춰서, 네 살 아이의 삶을 떠올려보자. 이 아이의 4년이 어떤 의미가 있었는지 생각해보라. 네 살 아이의 현재 인생은 일흔 살 노인의 인생만큼 의미가 있다."

최소한 뒷걸음치지는 않기를

"거기는 정말 아이들한테 이상적인 사회야?" 아동학대 기획 취재로 스웨덴에 다녀온 뒤 이런 질문을 자주 받았다. 교육·복지·환경, 심지어 인테리어까지 '북유럽 판타지'를 품고 있는 사람들은 그 판타지 목록에 '아동 인권'까지 추가할 준비를 하며 대답을 기다렸다.

나는 그 기대를 꺾었다. "아니, 그런 데가 어디 있어? 사람 사는 데가 다 똑같지. 거기도 문제는 많대." 실제 그곳 전문가들도 여러 어려움을 토로했다. 점점 우경화돼가는 사회 분위기, 크게 늘지 않는 아동보호 예산, 난민·이주민 아동을 둘러싼 사회 갈등과 문화 충돌……. 하지만 나는 덧붙였다. "그래도, 끊임없이 고민을 해. 무엇이 더 나은 길일지. 그건 확실히 다르더라."

수준이 다르긴 했다. '아이는 때리면서 키워야 한다'에 동의하는 사람은 없다. 아동보호 예산의 규모와 비중 자체도 한국과 비교가 안 된다. 그들의 고민은 이런 것들이다. 판사들은 '어떻게 하면 아동 친화적 법정을 만들 수 있을까' 궁리했다. 경찰서 유치장에 구류된 미성년자의 현황과 인권 실태도 독립된 권한을 지닌 정부기관에서 살피고 있었다. 우리도 비준하긴 했지만 거의 대다수가 '아름답고 이상적인 문구'쯤으로 취급하는 유엔아동권리협약을 스웨덴은 최근 구속력이 있는 국내법으로 전환했다.

각국의 역사와 경제 상황, 복지 체계에 따라 아동 인권의 수준이 다를 순 있다. 무턱대고 다른 나라와 비교해 우리의 처지를 한탄하는 방식도 경계해야 한다. 다만 방향은 중요하다. 적어도 머무르거나 뒤로 돌아가서는 안 된다. 당장 앞으로 진일보하기 힘들어도 끊임없이 앞을 보고 더 나은 길을 찾아야 한다.

청소년 잔혹 범죄들이 크게 보도될 때마다 형사법상 미성년자(촉법소년) 연령 기준을 만 13세, 혹은 12세로까지 낮추자는 목소리가 연일 거세지고 있다. 그 주장들을 대할 때마다 마음이 복잡해진다. 청소년 잔혹 범죄 증가의 해결책이 정녕 이것일까? 처벌을 강화하면 비행을 저지르려던 아이들이 마음을 고쳐먹을까? 성인과 똑같은 법적 책임을 져야 하는 아이의 나이를 한 살 낮춘다면, 적어도 그 연령대 아이들이 성인과 같은 법적·사회적 권리를 갖고 있는지도 함께 따져봐야 하지는 않을까?

울고 있는 아이에게 말을 걸면

세상 모든 아이들의
다음 생일상을 위하여

큰아이 여섯 번째 생일을 하루 앞두고 아동학대 기사를 마감했다. 마트 앱 장바구니에 미역과 소고기 국거리를 넣어놓고 초고를 수정하던 차였다. '친부 손에 죽은 구미 26개월 아이' 지훈이의 출생일 계산이 필요했다. 죽은 날짜에서 26개월을 거슬러 올라가다가 가슴이 무너져 내렸다. 같은 2012년 1월. 우리 큰아이와 태어난 시기가 겹쳤다. 아빠 손에 죽어 100리터들이 쓰레기봉투에서 발견된 지훈이가 살아 있었다면 우리 아이처럼 일곱 살 생일을 맞았을 것이다. 누군가 따뜻한 미역국을 끓여줬을지는 모르겠지만, 적어도 소복하고 예쁘게 눈이 내린 겨울날, 창문에 얼굴을 대고 "우와 예쁘다."라며 가슴 설레어했을 것이다. 세상의 모든 일곱 살이 그러하듯이.

잘살든 못살든 부모가 얼마만큼의 사랑을 주든 일정 연령대의 아이들은 누구나 하늘에서부터 갖고 태어난 사랑스러움이 있어서, 열이면 아홉 비슷한 시기에 비슷한 '이쁜짓'을 한다. 아이를 먼저 키워본 사람들이 육아 후배들에게 제일 먼저 "몇 개월이냐?"고 묻고 "아유, 한창 ○○할 시기네."라며 아는 척을 하는 것도 그 때문이다. 아이가 지금 어떤 발달 상태에 있고 무얼 좋아하고 무얼 무서워하며 어떤 재롱을 피우는지 개월 수만 듣고도 아이 키워본 사람들은 안다.

부모에게 학대당해 온몸이 부러지고 멍든 채 죽은 부천 은서의 생후 84일은 한창 아이가 허벅지와 엉덩이를 들썩들썩 움직여 뒤집기 시도를 해보는 시기다. 두 오빠와 함께 불에 타서 죽은 광주 세 남매 막둥이 솔이의 생후 15개월은 한창 아장아장 걸음마가 완성돼 여기저기 쿵쿵 부닥치며 다닐 나이이고, 수일간 혼자 지내다가 오랜만에 집에 들어온 아빠가 반가워 장난을 치다가 아빠의 손날에 명치를 맞고 코와 입이 틀어 막혀 생을 마감한 구미 지훈이의 생후 26개월은 혼자일 때와 어두울 때를 극심히 두려워하는 시기다.

우리 아이들은 이 시기에 엄마와의 거실-주방 간 거리도 싫어했고 해질 무렵의 어둠조차 무서워했다. 그런 26개월짜리 지훈이가 수일간 혼자 지낸 곳은 전기와 난방이 끊긴 집이었다.

단 한 명의 아이라도 죽지 않게 할 수 있다면

사건을 들여다보며 여러 번 가슴이 무너져 내렸다. 어린 부모를 '자녀 살해범'으로 만든 사회 구조를 짚어본다는 취지로 시작한 기획이었지만 솔직히 많은 가해 부모들이 악마와 다르지 않다는 생각을 멈출 수 없었다. 기사에 녹일 수 없는, 인간이라면 도저히 할 수

울고 있는 아이에게 말을 걸면

없을 것 같은 짓들이 사건 기록과 판결문 곳곳에 섞여 있었다. 사형 제도에 찬성하는 사람이 아니었지만 이런 인간들을 정말 살려둘 가치가 있는 것일까 싶은 생각도 들었다. 존속 살해는 가중 처벌을 받지만 비속 살해는 오히려 감형을 받는 현실, 아이를 한 번에 죽이면 사형까지 가능한 살인죄가 적용되는데 반해 수년간 때리다가 죽이면 길어봤자 5~7년형에 그치는 상해치사죄가 적용되는 사법 체계에도 의문이 생겼다. 스무 살 남짓에 아이를 때리고 죽인 많은 부모 아동학대범들이 5년 남짓한 형을 다 채우고 많이들 출소했다. 이들이 또 아이를 낳고 또 때리거나 죽이면 어떡하나. 인간의 선함과 교정 가능성에 회의가 들었다.

그러나 그런다 한들, 아무리 형량을 높이고 처벌을 강화한다고 한들, 무엇이 달라질까. 죽은 아이가 살아 돌아올 것이며 높은 형량이 무서워서 벼랑 끝에서 제 아이를 죽이려던 부모가 주먹질을 멈출 것인가. 너무나 분하지만, 정말 그러고 싶진 않지만, 아이에게 악마 같은 짓을 할지도 모르는 그들에게 조금은 살 만한 세상을 제공해줘서 그 속의 악마를 잠재워주는 게 우리 사회가 그나마 할 수 있는 일이 아닐까. 위험해질지도 모르는 부모들을 지원해주는 것이 곧 그들이 낳은 아이를 보호해주는 유일한 방법은 아닐까. 가슴으론 인정할 수 없지만, 머리로는 이런 결론을 내릴 수밖에 없었다.

관람자가 아닌, 참여자로서의 의무를 생각한다

늘 그랬지만 아동학대 사건에 대한 관심은 잠시 반짝하다가 아동의 삶 전체에 관한 관심과 지원으로 이어지지 못했다. 아이가 어떻게 학대를 당했고 그 끔찍한 일을 행한 가해자가 어떻게 처벌받는지를 알고 분노하는 일은 사회가 한 아이의 삶을 구해내는 과정 중 초반부일 뿐이다. 많은 이들이 엔딩크레디트가 올라가는 영화관 속 관객처럼 자리에서 일어나지만, 더 중요한 중반부와 후반부가 남았다. 살아남은 아이가 어디에서 어떤 삶을 살아가는가에 관한 이야기다. 그것은 관람자가 아닌 참여자로서 우리 사회 모두가 만들어가야 할 이야기다.

관람이 아닌 참여하기 위한 구체적인 방법은 어디에서 비롯될까? 여러 접근법을 통해 아동학대 취재를 하면서 내린 결론은…… 돈이다, 돈. 참여는 온라인 댓글이나 청원만으로 되는 게 아니다. 국가 예산을 반영해 실제 아이들이 다치거나 죽지 않게 하는 모든 감시·모니터링·상담·교육·사후지원 시스템에 '돈'이 돌게 해야 한다. 이제껏 이런저런 대책들이 엄청나게 쏟아졌지만 예산 계획이 짜인 적은 거의 없다. 돈 없이 바뀔 수 없다. 돈 안 들이고 아이를 살릴 생각을 하면 안 된다. 아동보호 체계에 획기적으로 예산을 투여해야 한다.

분노와 절망,
자책과 원망을 이겨내고

"어떻게 해야 아이들을 살릴 수 있을까요?" 같은 질문들을 잔뜩 안고 간 2018년 해외 아동학대 취재에서 들은 가장 충격적인 취재원의 대답은 이거였다.

"아이는 또 죽을 겁니다. 그걸 먼저 받아들여야 해요." 영국에서 아동복지계의 대부라 불리는 전문가, 레이 존스 런던 킹스턴 대학 명예교수의 입에서 나온 말이었다. 잘못 알아들었겠거니 하고 자세를 고쳐 앉아 재차 비슷한 질문을 던졌다. 그 할아버지 전문가는 또 똑같은 대답을 했다.

한국에 돌아와서 그가 말한 관점으로 기사를 쓰면서도 사실 100% 받아들이지는 못했다. 학대당해 죽는 아이는 또 나올 거라니. 어떻게든 살릴 생각을 해야지, 너무 무책임하고 잔인한 관점은 아닐까. 계속 이런 끔찍한 일이 일어날 거라는 걸 전제로 대체 우리는 뭘 할 수 있지? 뭘 하자고 말해야 하지?

코로나19 팬데믹이 시작된 이후에도 하루가 멀다 하고 끔찍한 아동학대 뉴스들이 포털에 도배되었다. 코로나19로 아이가 부모와 함께 지내는 시간이 길어지고 나쁜 부모를 둔 아이는 위험에 놓일 확률도 높아졌다. 더 살펴봐야 하고 구해내야 한다. 같이 분노하고 고민하고 바꿔내야 한다.

그런데 다들 비슷하게 느끼겠지만, 도돌이표다. 2013년 학교 소풍날 죽은 서현이, 2015년 몸에 락스를 들이붓고 화장실에 갇혀 죽은 원영이, 2018년 암매장당한 준희, 그리고 2020년 여행용 캐리어 속에 갇히고 족쇄에 묶여 죽거나 학대당한 천안과 창녕의 아홉 살 아이들.

사회는 소풍, 락스, 캐리어, 족쇄 같은 끔찍함의 키워드에 반응하며 분노를 쏟아낸다. 그 키워드들이 언론에 도배될수록 나는 어쩌 마음이 더 불안하고 조마조마해진다. 학대받는 아이들에 대한 관심이 깊어지지 않고 표피에서만 흐르다가 매번 말라버리는 느낌이다. 분노가 고민으로 전환되기는커녕 마치 다음 키워드가 또 터지기만을 기다린다는 느낌이라면, 내가 좀 너무 나간 건가.

이런 느낌은 '학대 아동 원가정 복귀, 더 이상 안 된다.'는 요지의 기사와 사설들을 여럿 보고 나서 며칠이 지나도 사라지지 않고 내내 머릿속에 남았다. 학대당한 아이를 학대한 부모가 있는 가정으로 돌려보내는 일, 끔찍하다. 맞다. 그런데……

'안 그러면 어떻게 할 것인가.'를 더 이야기했으면 좋겠는데, 거기에까지 사람들 관심이 잘 안 간다. 아동학대 기사를 써서 내보냈을 때도 느꼈다. 아이가 어떻게 끔찍한 삶을 살아왔는지가 담긴 '비포before' 기사에는 정말 많은 관심이 쏟아지고 숱한 댓글이 달린다.

더 강조하고 싶고 그래서 더 심혈을 기울인 '겨우 살아남은 이 아이를, 우리 사회가 어떻게 보호할 것인가'에 관한 '애프터after' 기사에는 별로 반응이 없다. 가정에서 빼내온 아이를 보호할 시설은 좋은 공동체인지, 그곳의 인력과 예산은 충분한지, 보호 아동의 자립 지원은 얼마나 되는지……. 그 일을 업으로 삼는 활동가나 연구자 정도나 관심을 보일 뿐이다. 오로지 사회는 학대받다 죽은 아이를 한없이 가여워하다가 고개를 돌려 그를 죽인 악마 같은 부모를 가리키며 "처벌 처벌 처벌!" "사형은 왜 집행 안 하나." "능지처참은 왜 사라졌나." 등등 분노를 쏟아내기 바쁘다.

그래서 또 걱정되는 것은 '반동'이다. 이렇게 자꾸자꾸 같은 문제가 반복되고 자꾸자꾸 화만 내다 보면, 지친다. 어쨌든 정부는 여론의 분노를 보고 (아주 아주) 조금씩 예산을 늘리고 체계를 만들어나가긴 하는데, 이런저런 명칭으로 '대책'이 발표된 것만 2년 새 수십 번이다(화려한 보도자료 문구 속을 자세히 들여다보면 대개가 재탕 삼탕이고 또 정작 예산 투입량은 미미하다). 그러다 보면 대중은 묻기 마련이다. '이렇게 돈을 쏟아 붓고 노력을 기울이는데도 왜 이렇게 바뀌는 것이 없지?' 그러다가 결론 내린다. '아, 이 방식은 틀렸구나. 예산이 잘못 쓰이고 있구나.' 그래서 자리 잡아가느라 애쓰는 중인 아동 보호 시스템과 인프라를 공격한다. "너희는 돈만 먹고 실적은 못 내는구나. 여기 바로 그 증거, 죽은 채 발견되는 학대 피해 아동이 있잖아!"

"아이는 또 죽을 수 있다"라는 말의 의미

우리보다 수십 년 먼저 문제 인식과 해결책 모색의 과정을 밟아가던 영국에서 최근 몇 년 사이 일어난 일이다. 아동학대 사건이 발생할 때마다 지역의 아동보호 기관 담당자가 언론과 대중에 의해 마녀사냥을 당했던 것이다. 몰래 사진을 찍어 가 타블로이드 1면에 신고선 "담당 아동이 죽던 날에도 쾌활하게 웃으며 동료와 이야기 나누는 아동보호 책임자."라고 쓰는 식이다. 우리에게도 곧 그런 일이 생길까 두렵다. 아직 영국만큼 예산과 노력을 쏟아 붓기도 전인데.

"아이는 또 죽을 수 있다."라는 영국 사회복지 전문가의 말은 그 슬픈 역사에서 비롯된 변명일 수도, 자기방어일 수도, 생존 방식일 수도 있다. 무책임한 발언이라 비난할 수 있겠지만, 나는 이제 좀 다르게 읽힌다. 그것을 막지 못했다는 반성만큼 더 중요한 것이 있다. 아이가 죽었다는 절망과 자책과 후회를 뚫고 나아가야 한다는 것. 그리고 아이가 죽었음에도 불구하고 지금 향하고 있는 이 방향(자원과 인력을 더 투입하고 더 세심하게 살피는)을 포기하지 말고 유지, 발전해가야 한다는 것.

코로나19를 박멸할 수 없다는 걸 이제 받아들였지만 그것에 의한 피해를 막는 노력을 멈추지 않는 것처럼, 아동학대 역시 단 하나의 피해도 일어나지 않게 막을 순 없다. 세상은 넓고 나쁜 놈은 많고 심지어 원래 나쁘지 않았던 사람도 상황이 나빠지면 나쁜 놈으로 변하게 마련이기 때문이다. 그럼에도 불구하고, 그 모두를 막기 위한 노력을 멈추지 않는 것. 그게 불완전한 인간이 불완전한 사회

울고 있는 아이에게 말을 걸면

속에서 그나마 더 나은 세상을 꿈꾸며 살아가는 방법이 아닐까.

어떤 사람들은 진짜 자기에게 중요한 문제가 아닐 때 더 쉽게 완벽을 이야기하는 경향이 있다. 완벽하지 않으면 소용없는 것처럼. 나 역시 기자가 되어서 이건 왜 더 못하냐, 저건 왜 이것밖에 안 되냐, 빈틈을 찾아 꾸짖고 훈수 두고 완벽을 재촉하는 일이 많았지만. 무엇보다 아이들 문제에 관해서는 입을 떼고 문장을 만드는 일이 늘 힘겹고 어렵다. 나한테, 우리 공동체에 정말 중요한 일 같아서.

2장

먹어도 먹는 게 아닌
'아동 흙밥'

지금 아이들 밥상은
슬프게 평등하다

한국인은 '밥심'으로 산다고 한다. "밥 먹었냐", "언제 밥 한번 먹자", "밥은 잘 먹고 다니니", "나중에 밥 한번 살게"가 한국인의 가장 흔한 인사말이다. 세계에서 우리만큼 밥을 중요시하는 나라가 없다고들 말한다.

과연 그럴까. 잘 먹여야 하는 대상으로 누구나 마땅히 인정하는 어린아이들의 밥상을 들여다보면, 물음표가 생긴다. 요즘 아이들이 언제, 어디에서, 누구와, 어떻게, 무엇을 먹는지를 살펴보자 우리나라의 밥 중시 문화는 빈껍데기 인사말로만 남았다.

배고픈 결식아동은 눈앞에서 사라졌지만 더부룩한 '흙밥(흙수저의 밥)' 아동이 사회 곳곳에 숨어 있다. 기초수급 가정 아이는 급식카드를, 서울 대치동 키즈는 엄마 카드를 손에 쥐고 똑같이 고만고만한 선택지 사이에서 식사를 해결한다. 아이들의 밥을 챙겨주는 사람도, 아이들이 밥을 먹을 공간도, 마음 편히 식사할 수 있는 시간도 모두 턱없이 모자란다. 무엇보다 부족한 것은 아이들 밥에 대한 어른들의 관심이다. 어른들의 무관심 탓에 밥에 관한 한 아이들의 삶은 완벽하게 계급 평준화가 이루어졌다. 잘살거나 못살거나 요즘 아이들은 똑같이 너무 못 먹고 산다. 못 먹으니 제대로 못 자고 제대로 못 큰다.

'아동 흙밥'이 사라져야 '청년 흙밥'도 '노인 흙밥'도 사라진다. 내 밥상의 소중함을 알고 자란 아이가 남의 밥상에도 관심을 가질 수 있다. 아이들에게 식사란 '필요한 열량을 채우는 행위'가 아닌 '나와 타인의 몸과 마음을 돌보는 여유'로 가르쳐야 한다. 아이들을 잘 먹이자는, 아무도 딴죽 걸지 않을 세상 당연한 이야기를 이렇게 새삼스럽게 늘어놓는 까닭은, 현실이 전혀 그렇지 않기 때문이다.

먹어도 먹는 게 아닌 '아동 흙밥'

"오늘 뭐 먹었어?" 하고 묻자 열세 살 상진이는 말했다. "12시에 집에서 짜파게티 부숴 먹고 게임하다가 8시에 편의점에서 김치라면 사 먹었어요." 피자·치킨 간식을 거부하던 열 살 준성이는 밥버거 간식이 나오자 떨어진 밥풀까지 싹싹 긁어먹고 나서 멋쩍게 말했다. "요새 밥을 못 먹어서요." 또래 친구들과 아침 식사를 제공해주는 지역복지 프로그램에 참여한 열한 살 소미는 설문조사 종이에 적었다. "집에서 텔레비전 보며 '혼밥'할 때보다 덜 쓸쓸해서 좋아요." 여섯 살 여동생 손을 꼭 잡은 아홉 살 지예는 자랑했다. "저 다섯 살 때부터 밥했어요. 쌀 씻고 물 맞춰서 넣을 줄 알아요."

우리 사회는 밥 굶는 아이가 눈에 보일 때 결코 외면하지 않는다. 외환위기 사태가 진행되던 1990년대 후반 학교 운동장에서 수돗물로 배를 채우는 아이들이 대거 발견된 것이 우리나라의 대표적 결식아동 지원사업인 '아동급식 지원사업'을 시작한 배경이었다. 이후 지방자치단체로 이양됐던 아동급식 지원사업에 한시적으로나마 국비가 지원된 때도 '수돗물 점심' 아이들이 다시 눈에 띈 2008년 금융위기 이후였다.

2019년 12월 기준 33만 14명의 아이들이 하루 한 끼 혹은 두 끼씩 나라에서 밥을 지원받는다.[1] 아무리 매정한 자유시장주의자라도 이 복지지출에는 크게 딴죽을 걸지 않는다. 결식아동 지원만큼 비정치적이고 보편타당한 후원 행위도 드물다. 인터넷 포털 사이트에 '결식아동'을 입력해보자. 숱한 국가기관, 기업, 시민단체, 정치인, 연예인, 유튜브 스타, 인스타그램 유명인들이 결식아동을 돕기 위해 돈을 내고 바자회를 열고 김치를 담근다.

이런 따뜻한 손길은 '보이는 데'까지다. 수돗물로 배를 채우는 아이들이 사라지자 정부는 아동급식 지원사업 국비 지원을 끊었다. 초·중·고교 무상급식 덕분에 학기 중 점심에 배굶는 아이는 없어졌지만 아이러니하게도 학기 중 아침·저녁, 주말·방학 중 밥을 제대로 챙겨 먹는 아이를 발견하기가 더 힘들어졌다. 기초생활수급, 차상위계층 등의 '국가 공인' 결식 우려 아동 인정 기준을 통과하지 않은 아동에겐 좀처럼 도움의 손길이 닿지 않는다.

'21세기 아동 흙밥'은 더 이상 결식缺食의 형태로 잘 나타나지 않는다. 상진이, 준성이, 소미, 지예처럼 오히려 늘 무언가를 먹는다. 질 낮은 음식을, 혼자, 불규칙하게, 허겁지겁 입안에 욱여넣을지라도 일단은 먹기 때문에 결식 지원의 사각지대에 남는 아이들이 많다.

아동 흙밥의 양태는 다양하고 복잡하다. 어떤 아이는 굶어서 흙밥이지만, 어떤 아이는 너무 먹어서 흙밥이다. 어느 아이는 너무 가난해서 흙밥을 먹지만, 어느 아이는 적당히 버는 부모 밑에서도 흙밥을 먹는다. 늘 배고픈 흙밥 아동도 있지만, 늘 더부룩한 흙밥 아동도 있다. 기존 '결식 렌즈'로는 아이들의 식사권과 건강권을 제대로 바라볼 수 없다. 그래서 우리는 '굶는 아이들'에 더해 '먹는 아이들'도 자세히 바라봐야 한다. '누가 못 먹고 있는가?'에서 '어떤 아이들이 어떤 밥을 어떻게 먹고 있는가?'로 질문을 바꾸어 살펴보면, 형편없는 아동 흙밥이 사회 도처에 널려 있다.

굶지 않지만 고기, 생선, 과일은 못 먹는다

"우리는 끼니를 거를 정도의 상황은 아니에요." "실제로 밥을 못 먹이지는 않지만……." "우리 같은 사람이 어떻게 잘사는 사람들과 똑같이 먹고 그래요? 우리랑 그 사람들은 다르지."

자녀의 결식 경험을 묻는 질문에 대한 부모들의 첫마디였다.[2] 이들은 모두 한 달 생활비가 평균 80만 원, 식비는 30만 원 남짓한 가정이다.

"굶기지는 않았다."는 부모들에게 '어떻게' 먹이는지를 물어보

울고 있는 아이에게 말을 걸면

자 결핍이 드러났다. 아이들은 먹되, 단조롭게 배를 채웠다. "단백질을 고기보다는 두부나 이런 거에 많이 의존하게 되고, 대체하는 거 있잖아요. 우리 돈으로 삼겹살 1년 내내 한 번도 안 사요. 아이들도 그런 줄 알고." "김치찌개를 끓이더라도, 다른 걸 썰어 넣어야 하는데 돈이 없어서 다른 걸 못 넣으니까…… 어쩌다 김치 하나에, 시금치 나물 하나 해주니까 왜 이렇게 반찬이 많으냐고 하더라고요." "딸기가 한 바구니에 5000원 하는데 몇 번 손이 가더라고요. 에휴, 이걸로 반찬 사면 몇 끼를 먹는데……. 그냥 왔어요."

2018년 한국보건사회연구원은 아동의 상대적 박탈감을 측정할 수 있는 '박탈지수' 항목을 만들었다.[3] 기존 가구 소득을 바탕으로 한 아동빈곤율 수치만으로는 계층에 따라 아동 투자 격차가 큰 우리나라에서 아동의 결핍을 제대로 가늠하기 어렵다는 판단에서다. 의식주, 의료, 문화생활 등 9개 영역 31개 문항을 제시하고 '네/아니요'를 물었다. 이를테면 이런 문항들이다. '평균적으로 일주일에 한 번 이상 고기나 생선을 사 먹는다(식생활)', '매우 추운 날 입을 수 있는 외투(코트, 파카, 털이나 가죽옷 등)를 두 벌 정도는 가지고 있다(의생활)', '전용 수세식 화장실 및 온수 목욕 시설을 갖추고 있다(주거 환경)' 등등.

조사 결과 가구 소득에 따라 전체적으로 아동의 박탈지수가 차이 났지만 가장 큰 격차를 보인 영역은 의식주 가운데에서도 '식食'이었다(다음 쪽 '표 2-1'). 일주일에 한 번 이상 고기나 생선을 사먹지 못하는 아동의 비율은 전체 평균 2.87%인 데 비해 기초수급 빈곤 아동의 비율은 25.55%에 이르렀다. 일주일에 한 번 이상 신선한 과

	전체 가구	일반 가구	수급 가구
일주일에 한 번 이상 **고기나 생선을 먹는다**	2.87	1.78	25.55
일주일에 한 번 이상 **신선한 과일을 먹는다**	3.24	1.84	32.39
가끔 **기호식품**(과자류, 아이스크림, 음료 등)을 먹는다	1.59	0.95	14.92

(단위: %)

표 2-1. 식생활 영역의 박탈("아니요"라고 응답한 가구의 비율)

일을 먹지 못하는 아동 비율도 마찬가지다. 전체 평균은 3.24%인데 빈곤 아동은 32.39%였다. '식사의 양을 줄이거나 거른 적이 있다'는 항목도 격차(3.67~9.6%)가 나지만 식단의 구성에서 훨씬 더 큰 차이가 났다.

실제 섭취량 통계에서도 12~18세 아동의 소득수준별 주당 채소류 섭취량을 살펴보면 3~5분위(상위 60%)에 비해 1~2분위(하위 40%) 아동이 눈에 띄게 낮게 나타났다.[4] 아이들의 흙밥은 단순히 먹고 안 먹고의 문제가 아니라, 구체적으로 무엇을 먹느냐의 문제인 것이다.

아동급식카드의 참을 수 없는 가벼움

고기, 생선, 채소, 과일 대신 가난한 아이들은 무얼 먹고 살까? 기초

울고 있는 아이에게 말을 걸면

생활수급, 차상위계층 등 빈곤 가정 아동들에게 지급되는 아동급식카드 사용 데이터로 추측이 가능하다. 꿈나무카드(서울), 컬러풀드림카드(대구), 푸르미카드(인천), 행복드림카드(부산) 등 지방자치단체별로 그 명칭과 하루 한도액 등이 다양하지만, 아동급식카드는 대부분 아동이 속한 지역 내 음식점에서 하루 한두 끼니를 사 먹을 수 있게 도와준다. 기존 종이 식권을 대체한 방안이다.

이 카드를 아이들은 어디에서 사용할까? 편의점이 8할이다. 서울 영등포구, 서초구, 송파구, 종로구, 중구는 가맹점 중 편의점 비율이 90%를 넘는다. 해가 갈수록 편의점 이용률은 올라간다.[5]

편의점에서 뭘 사서 먹을까? 아이들은 사 '먹기'보다 사 '마신다.' 우유·요구르트 같은 음료 종류가 가장 많은 비중(43.5%)을 차지하고, 도시락·레토르트 식품 등 겨우 식사라 불릴 수 있는 품목은 36.6%에 그친다. 치즈·어묵·핫바·가공란·빵·주먹밥 등도 아이들의 배를 자주 채워준다. 라면·탄산음료·과자 등은 아동급식카드로 편의점 구매가 제한된 시기의 통계여서 그나마 건강한 식단이다.

편의점 외 가맹점을 다변화하면 아이들의 식단이 좀 더 풍성해지지 않을까? 담당 공무원들도 '가맹점 확대'를 아동급식카드의 가장 시급한 개선 과제로 꼽지만 현실에서 쉽게 이루어지지 않는다. 대부분 지자체에서 1식 지원 단가가 4000~5000원(2020년 기준)이어서 한 끼 식사를 내어줄 수 있는 식당이 많지 않다. 절차도 번거롭다. 전용 카드 단말기를 설치해야 하고(편의점은 범용인 경우가 많다), 매달 시·군·구청에 서류를 보내 매출액을 정산받아야 한다. 아이들이 급식카드를 꺼내면 구석에 처박아둔 전용 단말기를 꺼내 전

원부터 켜고 기다리는 경우가 많다.

아이들도 그 과정에서 상처를 받는다. 편의점을 선호하는 이유를 물었더니, 일반 식당에 비해 "메뉴가 다양"(19%)하고 "언제든지 이용할 수 있어서"(46%)이기도 하지만, "주변의 눈치가 보이지 않고"(13%) "친구에게 보여주기 싫어서"(4%)이기도 하단다.[6] 자리를 차지하고 앉아서 먹은 다음 눈치 보며 결제를 해야 하는 식당보다 얼른 음식을 사서 집에 갖고 들어가 먹을 수 있는 편의점 이용이 훨씬 마음 편한 것이다. 그렇게 흙밥 먹는 아이들은 자꾸 안 보이는 곳으로 숨는다.

음식이 아니라 사람이 없다

아동급식 지원을 받는 아이 부모에게 '자녀가 밥을 잘 챙겨 먹지 못하는 이유'를 물었다. "밥이나 반찬이 없어서"(20.8%)는 부차적인 이유다. 많은 아이들이 "챙겨주는 사람이 없어서"(39.1%) 밥을 제대로 먹지 못한다.[7]

아침 결식률 통계에서도 돌봄 부재에 따른 밥의 격차가 보인다. 9~17세 아이들의 아침 결식률은 가구 유형·맞벌이 여부에 따라 갈린다. 양兩부모보다 한부모·조손 가정의 아이, 외벌이보다 맞벌이 가구의 아이들이 더 많이 아침을 굶는다. 특히 한부모·조손 가정 아이들은 "밥 챙겨주는 사람이 없어서" 아침을 건너뛰었다는 비율(17.7%)이 양부모 가구 아이(2.1%)에 비해 월등히 높다.[8]

엄마 아빠가 다 있어도, 엄마 아빠 대신 '파출부 이모'가 있어도 '밥 챙겨주는' 엄마·아빠·이모가 아니면 결국 아이는 못 먹는다. 성규(7)는 엄마 아빠가 있지만 게임 중독에 빠진 부모가 PC방에서 살다시피 하는 탓에 제대로 된 식사를 못한다. 민아(12)와 진아(10)는 엄마가 없지만 아빠가 부자다. 그런데 이틀에 한 번씩 들어온다. 가사 도우미가 들르지만 집 청소만 하고 나간다. 쌀도 없는 집에서 자매는 과자·피자·햄버거로 배를 채운다. 지역 사회복지사가 우연히 '발견'한 성규나 민아 자매는 국가 공인 결식아동이 아니다. 가구 소득을 기준으로 한 국가의 복지망은 '빈곤형' 결식아동만 찾아낼 뿐 이렇게 다양한 사연의 '돌봄 부재형' 결식아동까지 잡아내진 못한다.

그걸 찾아내는 것도 결국 사람이기 때문이다. 아이들의 밥을 챙겨주는 '사람'은 가정뿐 아니라 공공 영역에서도 턱없이 모자란다. 지방자치단체 아동급식 담당 공무원에게 '아동급식 지원 대상 발견의 어려운 점'을 물었을 때 69.5%가 "인력 부족"을 들었다. 한 공무원은 "공무원 한 사람이 대상자 700~1000명을 관리해야 하는 현실"을 지적했다. 시간이 없으니 방문조사(36.4%)보다 전화조사(38.8%)로 결식아동을 찾아내고, 그러다 보니 담당자 절반이 '우리 지역 내 모든 결식아동이 급식 지원을 받고 있다.'는 확신을 하지 못한다.

지역아동센터에서도 늘 호소하는 게 급식 운영 인력 부족이다. 지역아동센터에서는 결식아동을 포함한 지역 내 취약 계층 아이들에게 평일 석식, 공휴일 중식·석식 등을 제공한다. 지역아동센터에 등록된 아이들은 전자급식카드를 쓰는 대신 센터에서 조리된 음식을 먹는다. 이때 센터에 지급되는 식비는 편의점이나 식당에 적용되는 1식 단가보다 500~2000원가량 낮다. 재료를 사서 음식을 만들고 차리는 인건비도 따로 없다. 많은 센터에서 기존 직원이 급식 업무를 겸하거나 자원봉사자들에게 재료 준비, 조리, 배식을 의존한다. 아이들에게 진짜 부족한 것은 '밥'이 아닌 '밥 차려주는 사람'이다.

대물림되는 아동 흙밥

아동 흙밥은 단순히 식사 메뉴에서 드러나지 않는다. 밥을 먹는 시간, 밥을 먹는 환경, 밥을 먹는 태도, 밥을 바라보는 관점까지도 아동 흙밥의 구성 요소가 될 수 있다. 밥을 먹는 환경·태도·관점이 무서운 것은, 그것이 대물림된다는 점이다.

서울시 급식지원카드인 꿈나무카드 사용 데이터를 분석한 경희대 산학협력단 SK청년비상 빅리더팀은 꿈나무카드 결제 시간대를 분석해보았다. '제시간에 먹지 않는' 아이들의 규모를 가늠해보기 위해서다. 아침 7~11시, 점심 11~15시, 저녁 17~21시로 식사 시간대를 꽤 넓게 잡았는데도 불구하고, 그 시간대를 벗어난 시간에 음식을 구매한 비율이 전체 결제의 50%를 넘기는 아이가 무려 대상자의 16.5%, 2023명이나 되었다. 이 가운데 116명은 주로 새벽 시간대(0~6시)에 편의점 음식을 사 먹었다. 분석팀은 "아동·청소년기는 식습관 형성이 결정되는 시기로 성인이 되었을 때까지 영향을 미칠 수 있어서 식습관 정립 교육 등 대책이 필요하다."라고 제언했다.

사회복지사나 교사들은 식습관이 망가진 아이들을 종종 본다. 경기도 군포 지역에서 돌봄 공동체 '헝겊원숭이운동본부'를 운영하는 김보민 대표는 아버지와 살던 창배(12)를 떠올렸다. 아버지가 밤늦게 퇴근해 집에 올 때까지 혼자 기다리며 식사하던 습관이 밴 아이였다. "뭐든지 다 말고 비벼서 허겁지겁 삼켰어요. 쩝쩝 소리를 내고 흘리고……. 누군가와 함께 밥 먹으며 식습관을 배우는 건데 기회가 없었던 거죠. '비빔 금지, 입에 넣고 다섯 번 이상 씹기' 이런 규칙을 만들어서 식사 지도를 했어요."

초등학교 교사 이준수 씨는 학교 급식 시간에 '잔반 줄이기 운동'을 벌이면서 가정 환경 간 식습관의 격차를 실감했다. 2주간 반찬을 남기지 않는 학생에게 스티커를 주고 스티커를 많이 모으면 상품을 주는 캠페인이었다. 이 교사의 반에서 상품을 받은 아이 9명은 모두 부모와 거의 매일 저녁 식사를 하는 집 아이들이었다. 부모와 많은 시간을 보내지 못하는 아이일수록 편식이 심하고 반찬을 많이 남겼다. 이 교사는 "체감상 돌봄이 부족한 아이일수록 비만율도 높은 것 같다."라고 말했는데, 실제 통계에서 뒷받침된다.

소득분위별 2~18세 소아·청소년의 비만율을 살펴보면, 가구 소득이 가장 낮은 1분위(하위 20%)에서 가장 높게 나타난다. 한부모·조손 가정 아동의 비만율도 양부모 가정 아동보다 높다. 가난하고 돌봄이 적을수록 뚱뚱한 것이다(다음 쪽 '표 2-2').[9]

먹을 것을 들고 취약 아동의 가정을 방문한 사회복지사들은 '어디서부터 손을 대야 할지' 막막한 상황을 종종 겪는다. 쌀을 들고 갔는데 집에 밥솥이 없다거나 햇반을 들고 갔는데 집에 전자레인지

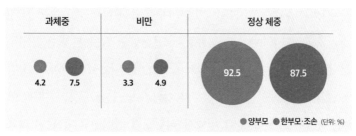

과체중		비만		정상 체중	
4.2	7.5	3.3	4.9	92.5	87.5

●양부모 ●한부모·조손 (단위: %)

표 2-2. 가구 유형별 9~17세 비만율

가 없는 식이다. 김장 나눔 행사로 받은 김치 한 통이 모텔용 소형 냉장고에 들어가지 않아 베란다에서 고약한 냄새를 풍기며 쉬어가고 있는 광경도 자주 본다.

아동 구호단체 기아대책의 심희영 간사는 2019년 도시락 김 세트 등 밑반찬거리를 사들고 아버지와 함께 사는 여덟 살 건희네 집을 방문했다. 집 안이 온통 쓰레기 더미로 덮여 있고, 1구짜리 전기 쿡탑과 냄비 하나가 부엌세간의 전부이던 환경에서 건희는 여러 차례 장염에 걸려 입원을 반복했다. 임대아파트에 입주하게 돼 이사를 축하하며 반찬을 건넸다. 그날 저녁 "맛있게 잘 드셨냐."라고 전화했더니 건희 아버지는 대답했다. "반찬들이 너무 아까워서 그냥 간장에 밥 비벼 먹었어요."

건희 아버지는 가스레인지 불을 켜본 경험이 없는 사람이었다. 보육원에서 자라 노숙과 여인숙 생활을 반복하며 살아온 그는 아이를 키우면서도 제대로 된 집밥을 차리고 아이를 먹이려면 어떻게 해야 하는지, 그게 얼마나 중요한지 잘 몰랐다. 초등학생 셋을 키우는 다른 가정의 부모도 비슷했다. 전화해서 물어보면 어김없이 "쌀

울고 있는 아이에게 말을 걸면

다 떨어졌어요." 해서 부랴부랴 쌀과 반찬을 구해다 주면 "휴, 다행이에요. 이제야 먹일 수 있겠네요."라고 안도하는 이 '대책 없는' 부모는 수입이 생기면 빚을 갚는 데 다 써버렸다.

심희영 간사는 말했다. "가난을 경험하며 자란 부모들이 또 현실이 가난하면 가장 후순위로 미루는 게 바로 식사더라. 아이들을 제대로 먹이는 게 1순위가 아니라 빚 갚고 공과금 내고 남는 게 있으면 먹이고 아니면 못 먹이는 식이다. 옆에서 보면 '이런 식으로 또 가난이 대물림되는구나, 대물림될 수밖에 없구나' 싶다." 기아대책 박현주 간사는 "아이뿐 아니라 아이를 키우는 어른들에게도 올바른 식습관과 식생활의 중요성을 인식시키는 교육이 필요한 것 같다."라고 말했다.

어디에 사느냐에 따라 달라지는 아이들의 밥상

정부는 뭘 하고 있을까? 아동복지법 제35조 '건강한 심신의 보존' 조항은 아이들 밥에 관한 국가의 책임을 명시한다. "국가와 지방자치단체는 아동의 건강 증진과 체력 향상을 위하여 급식 지원 등을 통한 결식 예방 및 영양 개선에 관한 사항을 지원하여야 한다." 그래서 정부는 2000년부터 아동급식 지원사업을 시행 중이다. '보호자가 충분한 주식과 부식을 준비하기 어렵거나, 주·부식을 준비할 수 있다 하더라도 아동 스스로 식사를 차려 먹기 어려운(보건복지부 결식아동 급식 업무 표준매뉴얼)' 결식 우려 아동이 그 대상이다. 2019

년 기준 33만 14명의 아이들이 이 정책의 지원을 받고 있다.

단, 이 아이들을 먹이는 건 중앙정부가 아니다. 2005년 정부는 아동급식 지원업무를 보건복지부에서 지자체로 이양했다. 결식 우려 아동을 찾아내고, 지원 범위와 방법을 결정하며, 가맹점과 도시락업체를 관리하고, 음식 위생을 점검하는 일을 모두 지자체가 한다. 각 시·군·구가 따로 아동급식위원회를 설치하고 지자체 조례에 따라 세부 내용을 결정한다. 보건복지부는 업무 표준 매뉴얼을 만들어 지자체에 내려보내고 몇 년에 한 번 우수 사례 시상식을 연다.

문제는 예산도 지자체가 알아서 해결해야 한다는 점이다. 중앙정부는 매뉴얼을 통해 권장 최저 단가만 정해준다. 2017년까지 한 끼 3500원이었다가 그나마 올라 2021년 현재 6000원이다. 보건복지부가 지자체에 하달한 업무 매뉴얼에는 '지방재정이 가능한 경우 급식 단가는 탄력적으로 인상 가능'이라고 적혀 있다. '지방재정이 가능한' 지자체도 있지만 불가능한 곳도 있다. 재원난을 겪는 지자체의 호소로 2009년 541억 원, 2010년 285억 원씩 국비 지원을 해준 적이 있지만 그때뿐이었다. "경제 위기 극복과 함께 결식아동 수가 줄어들었다."는 이유로 국비 지원이 끊긴 2011년부터 아동급식 지원사업에 대한 중앙정부의 지출액은 '0원'이다.

지자체들은 형편대로 아이들에게 밥을 주고 있다. 2021년 1월 말 기준 지자체별 결식아동 급식 단가는 4000원(충북 단양군 등)에서 최고 9000원(서울 서초구)까지 벌어져 있다. 보건복지부 매뉴얼상 권장 최저 단가가 정해져 있지만 '권장'일 뿐이다. 충북은 2개 시 7개 군이 한 끼당 5000원, 전남은 5개 시 17개 군이 4500원이다.[10] 같은 나라에 사는 아이들인데 어디에 사느냐에 따라 밥의 질이 갈린다.

행정은 공간뿐 아니라 시간에 따라서도 아이들의 밥상을 분절한다. 취학 아동의 경우 아침, 점심, 저녁은 물론이고 학기 중, 방학, 주말, 공휴일에 따라 밥의 지원 체계가 다르다. 조·석식 지원 예산은 지자체에서 맡지만 중식은 교육청에서 돈을 낸다. 그런데 그것도 학기 중 평일 중식만이다. 학기 중 주말·공휴일은 지자체가 교육청과 협의해 시·도 교육비 특별회계를 조달받아야 한다. 방학 중 중식 예산은 아예 교육청 대신 지자체에서 부담한다.

이 복잡한 급식비 전달 체계 안에서 아이들의 밥상은 구멍이 날 수밖에 없다. 아이들이 다니는 학교의 방학일, 개학일, 재량휴업일도 제각각이다. 갑자기 결정된 대체 휴일이나 천재지변으로 인한 휴교일에도 급식 공백이 발생한다. 월요일, 개학일, 긴 연휴의 끝이면 학교나 지역아동센터에서 유독 허겁지겁 밥을 입에 욱여넣는 아이들이 많다. 특히 2020년 이후 코로나19로 갑작스런 개학 연기, 등교 중지 등의 사태가 벌어졌을 때 이런 '급식 공백'이 크게 심화되었다.

가족 공동체 안에서 만드는 '식품 보장' 상태

좋은 밥이란 매우 주관적이다. 무엇이 흙밥이고 무엇이 좋은 밥인지 매끈하게 나눌 수 없고 사람마다 그 기준도 다르다. 특히 아이들의 밥이 그렇다. 삼시 세끼를 다 먹으면 좋은 식생활일까? 필요 열량을 채우면 그만일까? 아이가 좋아하는 음식이면 될까? 일정한 시간, 익숙한 장소에서 먹는 게 중요할까? 아무리 복지망을 촘촘히 엮어서 보살핀다 한들 국가와 사회가 이 모든 질문에 답을 내리고 모든 아이를 완벽하게 챙겨 먹이기는 힘들다. 다만 기존의 렌즈를 바꿔 끼울 필요는 있다. 기존의 '결식' 렌즈는 21세기형 아동 흙밥을 바라보기에 너무 화각이 좁다.

정정호 청운대 사회복지학과 교수는 아동의 식사 복지를 논할 때 '결식' 대신 '식품 미보장food insecurity'이라는 개념을 사용하자고 제안했다.[11] 식품 미보장이란 가정 내 경제적 자원 부족으로 가구 구성원이 음식 부족을 걱정하거나 질적·양적인 면에서 음식을 충분히 혹은 제대로 먹지 못하는 현상을 가리키는 개념이다. '식품 보장food security' 상태가 되려면 물리적으로나 경제적으로 적극적이고 건강한 삶에 필요한 음식에 충분히, 항상 접근할 수 있어야 한다. 또한 영양상 적절하고 안전한 음식이 즉각적으로 이용 가능하고, (응급 구호식품에 의존하거나 버려진 음식을 활용하거나 훔치는 등 다른 대처 전략을 사용하지 않고) 사회적으로 바람직한 방식으로 적절한 음식을 얻을 수 있는 확실한 능력이 있어야 한다.

아동 결식은 식품 미보장 가구의 일부분, 특히 가장 심각한 상태에서 발생하는 '응급' 상황이다. 한번 응급 상황으로 치달은 아동의 삶이 다시 회복되기란 쉽지 않다. 나락으로 떨어지기 전 개입하는 게 효율적이다. 정 교수는 논문에서 "일반적으로 가정 내에서 경제적 어려움으로 인해 아동이 식사를 거르는 상황은 어쩌면 가장 마지막에 발생하기 때문에 빈곤 아동의 일상적 경험이 아니며, 따라서 빈곤층의 식생활 경험을 살펴보기 위해 결식이라는 개념을 활용하는 것은 부적절할 수 있다."라고 말했다.

'식품 보장' 상태는 아이 개인이 아니라 그 아이가 속한 공동체 안에서 실현될 수 있다. "그동안 우리는 결식 혹은 결식을 둘러싼 상황을 부분적이고 단편적으로만 이해해왔지만, 이제는 좀 더 종합적인 이해를 위해 개인에게 필요한 식사(영양)가 제공되는 공간인 가족 맥락을 살펴볼 필요가 있다. 소득으로 아동 및 가족 구성원 모두에게 필요한 재화, 특히 식품을 구입하고 제공하는 생활 단위는 바로 가족이기 때문이다."

찬밥이라도 같이 먹을 사람이 필요하다

2019년 11월 29일 오후 5시 30분. 일찍 퇴근한 직장인, 이웃 할머니, 인근 학교 급식실 조리원 등이 경기도 군포시 헝겊원숭이운동본부 사무실에 모였다. 지역 내 취약 아동들에게 반찬을 배달해주는 '푸드 키다리' 자원봉사에 참여하기 위해서다. 후원 반찬 가게에서 방금 요리해 갖다 준 고추장돼지불고기, 메추리알버섯장조림, 카레돈가스가 보온 가방에 차곡차곡 나눠 담겼다. '푸드 키다리'들은 따뜻한 반찬 가방을 메고 군포 각지로 흩어져 저녁 시간 좀체 밥 짓는 냄새가 나지 않는 아이들 집의 문을 두드렸다. 이날 자원봉사자 태기웅 씨는 정미(13), 재현이(15), 수지(9)를 만나 반찬을 건넸다. 여러 차례 방문해 낯이 익은 기웅 씨를 보고 아이들은 함박웃음을 지었다. 기웅 씨는 "처음엔 아이들이 방문을 부담스러워할까 걱정을 많이 했는데 아이들이 생각보다 먹을 것뿐만 아니라 사람이 찾아와주는 걸 즐거워한다."라고 말했다.

'식품 보장'의 단위가 꼭 가족일 필요는 없다. 해체된 가족 공동체를 대체할 울타리가 있다면 완벽하진 않아도 온기가 도는 밥상을 차릴 수 있다. 그 울타리는 사람이 만든다. 한 지자체 아동급식 담당 공무원은 말했다. "정책이 좋다고 한들 세상 모든 것을 해결할 수는 없다. 찬밥이라도 같이 먹을 사람이 필요하다." 김보민 헝겊원숭이운동본부 대표도 말했다. "아이를 돌보려면 사람을 써야 한다. 사람 없이 돈만 써서는 효과가 없다. 돌봄은 관계 속에서 가치가 전달된다." 헝겊원숭이운동본부는 맘마미아 푸드트럭, 엄마품 멘토링, 푸드 키다리가 간다 등 '음식과 사람이 함께 아이에게 가는' 형태로 아이들의 식생활 지원 활동을 벌이고 있다.

전주시 '엄마의 밥상'은 획일적인 복지 행정에 온기를 더한 사례다. 엄마의 밥상은 전주시청이 아침을 굶고 등교할 수밖에 없는 아이들에게 아침마다 따뜻한 도시락을 배달해주는 사업이다. 기존 결식아동 급식 지원사업과는 별개로 진행된다. 2014년부터 시작해 2019년에는 예산 5억 6200만 원으로 아이들 280명에게 아침밥을 먹였다. 새벽에 갓 만들어진 밥, 국, 반찬 세 가지가 보온 도시락에 담겨 아이들 집으로 배달된다. 일주일에 한 번 간식 꾸러미와 1년에 한 번 생일 케이크도 제공된다.

박은하 전주시청 희망복지지원팀장은 "단순히 아이들의 배고픔을 채우는 차원을 넘어 밥을 먹으면서 '나를 챙겨주는 사람이 있구나.' 하는 마음을 가지면 좋겠다는 생각으로 사업을 이어나가고 있

울고 있는 아이에게 말을 걸면

다."라고 말했다. '전주시민이 선정한 최고의 정책'으로 꼽히고 여기 저기서 후원금도 들어오지만 정책 유지가 쉽지는 않다. 새벽에 도시락을 만들고 배달해야 하다 보니 무엇보다 그 일을 할 사람을 구하기가 녹록지 않다. 그래서 다른 지자체에서 종종 벤치마킹을 위해 전주시를 방문하지만 정책이 쉽사리 확산되지 않는다.

까다롭고, 모호하고, 빈 구멍을 막으면 또 다른 데서 구멍이 보이는, 내 아이도 아닌 남의 아이들 밥 문제에 왜 이렇게 신경을 써야 할까? 우리 아이들 모두가 '흙밥'을 먹지 않을 권리가 있기 때문이다. 2013년부터 천안에서는 여러 시민단체, 아동복지단체가 네트워크를 결성해 어린이건강권사업의 일환으로 아침밥 지원사업을 벌여나갔다. 주도적 역할을 해온 전경자 순천향대 간호학과 교수는 관련 토론회에 참석한 한 교사의 볼멘소리를 기억한다. "우리 애도 아침밥 안 먹고 학교 가요. 대체 학교(사회)가 어디까지 책임져야 하는 겁니까." 전 교수는 말했다. "노동 시간이 길어지고, 비정규직 등 고용이 불안정한 사회에서 아이들의 건강한 성장을 가정에만 맡긴다는 것은 무책임한 일입니다. 가정에서 책임질 수 없는 상황이라면 사회가 책임을 지는 것이 의무라고 생각합니다."

배고픈 아이들을 위한
'밥 거점'이 필요한 이유

어스름이 깔리는 저녁 시간, 골목 사이사이로 음식 냄새가 퍼졌다. 아이들이 식탁 앞에 모여들었다. 메뉴는 미트볼 스파게티와 크림수프와 모닝빵. 스파게티 소스는 신선한 토마토와 파르메산 치즈를 갈아 직접 만들었다. 아이들은 조잘조잘 떠들며 저녁밥을 먹고 놀이터로 뛰어나갔다. 가위바위보, 묵찌빠, 술래잡기, 얼음땡을 하느라 숨차게 뛰는 아이들의 입김이 놀이터 옆 조리실에서 피어오르는 김과 한데 섞였다.

아이들의 저녁 식사 장소는 집이 아니었다. 2019년 11월 경기도 군포시 산본1동 노루목공원에 맘마미아 푸드트럭 '밥 먹고 놀자'가 차려졌다. 어디선가 하나둘씩 나타난 아이들 42명이 배부르게 밥을 먹고 함께 놀았다.

맘마미아 푸드트럭 사업은 군포시 주몽종합사회복지관과 마을기업 좋은터, 헝겊원숭이운동본부가 운영하는 돌봄 사각지대 아동·청소년 지원사업이다. 2019년 10월부터 매주 화요일 산본1동

노루목공원과 당동 교전어린이공원 두 지역을 번갈아 찾는다. 지역 내 주점 사장님이 가게 조리실을 내어주고 자원봉사자들이 요리 실력을 재능 기부했다. 방금 만든 음식을 솥째 공원으로 들고 가 따뜻하게 데우며 밥 먹으러 오는 아이들에게 떠 준다. 어린이와 청소년 이라면 누구나 와서 먹을 수 있다.

"아이들이 왜 먹는 걸로 눈치를 봐야 하나요?"

두 지역을 선정한 이유는 '거점이 없는 지역'이기 때문이었다. 대개 지역아동센터, 학교 복지실, 청소년센터 등 지역의 복지 거점을 통해 밥을 못 먹고 다니는 아이들이 파악된다. 두 지역은 그런 거점이 없거나 턱없이 부족한 곳이었다. 분명 아이들이 많이 살고 있을 것 같은데, 잘 챙겨 먹지 못하는 아이도 있을 것 같은데 도무지 보이지 않는 사각지대였다. 일종의 감만 가지고 무작정 푸드트럭을 몰고 갔다. 천막을 치고 식탁을 놓고 '얘들아 밥 먹자' 현수막을 걸어놓으니 거짓말처럼 아이들이 찾아왔다. 9명, 26명, 46명, 67명……. 매주 눈덩이처럼 불어나더니 12월 24일 크리스마스이브 날 저녁 교전어린이공원 푸드트럭에 밥 먹으러 온 아이들 수는 87명을 기록했다.

"요즘 밥 못 먹고 사는 애가 어딨어?"라고들 말한다. 하지만 찾아보지 않아서, 혹은 찾아가지 않아서 보이지 않을 뿐이다. 최대한 가까이 찾아가 밥 짓는 냄새를 풍기면 배고픈 아이들이 배죽 얼굴을 내민다. 어느 날은 초등학교 2학년 언니가 여섯 살배기 동생 손을 꼭 붙잡고 맘마미아 푸드트럭에 찾아왔다. 식당에서 일하는 엄마가 밤 10시 넘어 퇴근할 때까지 집에서 기다린다는 자매는 챙겨준 음식을 맛있게 먹었다. "얘는 집에 먹을 게 없어요. 뭐라도 좀 먹여주세요."라며 같은 학교 친구를 데리고 온 중학생도 있었다. 부모가 이혼한 뒤 밥을 잘 못 먹고 있다는 고등학교 1학년 여학생은 밥을 먹다가 고개를 들어 푸드트럭 삼촌, 이모들에게 물었다 "더 자주 오시면 안 돼요?"[12]

서울시 상수동에서 '진짜 파스타'라는 식당을 운영하는 오인태 씨는 자신의 가게를 배고픈 아이들의 밥 거점으로 만들었다. 20대 초중반 고시원에서 겨우 라면으로 끼니를 때우며 '청년 흙밥' 시절을 보낸 인태 씨는 결식아동 이야기를 들을 때마다 늘 마음이 아렸다. "성인도 밥을 제대로 못 먹으면 비참하고 외로운데 아이들은 오죽할까 싶었다." 처음에는 구청에 꿈나무카드(결식아동급식 지원 카드) 가맹점으로 등록하려 했다. 절차를 알아보다가 점점 화가 났다. 전용 단말기를 설치하고 매출을 따로 정산받아야 하는 등 자영업자 처지에서도 귀찮은 일이 많고, 쓰는 아이들로서도 이런저런 제약이 많았다. 그러던 차에 오산시 공무원이 결식아동 카드를 허위로 등록해 1억 4000만 원을 횡령했다는 뉴스를 보고는 '뚜껑'이 열렸다.

그래서 인태 씨는 꿈나무카드를 안 받기로 했다. 대신 배고픈 아이들을 위한 VIP 카드를 만들었다. SNS를 통해 'VIP 손님'들에게 알린 편지 내용은 이랬다. "얘들아 아저씨가 어떻게 알려야 너희들이 상처받지 않고 편하게 올 수 있을까? 생각을 해봤는데 잘 모르겠더라, 미안하다. (…) 나의 실수로 너희들의 감정이 상하지 않았으면 좋겠다. 얘들아 그냥 삼촌, 이모가 밥 한 끼 차려준다 생각하고 가볍게 와서 밥 먹자." VIP 규칙도 만들었다. '들어올 때 눈치 보면 혼난다!!' '금액 상관없이 먹고 싶은 거 얘기해줘. 눈치 보면 혼난다!!' '매일매일 와도 괜찮으니, 부담 갖지 말고 웃으며 자주 보자.'

VIP 손님들이 하나둘씩 문을 열고 들어왔다. 쭈뼛쭈뼛 가게 문을 열고 들어와 메뉴판을 보고 한참을 고르다가 제일 싼 메뉴를, 인원수보다 적게 주문했다. 인태 씨와 직원들은 양을 푸짐히 늘리고 메뉴를 하나 더 만들어 "실수로 만들었는데 먹어줄래?"라며 갖다 주었다. 맛있게 먹고 떠난 아이들이 두 번 세 번 찾아올 때마다 점점 어깨가 펴지는 게 보였다. "기운 없이 왔다가 기운 있게 나가는" 아이들을 보고 말로 설명하기 어려운 감정이 북받쳤다. "애들이 왜 먹는 걸로 눈치를 봐야 하죠?"

SNS에서 소문이 나자 전국의 사장님들로부터 하나둘 연락이 왔다. 대전의 한 호프집 사장은 아이들에게 식사를 대접하고 싶은데 주점이라 급식카드 가맹점 등록이 안 되어 궁리하던 차였다. 어떤 사장은 "'진짜 파스타'처럼 아이들을 먹이고 싶은데 '유명해져 매출 올리려고 그런다'며 인터넷에서 욕을 먹을까 봐 무섭다."라고 걱정하고 있었다. 각자 고민하던 '선한' 사장들을 인태 씨는 하나의 네트워크로 묶었다. 2019년 여름 청와대에서 김정숙 여사가 보낸 감사 편지로 유명해진 '선한 영향력' 프로젝트는 그렇게 시작됐다.

인태 씨는 "전국 곳곳에 우리 같은 가게들이 많아지면 배고픈 아이가 굳이 파스타 한 그릇 먹으러 2시간 걸려서 오지 않아도 되지 않을까 생각했다."라고 말했다. 선한 영향력은 널리 퍼져 그해

12월까지 전국 400개 가게가 이 프로젝트에 참여했다. "사장님들이 첫 'VIP 손님'이 왔다 간 후에 꼭 한 번씩 울면서 전화를 준다. 아이들 모습이 너무 마음에 밟힌다며, 이런 일에 동참하게 해줘서 고맙다며 운다."

인태 씨는 2020년 또 다른 계획을 세웠다. 선한 영향력 네트워크를 사단법인 형태로 만들고 뜻있는 사장들에게 조금씩 출자를 받아 배고픈 아이들을 위한 프랜차이즈 방식의 식당을 만들려고 한다. '선한 영향력' 스티커가 붙은 지금의 식당들보다 아이들이 더 편하게 이용할 수 있는 형태를 모색 중이다. 일반 손님들을 통해 난 수익은 모두 다음 2호점, 3호점 개설에 쓰는 식으로 전국에 아이들의 '밥 거점'을 확산시키는 게 장기적 목표이다.[13]

밥 먹는 공간에서 아이들은 마음을 연다

2013년 시민건강연구소와 천안 지역 풀뿌리 단체들을 중심으로 결성된 아동건강네트워크는 아이들의 아침밥 거점 만들기를 시도했다. 당시 천안시 한 초등학교에서 실시한 아동건강행태조사 결과 10명 중 1명꼴로 일주일 중 4일 이상 아침밥을 먹지 않는다고 답했다.[14] 저소득 가정 아이가 일반 가정 아이에 비해 5배 이상 더 아침을 굶었다. 학교에서 먹는 점심 급식 한 끼가 하루 식사의 전부라는 아이도 33명이나 되었다. 가장 큰 이유는 "밥을 챙겨줄 사람이 없어서"였다. 아동건강네트워크가 어린이 건강권 사업의 첫 순서로 '아침밥 지원'을 택한 이유였다.

사업은 난항을 겪었다. 후원과 기부 등으로 예산은 마련됐는데 아이들에게 아침밥을 먹일 공간이 없었다. 애초 구상은 지역 초등학교의 급식실을 이용하는 보편 서비스였다. 선별적으로 가난한 아이들을 골라서 먹이면 낙인이 될 거라고 생각했다. 지불 능력이 되는 아이들은 비용을 내고 먹고, 비용을 못 낼 상황인 아이들은 지역에서 모금을 통해 후원하려 했다. 그런데 학교가 여러 행정상의 이유를 들며 반대했다. 가정의 책임 영역인 아침밥을 왜 학교에서 제공해야 하는지 강하게 따져 묻는 교사도 있었다. 결국 해를 넘기며 사업이 지연되다가 2014년 4월부터 2개 지역아동센터에서 시행하는 정도로 아침밥 지원 규모가 축소됐다.

작은 규모라도 밥 거점이 생기니 몇몇 아이들의 삶이 조금씩 변화했다. 아침을 안 먹는 게 뭐가 문제인지 잘 모르던 아이들이 많았다. 유일한 양육자인 할머니가 '뭐라도 사먹고 가라'며 준 돈으로 아침부터 아이스크림을 먹으며 등교하는 아이도 있었다. 평소 식사 시간에 편식과 식탐이 심하던 한 아이는 식품영양학과 교수, 생협 관계자 등이 머리를 맞대 만든 식단으로 아침밥을 챙겨 먹고 나서 스스로 식사량을 조절하고 골고루 먹어보려는 모습을 보였다.

밥 먹는 자리에는 음식만 있지 않다. 아이들의 옷매무새를 살펴주고 머리를 빗겨주고 "학교 잘 다녀오렴." 인사해주는 돌봄이 밥 사이에 자연스레 끼어드니 학교 가는 아이들 얼굴이 더 밝고 활기차졌다. 사업에 참여한 전경자 순천향대 간호학과 교수는 "아침밥은 방과후 돌봄만으로 채워지지 않는 돌봄의 빈 공간을 찾아낸다.

아이들이 하루를 든든하게, 자신 있게 시작할 수 있도록 지지한다."
라고 말했다.

이렇게 밥을 매개로 한 아동의 돌봄 거점이 우리 사회에 너무 부족하다. 김보민 헝겊원숭이운동본부 대표는 말했다. "어르신들을 모시면 일단 밥부터 주고 시작하지 않나. 아이들에게는 왜 그렇게 못 하나? 경로당 2층 등 유휴 공간이 그렇게 많아도 아이들을 먹이고 놀릴 공간으로 내어달라는 요청이 받아들여지지 않는다. 공간만 있으면 나머지 운영비는 여러 후원사업 예산을 따서라도 만들 수 있는데 아이들 밥 먹일 공간을 구하는 일이 가장 힘들다." 아이들의 '밥 거점'이 크고 으리으리할 필요도 없다. "거기에 누가 있느냐가 중요하다. 나에 대해 어떤 태도를 가진 어른이 있느냐를 보고 아이들은 와서 마음을 열고 밥을 먹는다."

맘마미아 푸드트럭에 세 번째 찾아온 혜진이(7)는 올 때마다 '공주쌤' 홍슬희 씨를 찾는다. 찾아는 오되 새침하게 앉아서 잘 먹지도 않던 혜진이는 겨울 내내 꾸준히 아이들 곁에 와서 살갑게 웃고 꼭 안아주는 공주쌤에게 마음을 열었다. 공주쌤을 위해 스케치북에 그린 그림 편지와 손거울 선물을 가져온 혜진이에게 "공주쌤이 왜 좋아?"라고 물었다. 혜진이는 말했다. "우리한테 밥을 주고 사랑해주니까요." 아이들에게 밥은 사랑이고, 희망이다.

사교육 1번지 대치동 아이들의
'길밥 보고서'

서울 대치동 아이들의 식사는 '길밥'이다. 삼각김밥, 닭꼬치, 카페인 음료 따위가 주식이다. 중계동, 목동 등 학원가가 밀집한 곳은 어디라도 비슷하다. 부모를 포함한 어른들은 아이들 밥에 무관심하다.

민수(14)는 오후 3시 30분에 마지막 끼니를 먹는다. 밤까지 배고프지 않으려고 충분히 먹어두려 하지만 매일 저녁 허기짐은 어김없이 찾아온다. 지연이(16)는 허구한 날 밥을 굶는다. 그나마 잘 챙겨 먹는 날은 프랜차이즈 도시락 가게 창가 자리에 앉아 3900원짜리 도시락으로 '혼밥'을 한다. 소윤이(17)는 밤 12시 즈음 자주 집 근처 편의점에 들른다. 터덜터덜 기운 없이 걸어 들어가 집어 드는 메뉴는 늘 삼각김밥과 고농도 카페인 함량의 커피 음료 따위다.

이 아이들은 '흙수저'가 아니다. 오히려 반대다. 민수는 한 해 학비가 1500만 원을 넘는 전국 단위 자사고 입시를 준비 중이다. 지연이는 '입결(대학 입시 결과)' 좋기로 유명한 특목고에 다니는 '강남 키드'다. 소윤이는 서울 강남구 도곡동 아파트촌에 산다. 소윤이네 집을 비롯한 그 동네 아파트 값은 대개 30억 원을 넘는다. 세 아이는 모두 부모에게서 아낌없이 투자를 받는 '금수저'에 가깝다.

그런데 왜 이렇게 먹고 살까? 바로 그 투자 때문이다. 민수, 지연, 소윤이가 학교 외 하루 대부분의 시간을 보내는 장소는 대치동 학원가이다. 그곳에서 아이들의 하루는 아침, 점심, 저녁 삼시 세끼에 맞춰 배치되지 않는다. 시간을 배치하는 것은 학원 스케줄이다. 이들에게 밥이란 그냥 배고프면 채워 넣는 알약 같은 것이다. 꽉 짜인 학원 스케줄과 숙제, 자습 시간 가운데 틈새가 발생하면 급히 해치워버려야 하는, 걸리적거리는 삶의 방해물 같은 것이다.

그래서 아이들은 길에서 밥을 먹는다. 한시라도 허비하지 않도록, 앉아서 여유롭게 꼭꼭 씹는 대신 이동하며 허겁지겁 배를 채운다. 가난한 아이들이 '흙밥'을 먹는다면 부유한 대치동 아이들은 '길밥'을 먹는다. 그 둘은 크게 다르지 않다. 아니 거의 겹친다.

밤 10시, 대치동 아이들의 저녁 식사 메뉴

2019년 말, 취재차 여러 차례 찾아간 서울 강남구 대치동 학원가는 저녁 식사 시간에 한산한 모습이었다. 일반적인 저녁 식사 시간인 오후 5~8시 분식집, 햄버거 가게, 편의점 등은 서울 시내 다른 비슷한 식당들보다 손님이 적은 편이었다. 그러나 대부분의 학원이 문을 닫는, 정확히 말하면 '닫아야 하는' 밤 10시가 되자 풍경은 완전히 달라졌다(2008년부터 서울시 조례로 밤 10시 이후 학원의 심야 교습이 금지됐다). 아이들이 학원 건물에서 쏟아져 나왔다. 아이들의 식사 시간이 시작됐다.

가장 먼저 붐비는 곳은 편의점이었다. 허겁지겁 달려 들어온 남학생 셋이 간이 테이블 앞에서 모바일 게임을 하며 불닭볶음면이 익기를 기다리고 있었다. 밖은 영하 2도. 한 여학생은 밖은 춥고 간이 테이블 자리도 없으니 계산대 근처를 서성이며 '바삭통다리치킨'을 뜯었다. '까르보불닭왕교자'를 전자레인지에 돌린 다른 여학생은 음식을 담은 플라스틱 용기를 들고 종종걸음으로 버스 정류장으로 뛰어갔다.

버거킹과 맥도날드는 대치동에서 한밤의 급식소였다. 키오스크 앞에 잔뜩 줄을 서서 햄버거와 감자튀김, 콜라를 주문했다. 떡볶이집, 튀김집, 1인 피자집, 짬뽕집, 버블티 매장 등에도 학생들이 바글바글했다. 달고 맵고 짠 음식들을 먹었다. 대개 매장 앞에 서서 먹거나 테이크아웃을 해갔고, 따뜻한 실내에 앉아서 먹는 아이들은 두꺼운 롱패딩과 가방을 벗지 않았다. 밤 10시 30분이면 대치동 식당들도 대부분 문 닫을 준비를 했지만 아이들의 식사는 끝나지 않았다. 종업원이 의자를 테이블 위에 엎어놓고 밀대로 바닥을 닦을 때까지 입에 음식을 욱여넣었다.

아이들의 식사는 길 위에서도 이어졌다.

학원가 사거리 포장마차 앞에 아이들이 잔뜩 서서 입을 우물댔다. 한 초등학생은 한 손으로 자기 몸집의 반만 한 롤링백(학생용 캐리어)을 끌고 다른 한 손엔 닭강정 종이컵을 든 채 바삐 걸었다. 고등학교 교복 치마 아래에 수면바지를 입은 여학생 둘은 얼음이 든

버블티를 마시며 24시간 스터디라운지로 들어갔다.

지하철 3호선 대치역 에스컬레이터에서도 아이들은 초코우유, 버블티, 삼각김밥, 떡꼬치 등을 마시거나 먹으며 걸었다. 승강장에 서서 삼각김밥 하나를 해치운 한 여학생은 구파발행 전철을 타서 자리에 앉더니 점퍼 주머니 안에서 햄버거 하나를 또 꺼냈다. 밤 11시가 넘은 시각이었다.

위염 앓는데도 고카페인 음료 못 끊는 이유

한창 입맛 좋을 나이니 삼시 세끼를 잘 먹고 나서도 밤이면 배고플수 있다. 일주일에 하루 정도만 '길밥'을 먹고 나머지는 집에서 잘 챙겨 먹을 수도 있다. 입시 경쟁이 치열하니 고등학교 3학년 막바지 정도는 잠시 미래를 위해 현재의 식사를 포기할 수도 있다. 하지만 대치동 아이들의 식사에 관해 이런 합리화는 불가능하다. 저녁은커녕 아침과 점심도 제대로 챙겨 먹지 않고, '월화수목금금금' 꽉 채워진 학원 스케줄에는 식사 시간이 없으며, 고등학교 3학년은 물론 중학교나 초등학교 때부터 이런 식사로 삶을 영위하는 아이들이 너무 많다.

'전형적인 대치동 학생'으로 자신을 소개한 고등학생 지연이는 "시간이 없으면 웬만하면 밥을 거른다." 아침은 집에서 제대로 먹고 나오지만 학교 점심 급식은 아예 신청하지 않았다. 급식실에 가서 줄을 서 기다리는 시간이 너무 아까워서다. 지연이처럼 점심시간에 밥을 먹지 않고 학교 독서실에서 공부하는 친구들이 꽤 많다고 한다. '야자(야간자율학습)'가 없는 매주 수요일 하교 후 대치동 학원가에 가면 오후 5시 10분쯤 된다. 첫 학원 수업은 오후 6시에 시작하는데 저녁 식사도 거의 거른다. 그 시간에 학원 숙제를 하는 게 낫다고 여기기 때문이다. 주말도 마찬가지다. 토요일, 일요일 모두 온종일 대치동에서 보내지만 밥을 제대로 먹은 적은 별로 없다. 지연이는 "살도 빼고 좋다고 생각한다."라고 말했다.

배고프지 않을까? 지연이는 "그럴 때 친구들과 나가서 버블티를 사 먹는다."라고 말했다. '쩐주(타피오카 알갱이)'가 들어 있어 배도 든든해지고 공부하느라 "당 떨어진 데에도 제격"이란다. 그래도 자기는 잘 챙겨 먹는 편이란다. "위염 있어서 뭘 먹으면 속이 뒤집어져."라며 아무것도 안 먹는 친구도 있다. 위염은 대치동 아이들에게 아주 흔한 병이다. 친구 여럿은 위염 때문에 엎드려서 못 잔다.

그런데도 지연이와 친구들은 커피와 에너지 음료를 끊지 못한다. "애들이 텀블러 가져온 거 열어보면 다 아메리카노예요." 편의점에서 커피 음료를 고르는 기준은 카페인 함량이다. 높을수록 선호한다. "스누피 커피라고 엄청 센 거 있거든요. 차츰차츰 높여서 이제 애들 다 그거 마시는데 다들 걱정하죠. 고3 때는 얼마나 더 센 걸 마셔야 하냐고요." 그러면서 덧붙였다. "저는 그래도 (커피와 에너지 음료를) 고등학교 들어가서 시작했는데, 독서실 가보면 중학교 2학년생도 잠을 이겨야 한다며 마시고 있어서 마음이 안타까워요."

대치동 학원에서 조교로 일하는 박준수 씨(23)는 대치동의 식사 시간을 '배틀'로 표현했다. "특히 주말 오전 수업 시간 전에는 아침 못 먹고 오는 애들로 편의점 배틀이죠. 인파를 뚫고 겨우 전자레인지에 소시지 돌려서 오는 길에 먹더라고요." 학원마다 쉬는 시간이 거의 겹치니 점심시간에도 밥 배틀이 이어진다. "애들이 한꺼번에 쏟아져 나오니까 어디를 가든 줄 서서 먹어야 해요. 인기 많은 버거킹 같은 데는 최소 30~40분 기다려야 하니 포기하는 친구들도 많죠." 겨우 자리를 잡는다 해도, 숫기 없는 사춘기 아이들은 식당 사장이 마음대로 합석시키거나 물 뜨러 간 사이 테이블을 정리해버리면 우물쭈물 따지지도 못한다. 그런 꼴을 겪으니 앞자리도 맡을 겸 일찍 학원 교실에 들어가 빵을 뜯어 먹으며 숙제를 한다. 음식물 섭취가 금지된 학원이 많아 학원 건물 계단 벽에 기대서서 먹기도 한다.

어제오늘의 일은 아니다. 준수 씨도 수험생 시절 대치동에서 끼니를 자주 굶으며 학원을 다녔다. "시간이 모자라서 저녁 먹을 생각은 아예 못 했어요. 그나마 제일 빠른 게 스타벅스에서 사이렌 오더(앱 주문)로 우유 들어간 좀 든든한 음료를 시켜 먹는 정도였죠." 정신없이 흘러가는 대치동 생활에서도 어떤 장면은 기억에 오래 남는다. "진짜 슬펐던 거 하나가, 주말에 KFC에 갔는데 어떤 쪼끄만, 많이 봐줘야 초등학교 1~2학년같이 보이는 여자애가 고등수학 문제집 풀면서 혼자 햄버거를 먹고 있더라고요. 저도 여기서 일하지만 이렇게까지 해야 하나, 기괴하다고 느낄 때가 많아요."

결식아동 흙밥과 대치동 길밥의 슬픈 평준화

대치동만의 특수한 풍경일까? 제2의 대치동을 꿈꾸는 학원가라면 어디라도 비슷하다. 중학교 3학년 아들을 서울 노원구 중계동 학원가에 보내는 학부모 이선혜 씨는 저녁 7시쯤 중계동에 들렀다가 한산함에 당황했다. "왜 이렇게 조용하지?' 했는데 밤 10시 넘으니 다 쏟아져 나오더라고요." 서울 양천구 목동에서는 아이들이 한 손에 삼각김밥을 들고 한 손으로 자전거를 운전하며 학원과 학원 사이를 오간다. 자전거로 맥도널드 '드라이브 스루'를 이용하는 모습도 익숙한 풍경이다. 경기도 안양시 평촌 학원가의 한 학원에는 '아이들의 밥시간을 줄여주기 위한' 컵라면 자판기가 설치돼 있다.

이른바 '학군지' 부유한 아이들의 길밥은 실제 통계에서도 뒷받침된다. 만 6~17세 아동에게 평일 방과후 같이 저녁 식사를 하는 사람을 물었을 때 '부모님'이라고 답한 비율은 중위소득 50% 미만 못지않게 중위소득 150% 이상 그룹에서도 낮았다. 중위소득 150% 이상 그룹에서 유독 많은 답변은 '친구'와 '학원 선생님'이었다. 잘살수록 학원가에서 식사를 해결하는 경우가 빈번한 것이다.[15]

이렇게 슬픈 '밥상의 평등'이 이루어졌다. "있는 집이나 없는 집이나 모든 아이들이 평등하게 편의점 참치김밥 1+1로 끼니를 때우는" 역설적인 현실이다. 결식아동 급식카드냐, '엄카(엄마 카드)'냐의 차이일 뿐 아이들은 고만고만한 메뉴 선택지 안에서 '돌봄' 없는 열량 덩어리를 씹어 삼킨다.

학군 좋기로 유명한 서울 시내 한 아파트촌에서 편의점을 운영하는 김정진 씨는 이전에 서울 노량진 편의점에서 일했다. "잘사는 동네니까 아이들이 사 먹는 것도 다를 줄 알았죠. 그런데 차이가 없어요. 노량진 청년처럼 삼각김밥을 그렇게 많이 먹어요. 카페인 함량 높은 음료도 많이 마시고요."

하교 후 편의점에서 삼각김밥과 커피를 사들고 대치동행 버스를 타고 떠난 아이들은 밤 11시~12시쯤 다시 정진 씨의 편의점으로 돌아온다. 그러고는 또 똑같은 삼각김밥과 커피를 사서 집이나 독서실로 향한다.

식사 금지, 대변 금지, 수면 금지

선혜 씨는 2학기가 끝날 무렵 아들의 겨울방학 학원 스케줄을 짜기 위해 중계동 학원에 전화를 돌리다가 마음이 착잡해졌다. 어떻게 시간표를 짜도 아이가 저녁 먹을 시간이 나오지 않았다. 대부분 수업 기본 단위가 4~5시간이었다. 간 김에 두 수업을 연달아 등록하는 아이들이 많은데, 그러면 10시간 내내 밥시간이 없다. 학원에 "밥 먹는 시간 없나요?" 물어봤더니 "그런 거 없다."는 답이 돌아왔다. 결국 선혜 씨는 오후 3시 30분에 아이에게 저녁을 먹이고 4시 수업을 보낸다. 수업은 밤 10시까지 이어진다.

초등학생 때부터 그러고 산다. 학부모 정다정 씨는 대치동에 있는 한 학원에 방문했다가 복도에서 이색적인 풍경을 봤다. 이름표가 붙은 프랜차이즈 도시락 수십 개가 선반 위에 주르륵 놓여 있었다. 그

학원은 초등생 대상 영재 수학 학원이다. 오후 5시부터 밤 10시까지 5시간짜리 수업이 주 3회 진행된다. 그래도 20~30분짜리 밥시간을 주는 '인간적인' 학원이다. 어떤 학원은 10분 쉬는 시간도 주지 않고 화장실도 손 들어서 허락받고 가야 한다. 화장실에 '대변 금지' 문구가 붙어 있고 화장실에 두 번 이상 다녀오는 아이는 공부할 준비가 안 되었다며 집에 돌려보내는 학원도 있다.

쉬는 시간이 있다 해도 편의점 방문을 포함한 외출을 일절 금지한 학원도 많다. 일명 '자물쇠 반'이다. 방학에는 '텐 투 텐(오전 10시부터 저녁 10시까지) 자물쇠 반'도 운영된다. 어떤 초등 영재 수학 학원은 오후 3시에 시작해 '미션(주어진 수학 문제를 다 푸는 것)'을 완수할 때까지 아이가 밖에 나가지 못한다. '미정(시간 내 미션 미완수)'을 받은 아이들은 밤 10시 넘은 시각 울면서 계단을 내려온다. 모두 학부모들 사이에서 최고 인기를 누리는 학원들이다. '○○고시' 따위로 불리는 이런 학원들의 입학 테스트를 통과하면 주변 사람들의 축하가 쏟아진다.

잘 먹지 못하는 아이들은 잘 자지도 못한다. 밤 10시 넘어 학원을 마치고 기름진 음식으로 허기를 채우는 아이들의 취침 시간은 빨라야 자정이다. 서울 강남 일대에서 초·중학생을 대상으로 개인 과외를 다니는 민지영 씨는 "초등학생 3~4학년이 학원 가고 숙제하느라 새벽 1시 넘어 자는 경우가 수두룩하다."라고 말했다. "특히 과학고, 영재고 트랙을 밟는 애들은 눈에 띄게 키가 작고 늘 피곤해 보인다. 잠을 푹 재우지 않으니 그런 것 같다. 아직 엄마 말을 잘 듣는 나이의 초등학교 저학년 아이들이 오히려 큰 아이들보다 더 못

자는 것 같기도 하다."

잘 못 자면 또 잘 못 먹는다. 악순환이다. 성적 경쟁이 심한 학교
에 다니는 지연이는 "대부분 친구들이 새벽까지 공부하느라 늦게
자서 다음 날 아침에 밥 대신 10분이라도 더 자는 쪽을 선택한다."
라고 말했다.

어른 누구도 아이들 밥에 관심이 없다

학원가에서 부모의 역할은 아이를 잘 먹이고 잘 재우는 돌봄이 아
니다. 성적 올려주는 학원 정보력과 '일타 강의' 줄 서기에 성공하
는 민첩성이 더 중요한 부모의 능력이다. 서울 대치동 학원가에 아
이를 보내는 한 학부모는 "학부모끼리 만나면 아이 학원, 입시에 관
련된 얘기는 많이 하지만 아이 밥은 전혀 관심사가 아니다. 아이 키
가 안 크면 오히려 어떤 의료적 도움을 받아야 하는지에 대해선 정
보를 나누지만 어떻게 잘 먹여야 하는지에 관해선 아무도 이야기하
지 않는다."라고 말했다. 서울 목동 학원가에 아이를 보내는 학부모
도 "엄마들 단체 카톡방에 영양제, 홍삼 뭐가 좋다더라 같은 정보는
엄청나게 공유되는데, 밥은 어차피 학원 시간표 때문에 애들 먹는
게 뻔하니까 이야기가 나오지 않는다."라고 말했다.

부모를 포함해 아이를 둘러싼 어른 누구도 아이들 밥에 관심이
없다. 특목고생 지연이는 "학부모들은 학교에 학습 관련한 사항은
아주 작은 문제까지 민원을 내지만 학교 급식이 맛없어서 아이들

울고 있는 아이에게 말을 걸면

이 잘 안 먹는 문제에 대해선 아무도 민원 제기를 안 한다. 학교 선생님, 학원 선생님들도 아이들이 밥을 먹는지 마는지, 왜 안 먹는지 아무도 묻지 않는다."라고 말했다. 어떤 부모들은 오히려 학원가 인스턴트 음식을 아이를 학원으로 밀어 넣는 유인책으로 쓰기도 한다. 경기도 과천에 사는 한 학부모는 "부모들이 학원 가기 싫어하는 초등학생을 학원으로 넣는 가장 빠른 수단이 인스턴트 음식이다. 학원 가는 날은 편의점에서 네가 좋아하는 콜라, 햄버거, 컵라면 먹어도 된다며 꼬드기는 것이다. 그렇게 한번 입맛을 들인 아이들은 중·고등학생이 되어서도 밥을 그런 식으로 때운다."라고 말했다.

아이의 밥을 신경 쓰는 부모도 학원에 밥을 맞추지, 밥에 학원을 맞추지 않는다. 학원 건물 주차장에서 아이를 '접선'해 쉬는 시간 10분 동안 차에서 보온 도시락을 먹거나, 학원 쉬는 시간 5분 전에 미리 식당에 앉아 메뉴를 주문해놓거나, 비교적 편안히 혼밥을 먹을 수 있는 식당 리스트를 뽑아 아이에게 살뜰히 '대치동 혼밥 지도'를 그려주는 식이다.

"학원이 아이들 밥시간을 파괴하는 게 너무 속상하다."는 선혜 씨도 제시간에 밥을 먹이기 위해 학원을 포기하진 못했다. "아무리 학교 수업 시간에 충실해도 좋은 성적을 받기 힘들고 얼마나 선행 (학습)을 하고 갔느냐에 따라 내신이 달라지는 슬픈 현실" 때문이다. 그래도 계속 마음이 아프다.

"밥시간이라는 게 어찌 보면 하루 세 번 강제로라도 쉬게 만드는 거잖아요. 아이들에게 그런 휴식 시간을 박탈하는 거잖아요. 아무리 악덕 기업이라도 노동자에게 밥 먹는 시간은 최소 1시간을 주는데 우리 아이들은 파업도 못 하고 당하고만 사는 것 같아요."

선혜 씨는 학원 심야 교습 금지법처럼, 사람들이 비웃더라도 학원가 밥시간에 관한 어떤 상징적인 차원의 규제라도 있었으면 좋겠다고 말한다.

"지금도 (학원 수업) 밤 10시 규제가 있지만 다 셔터 내리고 하고 카페 가서 하고 그래요. 하지만 '이러면 안 된다'는 생각은 한단 말이에요. 이게 나쁜 거라는 메시지는 주잖아요. 학원가 아이들 밥시간에 관해서도 그런 규제가 있었으면 좋겠어요. 사람들이 다 비웃고 어기더라도 아이들을 굶기면서 공부시키면 안 된다는 메시지만이라도 줬으면 좋겠어요."

울고 있는 아이에게 말을 걸면

'흙밥' 먹고 '흙잠' 자는
'시간 빈곤' 아이들

탈학교 청소년 은지(18)는 열다섯 살부터 혼자 식사를 해결해왔다. 햄버거집 아르바이트를 할 때는 햄버거를 먹고 고깃집 아르바이트를 하면 고기를 먹고, '주어진 대로' 먹고 살았다. 돈이 생기면 편의점에 가거나 배달음식을 시켜 먹었다. 치킨, 피자, 떡볶이 같은 밀가루 음식을 가장 많이 먹었다. 그렇게 3년을 보내고 나서 지금 은지는 심한 장염과 위염에 시달리고 있다. 음식을 먹는 족족 토하는 탓에 웬만하면 속을 비워두려고 애쓴다.

극단적인 사례일까? 은지처럼 학교와 가정 어느 곳에서도 돌봄을 받지 못하는 아이가 그리 흔하지는 않다. 하지만 은지처럼 먹는 아이는 그리 적지 않다. 텔레비전과 유튜브에 '먹방'이 쏟아지고 SNS에서 예쁘고 먹음직한 음식 사진이 넘쳐나지만 아이들 앞에 놓인 밥의 선택지는 날로 초라해져가고 있다. 점점 더 많이 아침을 굶고 점점 더 많이 패스트푸드에 노출돼간다. 가족과의 식사는 드물어지고 길에서 혼자 대충 채우는 번갯불 식사는 흔해졌다. 시간에 쫓기는 아이들은 잘 자지도 먹지도 못하고, '흙밥'과 '흙잠'은 또 서로를 강화한다. 아이들 몸과 마음의 건강도 위협받고 있다. 이 총체적 악화는 계층을 뛰어넘는 현상이다.

굶주린 아이들이 채운 것은 패스트푸드라는 '결핍'

수도권의 한 고등학교 급식실에서 조리원으로 일하는 임문영 씨는 매일 점심시간 아이들의 식탐을 목격한다. "애들이 엄청 허기져 있어요. '빨리요 빨리', '많이요 많이' 그러면서 밥이고 반찬이고 무조건 더 많이 얹어달래요. 물어보면 급식 먹으러 학교에 왔대요. 아침 안 먹었냐 물어보면 거의가 이게(점심 식사가) 첫 끼라고 해요."

하루 세끼를 챙겨 먹는 아이들이 드물어지고 있다. 가장 먼저 버려지는 끼니는 아침 식사다. 질병관리청이 매년 실시하는 〈청소년건강행태조사〉 항목 중에 '주 5일 이상 아침 식사 결식률'이라는 지표가 있다. 최근 7일 동안 아침밥을 5일 이상 먹지 않은 청소년의 비율이다. 이 지표에 따르면 2020년 우리나라 중·고등학생 100명 중 37.3명이 아침을 거의 먹지 않았다.[16]

2010년대 중반부터 4~5년 사이 청소년의 아침 결식률은 눈에 띄게 높아졌다. 2009년부터 25~28% 사이를 오가던 결식률은 2017년 31.5%로 뛰었다. 이후 매년 2% 이상 올라 2020년 37.3%를 기록했다. 남학생(35.5%)보다 여학생(39.2%)이 높고 고등학교 2학년생(39.4%)과 3학년생(39.1%)이 다른 학년보다 높다. 세종시(32.3%)에서 강원(40.9%)까지 지역별로도 조금씩 편차가 있다. 큰 차이는 아니다. 몇 학년이든 어디에 살든 모두 비슷하게 10명 중 3명 이상의 아이가 아침밥을 굶는다.

아이들은 아침 식사뿐 아니라 우유도, 과일도, 채소도 점점 덜 먹는다. 일주일 동안 하루 한 번 이상 과일(과일주스 제외)을 먹은 청소년 비율은 2008년 34.6%에서 2020년 18.7%로 내려앉았다. 1일 1회 이상 우유 섭취율도 비슷하다. 2008년 39.6%에서 2019년 22.8%로 추락했다. 하루 세 번 이상 채소(김치 제외)를 먹은 비율도 2008년 19.8%에서 2019년 10.9%로 떨어졌다.

아침 식사, 과일, 우유 대신 아이들 배를 점점 더 많이 채우는 음식은 패스트푸드, 탄산음료, 고카페인 음료 등이다. 2020년 청소년건강행태조사에서 '주 3회 이상 패스트푸드 섭취율'은 25.4%로 나타났다. 최근 7일 동안 3회 이상 피자, 햄버거, 치킨 같은 음식을 먹은 사람의 비율이다. 이 수치 역시 가파르게 올라갔다. 2009년 12.1%였는데 10년 후 두 배 넘게 증가했다.

탄산음료, 단맛음료, 고카페인 음료도 마찬가지다. 탄산음료는 2009년 24%에서 2020년 35.5%, 단맛음료는 2014년 38.2%에서 2020년 45.8%, 고카페인 음료는 2014년 3.3%에서 2019년 12.2%로 주 3회 이상 섭취율이 급증했다.

아동복지 관점에서 아이들의 이와 같은 식사 행태는 '결핍'에 속한다. 〈2018년 아동종합실태조사〉에서 측정한 아동의 '박탈지수' 중에는 '인스턴트 식품(라면, 햄버거 등) 등을 주 3회 이상 먹는다'는 항목이 들어 있다. 0~8세 아동의 49.8%, 9~17세 아동의 68.1%가

'그렇다'라고 답했다. 기초생활수급 가구와 일반 가구 간의 박탈지수가 크게 차이 나는 다른 결핍 항목과 달리, 이 '인스턴트 식사' 항목은 아이가 속한 가정의 경제적 배경과 큰 관련이 없었다('인스턴트 식품 주 3회 이상 먹는다' 0~8세 일반 가구 50.5%, 수급 가구 43.3%, 9~17세 일반 가구 68.4%, 수급 가구 63%).

누가 아이들에게서 '저녁이 있는 삶'을 빼앗았나

아이들은 '무엇을'만큼이나 중요한 '누구와', '어디에서' 밥을 먹을까? 점점 더 혼자, 학원가나 편의점에서 식사를 해결하는 아이들이 많아지고 있다. 온 가족이 식탁 앞에 둘러앉아 도란도란 이야기 나누며 밥을 먹는 장면은 이제 더 이상 아이들의 보편적인 일상이 아니다. 아이들에게도 '저녁이 있는 삶'이 없다.

〈2008년 아동종합실태조사〉에서 '평일 방과후 누구와 같이 저녁 식사를 하나?'라는 질문에 '혼자서'라고 대답한 아이(6~17세)는 0.5%였다. 10년 뒤인 2018년 그 수치는 4.5%로 올라갔다.[17] 대신 '부모님과'는 90.9%에서 82.3%로 내려갔다. 부모님과 함께 저녁 식사를 하는 비율은 중위소득 50% 미만 저소득 가구 아이와 중위소득 150% 이상 고소득 가구 아이 모두 중간층보다 낮다. 고소득 가구 아이는 '친구'(5.5%)나 '학원 선생님'(3.8%)과 함께 평일 저녁 식사를 함께한다는 답변 비율이 유독 높다. 토요일·일요일·방학 중 낮 동안 함께 있는 사람을 물었을 때에도 결과는 동일했다. 주말과 방학에도 아이들의 '가족 식사'가 점점 드물어진다.

어른들 삶에 저녁이 없는데 아이들 삶에 저녁이 있을 리 없다. 초등학생과 중학생 남매를 키우는 맞벌이 학부모 양지아 씨는 이렇게 말했다. "부부가 모두 칼퇴근이 힘들고 야근도 많기 때문에 아이들 저녁을 챙겨 먹이기가 힘들어요. 아직 스스로 차려 먹을 나이도 안 되고 매번 배달 음식을 먹이는 것도 좋지 않은 것 같아서 아예 학원가에서 사 먹으라고 일부러 저녁 시간대 학원을 등록해줬죠. 학원가에는 식당도 많고 친구들하고도 같이 먹을 수 있으니 차라리 낫지 않을까 해서요. 그런데 아이가 자꾸 편의점 음식만 사 먹어서 요새 걱정이 커요."

지아 씨 자녀처럼 우리나라 중·고등학생 10명 중 7명이 일주일에 한 번 이상 편의점(슈퍼마켓·매점 포함) 음식으로 식사를 대체한다. 10명 중 4명은 1~2회, 10명 중 2명은 3~4회 편의점에서 밥을 먹는다. 주 5~6회도 5.4%, 편의점 식사가 하루 한 번 이상인 경우도 4.4%나 된다. 컵라면 등 면류, 김밥·삼각김밥·주먹밥, 음료수가 아이들의 식사를 대체한다. 편의점에서 밥을 먹는 이유를 물었더니 아이들은 '편리해서', '시간이 없어서' 등으로 답했다.[18]

밥도 건너뛰고, 잠도 건너뛰는 아이들

요즘 아이들은 시간에 쫓기며 산다. 줄 서는 시간이 아까워서 식사를 거르고, 초등 고학년부터 잠을 줄여가며 특목고 대비에 나서는 대치동 학원가 아이들처럼 많은 아이들이 '시간 빈곤' 상태로 살고 있다.

9~17세 아이들에게 평소 시간이 부족하다고 느끼는지 물었을 때 10명 중 7명이 '그렇다'고 답했다. 아이들은 집에서 쉬거나 친구들과 놀거나 운동하는 데 시간을 더 쓰고 싶지만 현실에서는 학원이나 과외 수업을 받고 숙제하는 데 대부분의 시간을 쓰고 있다. 아이들의 이런 시간 빈곤 문제를 지적한 〈2018 아동종합실태조사〉 보고서는 "아동의 놀 권리가 침해받고 있다."라고 분석했다. 하지만 놀 권리는커녕 잘 자고 잘 먹을 권리조차 못 누리고 사는 이들이 바로 현시대 우리 아이들이다. 시간에 쫓기는 아이들이 가장 먼저 내던질 수밖에 없는 것이 식사, 그리고 잠이다.

학부모들이 주로 자녀 학원 정보를 나누는 인터넷 커뮤니티에 고민 글이 하나 올라왔다.

"아이가 평소 수면 시간이 5~6시간 정도인데 학교에서 너무 심하게 졸아요. 문제가 될 정도로요. 수면 장애 클리닉을 가야 할 것 같은데 대학병원을 먼저 가보는 게 좋을지 의원이나 한의원을 가야 할지 고민됩니다. 혹시 아시는 곳 소개 부탁드려도 될까요?"

학부모들의 조언 댓글이 달렸다.

"저희 아들도 공부를 하든 안 하든 늦게 자요. 그러니 학교에서 코 고는 날도 있고 엄청 조나 봐요. 의지 아닐까요?"

"저희 딸도 밤잠을 많이 자진 않는데, 밤이고 낮이고 쉬는 시간이나 아침 조회 시간, 점심시간 이용해서 아주 잘 자는 모양이더라고요. (…) 짬짬이 쉬는 시간에 자는 습관을 가져보라고 하는 건 어떨까요?"

"저희 아이는 밤 12시부터 오전 6시까지 자는데 여름 지나고부터 사향 들어간 공진단 먹여서인지 아침이나 낮에 졸음이 확실히 줄었대요."

2015년 미국 수면재단에서 발표한 연령대별 권장 수면 시간은 6~13세 9~11시간, 14~17세 8~10시간이다. 한국 아이들은 여기에 한참 못 미친다. 2018년 기준 한국 9~17세 아동의 평균 수면 시간은 8.29시간이다. 9~11세는 9.23시간으로 조금 더 길지만 12~17세는 7.82시간에 불과하다.

'잠이 부족한가'라는 질문에 아이들 10명 중 4명이 고개를 끄덕였다. 특히 12~17세 아동은 절반이 수면 부족을 호소했다. 중위소득 150% 이상의 잘사는 집 아이들이 가장 잠에 굶주려 있다. 잠이 부족한 이유는 '학원·과외'(45.7%)가 압도적이었다. '야간 자율학습'(18.7%), '가정학습'(13%)을 합치면 77.4%가 공부하느라 잠을 못 잔다. '게임'(12.9%)과 '채팅·문자메시지'(5.8%)가 그 뒤를 잇는다.[19]

수민이(16)는 초등학교 5학년부터 밤 12시 이전에 잠든 적이 없다. 밤 10시에 학원을 마치고 다녀와 야식을 먹고 밀린 숙제를 하고 나면 아무리 빨라도 새벽 1시다. 하루 종일 공부만 했으니 그냥 잠들기 아쉬워 잠자리에 누워서는 한참 동안 친구들과 '카톡'을 주고받으며 스트레스를 푼다. 다음 날 졸린 눈을 겨우 비비고 일어나 학교에 지각하지 않고 가려면 아침 식사는 건너뛸 수밖에 없다. 실제 아침 결식의 이유를 물었을 때 63.6%의 아이가 '(늦게 일어나) 시간이 없어서'라고 답했다. 이렇게 시간 빈곤은 흙밥과 흙잠을 낳고, 흙잠과 흙밥은 서로를 상승시키며 아이들의 삶을 악화시킨다.

더 이상 안녕하지 못한 아이들의 몸과 마음

아이들이 제대로 못 자고 못 먹는데 제대로 클 수는 있을까? 아이들의 성장세는 실제로 둔화되고 있다. 2018년 교육부의 학생 건강검사 표본 통계를 보면 2016~2020년 사이 초·중·고등학생들의 평균 키 추이 그래프는 거의 수평선을 그렸다. 2007년 수치와도 별로 차이가 없다. 꾸준히 늘어나는 몸무게와 대비된다. 키는 제자리인데 몸무게만 증가하니 비만군(비만·과체중) 비율이 지속적으로 높아지고 있다. 2018년 초·중·고교생 비만군율은 25%를 기록했다. 4명 중 1명이 신장 대비 정상 체중 범위를 넘었다.

비만군율은 도시 지역에 비해 농어촌(읍·면) 지역 아이들이 더 심각하다. 시골 아이는 자연 친화적 환경에서 더 잘 먹고 더 건강할 것이라는 생각은 이제 환상에 가깝다. 세이브더칠드런은 농어촌 아동의 식사·건강의 취약성에 주목해 2018년 하반기부터 농어촌 지역 아동 영양 지원사업을 시작했다. 농어촌 지역 아이들에게 영양제, 제철 과일, 견과류, 유제품 등 몸에 좋은 음식을 제공하고 정기적으로 영양 교육과 체육 수업을 받을 수 있도록 지원해주고 있다. 신미란 세이브더칠드런 아동보호사업팀 사원은 "농어촌 지역의 경우 가정의 소득이 낮아 빈곤 문제를 겪는 아동이 많고, 부모님이 일을 하느라 집을 비워서 아동이 방임되는 시간이 길다. 쉽게 이용할 수 있는 돌봄 기관과 체육 시설도 부족해 식습관이 불규칙하고 신체활동도 부족한 편이다."라고 말했다.

비만은 여러 위험 중 하나다. 흙밥은 다양한 방면으로 아이들의 몸과 마음을 위협한다. 고카페인 음료, 단 음료, 탄산음료, 라면 등의 섭취는 천식, 알레르기성 비염, 아토피성 피부염 유병률과 관련이 있다.[20] 청소년기 가당음료 섭취는 스트레스 자각과 우울감 인지를 높이고 행복감과 수면의 질을 떨어트린다는 연구 결과도 있다.[21]

한 논문에 따르면 슬픔과 절망감을 느끼거나 자살 생각, 자살 계획, 자살 시도를 한 아이 비율은 매일 아침 식사를 한 군에서 유의하게 낮았다.[22] 아침 식사 빈도가 늘어날수록 행복감은 증가하고 스트레스는 감소하는 결과를 보였다. 거꾸로 아침 식사 빈도가 줄어들수록 행복감이 감소하고 스트레스가 증가했다. 아이들을 지켜주고 행복하게 만드는 첫 번째 조건이 바로 '밥'이라는 뜻이다.

뉴노멀 시대의 결식아동 지원

전 세계에서 코로나19 유행이 시작되던 2020년 3월, 의학 저널 《뉴 잉글랜드 저널 오브 메디슨》에 논문 한 편이 올라왔다. 제목은 〈코로나19 대유행 동안 저소득 가정 아동 먹이기〉. 논문은 "기존 저소득 아동을 대상으로 한 영양 지원 프로그램이 존재하지만, 지금 같은 전례 없는 상황에서는 국가와 지방자치단체가 유연하고 맞춤형이며 신중한 저소득 아동 영양 프로그램을 새로 마련해야 한다."라고 제안했다.[23]

한국은 어떨까? 기본적으로 결식아동 지원사업(아동급식 지원사업)은 지방자치단체(지자체)와 시도 교육청이 역할을 분담하고 있다. 취학 아동의 경우 아침·저녁 식사는 연중 지자체가 맡는다. 문제는 점심 식사다. 학기 중에는 학교에서 무상급식이 제공되지만 방학 중에는 지자체가 예산을 부담한다.

교육청과 지자체가 아이들의 식사를 가지고 서로 예산 부담을 미루리라고 생각하진 않는다. 다만 걱정되는 건 '격차'다. 현재 지자체별 결식아동 급식 단가는 최저 4000원부터 형편 좋은 지자체의 최고 9000원까지 천차만별이다. 적어도 학기 중 점심 한 끼만은 벗어날 수 있었던 그 격차가, 코로나19 탓에 매 끼니 가난한 집 아이들의 밥에 적용되게 생겼다. 가뜩이나 코로나19 피해에 따른 재정 지출이 많을 각 지자체들이 혹여 신규 결식아동 발굴과 적극 지원에 선뜻 나서지 않을까 우려되기도 한다.

아이들이 먹는 밥의 내용도 함께 들여다봤으면 좋겠다. 학교 급식이 일상 속 가장 훌륭한 식사였던 아이들이 많다. '사회적 거리 두기' 기간이 늘어나는 만큼 누적되는 저소득 아동들의 편의점 식사, PC방 식사를 어쩔 수 없는 코로나19의 새로운 풍경으로만 봐야 할까.

아무도 원하지 않았지만 새로운 시대가 열렸다. 배고픈 아이들을 지원하는 방식도 옛 방식에 머물러선 안 될 것이다. 결식아동 지원의 새롭고 유연하며 혁신적인 방식을 모색할 때다. 아이들은 우리의 미래니까. 그 아이들에게 밥은 사랑이니까.

3장

목숨 건 등굣길

이것은 야간 인공위성 사진이 아니다.

하얀 점은 빛이 아니다. 반대다.

어린 생명의 빛이 꺼진 자리다. 혹은 다친 자리다.

2007년부터 2020년까지 어린이가 길을 걷던 중

자동차에 치여 목숨을 잃거나 다친 장소에 점을 찍으면

이와 같은 그림이 만들어진다. 윤곽선을 따로 그리지 않았는데도

대한민국 지도 같은 형태가 나타난다.

그러나 어린이들의 교통사고는 크게 주목받지 못한다.

대다수의 사람들이 혀 한번 차고 지나가는 짧은 뉴스로 흘러갈 뿐이다.

어린이는 곧 모두다.

작고 약하고 가난한 어린이가 걷기에 안전한 길이면

이 세상 모두에게 안전한 길이다.

보행 어린이를 보호하면 노인, 장애인, 환자, 임산부 등

길 위의 모든 보행 약자가 보호된다. 어린이 보호구역은 곧

사람 보호구역이다. 스쿨존은 스쿨존 이상이다.

국가의 정책 강화를 넘어 공동체가 이 사실에 함께 공감할 때

비로소 지도 위 슬픈 점들의

진한 색깔이 옅어질 수 있을 것이다.

길 위 아이들 눈에
블랙박스가 있었다면

횡단보도를 건너다가 죽은 아이가 있다. 동생 손을 잡고 있었다. 1차로는 무사히 건넜다. 2차로로 들어서는 순간 흰색 소형 화물차가 달려왔다. 차는 횡단보도 앞에서 속도를 낮추지 않았다. 형은 죽었고, 찰과상을 입고 살아남은 동생은 말했다. "엄마, 형이 나 밀어서 다쳤어." 엄마는 통곡하다가, 죽은 아들의 이름을 세상에 내놓기로 결심했다. 지금은 모두가 아는 이름이자 여러 가지 의미로 호명되는 이름이다. 고 김민식 군(7).

놀이공원 주차장에서 죽은 아이가 있다. 엄마 손을 잡고 차량 트렁크에서 카메라를 꺼내는 아빠를 기다리고 있었다. SUV 자동차 한 대가 천천히 굴러왔다. 주차장은 약 1.15도 기울어져 있었다. 빈 차의 운전자는 기어를 'D'에 놓고 사이드브레이크를 잠그지 않았다. 차와 차 사이에 키 작은 아이의 머리가 끼였다. 아이는 응급실에서 목숨을 거두었다. 고 최하준 군(2)이다.

불법 유턴하는 차에 치여 죽은 아이(2·남)가 있다. 인도를 걷다

　　　　　　　　　울고 있는 아이에게 말을 걸면

가 굴착기에 깔려 죽은 아이(10·여)가 있다. 아침 등굣길 음주운전 차에 목숨을 잃은 아이(7·남)가 있다. 학교 정문 바로 앞에서 25톤 화물차 바퀴에 휘말려 들어가 죽은 아이(10·여)가 있다. 교차로 우회전 차량에 받혀 죽은 아이가 있고, 어린이 보호구역(스쿨존)을 벗어나자마자 사고를 당해 죽은 아이가 있고, 주택가 이면도로를 걷다 죽은 아이가 있고, 아파트 단지 내에서 놀다가 죽은 아이가 있고, 스쿨존 인도 펜스 안을 걸어가다가 돌진해온 차에 밀려 죽은 아이가 있다.

끝없이 비슷한 형태로 되풀이되어, 이름과 나이를 적지 않으면 특정할 수도 없는 이런 보행 교통사고들로 사망한 만 13세 이하 어린이가 2011년부터 2021년까지 10년간 최소 357명이다. 해마다 꼬박꼬박, 학급 하나를 이루고도 남을 수의 어린이들이 길 위에서 자동차에 부딪혀 세상에서 사라져가고 있다.

눈높이를 낮추면 거리의 풍경이 달라진다

지나간 교통사고의 기록을 세상은 자동차의 시선으로 바라본다. 유튜브나 포털 기사들에서 재생되는 차량의 블랙박스 영상 속에서는 아이들의 잘못이 강조된다. 길 위의 아이들은 이해할 수 없는 존재들로 전시된다. 왜 이렇게 느릴까? 왜 이렇게 못 볼까? 왜 이렇게 툭 튀어나올까?

그러나 또 다른 관점에서 우리는 상상해볼 수 있다. '아이들 눈에 블랙박스가 있다면 지금의 거리는 어떤 영상으로 표현될까.' 자동차에서 내려와, 길 위에 서서, 키를 낮추면 아이의 눈으로 차도와 보도를 볼 수 있을 것이다. 달리는 차량들의 움직임을 낯설게 관찰할 수 있을 터이다. 자동차의 시선에선 '안 보였기 때문에' 목숨을 잃은 어린이들이 있다. 그 순간, 피해 어린이들의 눈에는 무엇이 보였을까. 그들의 눈에 마지막으로 담긴 차도와 보도, 자동차는 어떤 모습이었을까.

기록되지 못하고 대변되지 못한 보행 아동의 '생존할' 권리를 위해 뒤늦게나마 블랙박스가 되어보고자 거리에 나섰다. 경찰청과 도로교통공단 교통사고분석시스템taas.koroad.or.kr에 등록된 교통사고 데이터 가운데 어린이 보행 사고 데이터를 추려냈다. 2007~2020년 발생한 '차 대 사람' 교통사고로 인한 사망(발생 시로부터 30일 이내 사망), 중상(3주 이상의 치료를 요하는 부상), 경상(5일 이상 3주 미만의 치료를 요하는 부상), 부상 신고(5일 미만의 치료를 요하는 부상) 가운데 피해자 연령이 만 13세 이하인 사례 7만 6482건이 그 대상이다. 도시 데이터 분석·시각화 전문업체 VWLvw-lab.com과 함께 각각의 위치들을 확인하고 상세 정보들을 살폈다.

이 가운데 절대적으로 사고량이 많은 지역, 아동 인구수 대비 사고율이 높은 지역, 사망 사고가 발생한 지역 등을 중심으로 현장 취재에 나섰다. 서울, 인천, 부천, 성남, 수원, 시흥, 아산, 전주, 정읍, 광주, 화순, 목포, 영주, 대구, 김해, 부산, 제주 등에서 아동 보행 사망 사고가 일어난 곳 및 사고 다발 지점 38곳을 방문해 어린이의 안전을 방해하는 위험 요소들을 찾아보았다. 그 지점들을 높은 곳에서 보고, 차를 타고 지나가며 관찰하고, 직접 걸어 다니며 체험했다. 마지막으로 아동의 높이로 키를 낮춰 살펴보았다.

우회전 횡단보도 위에서 죽다

[대구·정읍·인천·제주·경주]

대구 북구 매천동의 한 6차선 삼거리. 보행 초록불 신호가 떨어지자 사람들이 30미터 길이의 횡단보도를 건너기 시작한다. 이 길을 건너면 초등학교와 유치원이 나온다. 보행자들이 횡단보도 절반을 채 건너기 전, 자동차 5대가 모두 횡단보도 흰색 칠을 밟고 사람들 사이를 지나갔다. 서행하는 승용차, 잠깐 섰다 슬슬 움직이는 화물차, 속도를 줄이지 않고 달리는 승합차 등 양상은 다양하지만 경로는 똑같다. 우회전 후 바로 이 횡단보도를 만난 자동차들이다.

2007년 이후 이 길을 걸어가던 어린이 6명이 차에 받혀 숨지거나 다쳤다. 2009년 6월 3일(가해 차종 화물차, 피해 아동 7·남), 2009년 7월 13일(승합차, 7·남), 2014년 11월 29일(승용차, 12·남), 2015년 3월 6일(승용차, 11·여), 2015년 7월 14일(승용차, 8·남), 2019년 5월 24일(승용차, 7·남). 2009년 6월 사고만 경상이고 나머지는 모두 중상 사고다. 2015년 7월 14일 사고는 피해 어린이의 사망으로 이어졌다.

그날 죽은 아이는 화요일 아침에 등교하던 초등학교 2학년 어린이였다. "높은 SUV 차였는데 애가 작아서 안 보였대요. 바퀴 밑에 빨려 들어갔다더라고요." 교차로 인근에 위치한 가구점 사장이 말했다. 근처 보습학원 원장은 2년 전 바로 그 자리에서 강아지가 차에 치여 죽는 사고를 목격했다. "강아지가 주인과 같이 횡단보도를 건너는데 우회전하던 차가 순식간에 탁 치고 지나가더라고요. 거기가 살짝 오르막에서 바로 우회전해서 만나는 횡단보도인데 차들이 거의 안 서요. 강아지든 아이들이든 작아서 운전자 시야에 잘 안 들어오잖아요. 이런 데는 지나치다 싶을 정도로 안전장치를 하고 우회전하는 운전자에게 경고를 줘야 한다고 생각해요."

사망 사고 후 다소의 변화는 있었다. 신호 체계가 바뀌고 바닥에 노란 발자국 스티커가 붙었다. 횡단보도 앞에 볼라드(차량이 보행 구역 안으로 진입하는 것을 차단하는 교통 시설물)가 박히고 신호등에 노란 테두리가 씌워졌다. 하지만 4년 뒤(2019년 5월 24일) 똑같은 자리에서 똑같은 유형의 어린이 중상 사고가 일어났다. 2021년에도 여전히 우회전하는 차들은 보행자 횡단 신호 여부와 상관없이 횡단보도 앞 일시 멈춤을 실행하지 않고 지나갔다.

전북 정읍시 장명동, 인천 미추홀구 도화동, 제주시 노형동 등 사고 다발지에서도 비슷한 광경을 목격했다. 우회전 차선 혹은 우측 1차선을 지나는 자동차들은 유독 횡단보도 신호를 지키지 않았다. 간혹 서는 차가 있으면 금세 뒤차의 경적음이 울렸다. 어린이 보호구역이어도, 교통안전 도우미가 'STOP' 깃발을 들고 있어도, 보행자 초록불에 어린이들이 걸어가고 있어도 마찬가지였다.

2021년 5월 한국교통안전공단이 서울 시내 교차로 6곳에서 우회전하는 차량 823대를 조사해보았다. 횡단보도에 보행자가 있을 때 완전히 멈춘 차는 159대(19.3%)뿐이었다. 이 중 45대는 정지선이 아닌 횡단보도 위를 침범한 상태에서 차를 세웠다. 221대(26.9%)는 보행자에게 양보는 했지만 슬금슬금 계속 횡단보도에 접근했다. 443대(53.8%)는 멈추지 않고 그대로 나아갔다.

비슷한 사고는 계속 반복된다. 2021년 8월 30일 경북 경주시 동천동에서 여름방학을 마치고 2학기 첫 등교를 하던 초등학생이 우회전 후 그대로 진입하는 덤프트럭에 치여 사망했다. 보행 신호 초록불에 횡단보도를 건너는 중이었다. 3월 18일에는 인천 중구 신흥동 한 초등학교 앞에서 하교하던 초등학생이 횡단보도 위에서 화물차에 치여 사망했다. 직진 차로인 2차로에서 불법 우회전하던 25톤 화물차가 아이를 치고도 곧바로 멈추지 않고 20미터 가까이 끌고 갔다. 조영숙 씨는 당시 1학년 손주를 데리러 나왔다가 사고를 목격했다. "여기가 횡단보도 위치 구조상 늘 위태위태했어요. 교문에서 나오면 바로 보이는 곳에 횡단보도가 있으니 아이들은 초록불 뜨는 걸 보고 곧장 달려버리곤 했어요. 우회전하는 차 운전자 시야에서는 달려 나오는 아이들이 잘 안 보이거든요. 사고 당일에도 교통 지도 도우미와 경찰관이 나와 있었지만 아무 소용이 없었어요."

인천항으로 이어지는 이 6차선 도로에는 하루 종일 대형 화물차 행렬이 끊이지 않는다. 학교 앞 어린이 보호구역인데도 불구하고 사고 이전까진 제한속도가 시속 50킬로미터였다. 아이가 사망한 뒤에야 제한속도를 시속 30킬로미터로 낮추고 횡단보도 위치를 옮겼으며 인도를 펜스로 막았다. 직진 차선과 우회전 차선 사이 안전봉을 심고, 시야를 가리던 가로수와 전봇대도 뽑았다.

그러던 와중에 또 사망 사고가 발생했다. 7월 10일 우회전하던 덤프트럭 운전자가 자전거를 타고 가던 60대 피해자를 친 것이다. 초등학생이 사망한 곳에서 불과 15미터 떨어진 지점이었다. 사고 현장에 나와 조사하던 경찰 관계자는 "여기가 워낙 화물차 통행량이 많은데 교차로 모양까지 복잡해서 사고를 막기가 쉽지 않은 지점이다."라고 말했다. 그 위태로운 찻길 바로 앞에 전교생 736명 규모의 초등학교가 위치해 있다.

신호등 없는 횡단보도에서 죽다

[대구·전주·서산·서울·광주]

2007년 이후 보행 어린이 교통사고 7만 6482건 중 4만 3854건 (57%)이 '횡단 중' 일어났다. 이 가운데 우회전 횡단보도만큼 어린이에게 위험한 장소가 있다. '신호등 없는 횡단보도'다.

대구 북구 복현동의 한 아파트 단지 입구와 학원 건물 사이 4차로를 가로지르는 무신호 횡단보도. 북쪽에 산업공단이 있어 차량 통행량이 많은 이곳에서 2015년 4월 15일(9·남, 중상), 2016년 7월 21일 (6·남, 중상), 2019년 2월 1일(8·여, 중상), 2019년 7월 2일(10·여, 경상), 2020년 12월 2일(10·남, 중상) 등 5년 사이에 어린이 보행 교통사고가 5건 이상 발생했다. 전북 전주시 인후동의 아파트 단지 앞, 대구 북구 동천동의 어린이 보호구역 입구, 대구 달서구 상인동 초등학교 근처 학원가 등도 마찬가지였다. 2020년 6월 11일 충남 서산시 읍내동(7·남), 2019년 8월 8일 서울 양천구 신정동(5·남) 사망 사고도 무신호 횡단보도 위에서 일어났다.

"손을 높~이 들면 돼요." "빨리 뛰면 돼요." "횡단보도니까 일단 안전하다고 생각하고 건너요." 사고가 잦은 무신호 횡단보도를 위태롭게 건넌 아이들에게 신호등 없는 횡단보도를 지날 때의 방법을 물었더니 돌아온 답들이다. 2016년 초록우산 어린이재단 아동복지연구소는 〈아동의 생활환경 안전연구〉에서 초등학생의 등하굣길 관찰 연구를 수행했다. 관찰 대상 아동 348명(80%)이 횡단보도나 육교를 통해 길을 건넜다. 그중 97.8%는 차가 완전히 지나갈 때까지 기다렸다. 96.5%는 횡단보도를 건널 때 핸드폰을 사용하지 않았다. 하지만 횡단보도를 지나는 중 주위를 살피는 아동은 전체 318건 가운데 14명(4%)에 그쳤다. 많은 어린이들은 신호등이 있든 없든 횡단보도를 안전한 공간으로 인식했다.

반면 운전자의 생각은 다르다. 횡단보도라고 딱히 보행자 우선 공간으로 인식하지 않는다. 한국교통안전공단은 서울 종로구의 무신호 횡단보도 5곳에서 차량의 움직임을 관찰했다. 보행자가 횡단보도를 185회 건너는 동안 운전자가 일시정지 규정을 지킨 경우는 단 8회에 불과했다. 어린이 보호구역인 초등학교 앞 무신호 횡단보도에서도 36대 중 2대만 보행자를 위해 차를 멈췄다.[1]

2020년 11월 17일, 광주 북구 운암동 어린이 보호구역에서 세 살 어린이가 8.5톤 화물차에 치여 숨졌다. 신호등 없는 횡단보도 위에서였다. 함께 길을 건너던 엄마와 일곱 살 언니도 중상을 입었고 갓난아기인 동생만 경상에 그쳤다. 차량 정체로 횡단보도 바로 앞에 정차해 있던 화물차 운전자는 정체가 풀리자 이 가족을 발견하지 못하고 차량을 출발시키면서 사고를 냈다고 진술했다. 운전자는 구속돼 재판을 받고 있다. 운전자 한 명의 잘못으로 이 참극이 벌어 졌을까.

사고 당시 CCTV 속에서 횡단보도를 건너던 엄마는 한 손은 둘째와 막내가 탄 대형 유모차를, 다른 한 손은 첫째의 손을 잡은 채 중앙선 부근에서 한참 멈춰 서 있었다. 반대편 차선에서 오는 차량 중 그 누구도 횡단보도 앞에서 멈추거나 속도를 줄이지 않았다. 엄마와 아이들이 보행자의 통행을 위해 브레이크를 밟아주는 운전자를 만나기 전, 앞에 사람이 서 있는 줄 몰랐다는 화물차 기사가 먼저 가속 페달을 밟아버렸다.

오르막길과 내리막길에서 죽다

[부산·과천]

2021년 7월 22일, 부산 해운대구 재송동 초·중학교 앞에 놓인 왕복 2차선 도로 가운데 색이 선명한 시선 유도봉 10개가 박혀 있었다. 주황색 봉들은 학교에서 바라봤을 때 경사로 오른쪽에 위치한 주차 장 입구에도 여럿 설치되어 있다. 부산의 택시기사 김영경 씨는 운 전대를 잡고 말했다.

"이거 설치한 거 보고 소 잃고 외양간 고치는 격이다 싶었어요. 이 동네에서 운전하는 사람들은 아는데, 그 주차장에서 나올 땐 우회전이 아니라 불법으로 좌회전하는 것이 당연하게 여겨지는 지역이거든요. 마침 그 앞 도로에 중앙분리대도 없었으니까."

김 씨가 말하는 '소 잃은 사건'은 2020년 6월 15일 이곳에서 일어난 어린이 사망 사고를 의미한다. 주차장에서 나온 승용차 한 대가 중앙선을 넘어 불법 좌회전을 시도하다 신호 대기 중이던 승용차의 옆을 들이박았다. 서 있던 승용차는 중심을 잃었다. 휘청거리다가 갑자기 속도를 냈다. 길은 내리막길이어서 더 가속이 붙었다. 차량이 돌진한 곳은 학교 앞 어린이 보호구역 인도. 그곳을 걷고 있던 민지영(6) 어린이가 사망했다.

어린이들이 자주 이용하는 길을 위험하게 만드는 요소들 중 하나가 '경사로'다. 오르막길이나 내리막길에서 자동차가 걷는 어린이를 만나면 사고 확률과 강도가 높아진다. 지영 어린이가 사망한 경사로 삼거리에선, 2014년 5월 17일(5·남, 경상), 2014년 5월 15일(6·남, 경상), 2015년 8월 7일(8·여, 중상) 등 여러 어린이들이 이미 보행 중 교통사고를 당했다. 그곳에서 오르막길로 50미터쯤 올라가면 역시 경사가 심한 골목 교차로가 나온다. 2018년(8·남)과 2019년(2·남)에 각각 중상 사고가 발생했다. 조금 더 올라가면 사망 사고 지점이 나타난다. 2015년 6월 11일 오후 4시 열한 살 초등학생이 승용차에 치여 목숨을 잃은 곳이다.

작은 경사라도 운전자의 실수와 만나면 아주 쉽게 참극으로 이어진다. 고 최하준 군(2)과 고 이해인 양(4)이 당한 사고가 그런 경우다. 하준 군 사고는 2017년 10월 1일 경기 과천시 서울랜드 주차장에서 일어났다. 멀리서부터 천천히 SUV 자동차가 운전자 없이 중력에 따라 굴러 내려오고 있다는 사실을 하준 군과 가족들은 까맣게 모르고 있었다. 하준 군을 안치한 납골당에서 엄마는 아들과 꼭 닮은 죽음을 겪은 고 이해인 양을 만났다. 해인 양은 2016년 4월 14일 어린이집 하원 버스 앞에 줄을 서 있었다. 바로 앞 유치원 입구에서 SUV 한 대가 미끄러져 내려왔다. 역시 제동장치가 걸려 있지 않던 차였다. 서울랜드 주차장 바닥의 경사도는 1.15도, 하준 군에게로 굴러온 차량 속도는 불과 시속 4킬로미터였다. 그래도 아이는 목숨을 잃을 수 있다. 차는 너무 크고 무겁고, 아이는 작고 약하기 때문이다.

하준 군이 당한 사고의 경우 운전자가 차에서 내리면서 기어를 'D'에 놓는 실수를 한 것이 1차 원인이었다. 하지만 다른 주차장도 아닌 어린이 놀이공원 주차장이었다. 만일의 안전사고를 방지하기 위해 미리 평탄화 작업이 돼 있었더라면, 안전요원이 상주했더라면, 하다못해 제동장치를 점검하고 내리라는 안내문이라도 눈에 잘 띄는 곳 어딘가 붙어 있었다면 하준 군은 죽지 않았을지도 모른다.

주차장 내 미끄럼 방지 조치를 의무화한 '하준이법'이 2020년 6월 25일부터 시행됐다. 하지만 이 법률은 누가 어떤 장치와 조치를 어떻게 마련하라는 것인지 명확하게 규정하고 있지 않다. 위반 시 처벌 대상도 모호하고 운전자들에 대한 홍보도 부족하다. 여전히 비탈길 등 위험 요소가 많은 어린이 보행 지역에선 운전자가 실수하지 않겠거니 하는 기대에 아이들 목숨이 걸려 있다.

울고 있는 아이에게 말을 걸면

불법 유턴에 죽고 음주운전에 죽다

[전주·서산·서울]

전북 전주시 반월동의 한 도로 좌회전 차선에 '유턴 금지' 화살표가 선명하게 찍혀 있었다. 중앙선엔 철제 분리대가 설치되어 있다. 횡단보도 중간에까지 유턴 방지용 봉이 박혀 있다. 차량과 보행자용 신호등에 모두 노란색 덧칠이 입혀 있고 빨갛게 포장된 차도 위엔 '어린이 보호구역'이란 글자가 큼직하게 표시되었다. 이곳 근처에서 2020년 5월 21일 낮 12시경 김지호(2) 군이 사망했다. 버스정류장 옆에 서 있던 지호 군 앞으로 SUV 승용차 한 대가 돌진해왔던 것이다. 반대편 차선에서 불법 유턴한 자동차였다.

현재 도로를 알록달록 치감은 어린이 보호구역 표시와 안전장치들은 대부분 이 사고 이후 설치되었다. 가해 운전자 측은 법정에서 "(눈에 띄는 장치가 없어) 어린이 보호구역인지 몰랐다."라며 '특정범죄가중처벌등에 관한 법률상 어린이 보호구역 치사', 즉 '민식이법' 적용에 반박했다. 150미터 인근에 초등학교가 있고 원래 어린이 보호구역으로 지정돼 있는 곳이었지만 학교가 골목길 안에 자리 잡고 있어서 큰길에선 보이지 않는 데다 관련 표식까지 없었기 때문에, 특별한 주의를 기울여야 하는 구역이라고 생각하지 못했다는 것이다.

하지만 표식이 잘 보였든 안 보였든, 어린이 보호구역이든 아니든, 그 지점은 당초부터 유턴해서는 안 되는 곳이었다. 노란색 중앙분리선이 두 줄이나 선명하게 그어진 일반 차선에서 가해 운전자는 자동차 핸들을 왼쪽으로 꺾어 유턴했다. 명백한 불법이다. 하지만 사고 이전엔 해당 지점 부근에서 수시로 관행처럼 이루어지던 짓이 기도 했다.

인근에서 문구점을 운영하는 최용호 씨는 "이 근처에서 불법 유턴과 신호 위반이 워낙 빈번했다. 가게에 있다 보면 경적 소리가 잦았고 크고 작은 사고도 자주 일어났다."라고 말했다. 2007년부터 2020년까지 지호 군이 사망한 지점 인근 100미터 내에서 10여 건의 어린이 보행 교통사고가 발생했다.

전주시 용흥동의 또 다른 어린이 보행 교통사고 다발 지역에서는 차량들이 2차선 도로를 역주행하는 광경이 눈에 띄었다. 불법으로 주정차한 차들 때문이었다. 인근에 초등학교가 있고 어린이 보호구역으로 지정된 지점인데도 그러했다. 하교하는 초등학생들은 교통 지도 학부모의 노란 깃발 하나에 의지해 길을 건너고 있었다. 신호등 없는 횡단보도 앞에서 양방향 차들의 불규칙적인 움직임에 따라 깃발을 펴고 접던 한 교통 지도 학부모가 말했다.

"여기 상가 단지엔 불법 주차가 빈번해요. 화물을 내릴 때면 트럭이 아이들 다니는 인도 위로 넘어오기도 하고요. 교통정리하다가 트럭 좀 치워달라고 해도 무시당하기 일쑤인데 때론 좀 무섭기도 해서 더 이상 말을 붙이진 못하죠."

불법 주정차, 불법 유턴, 과속 같은 불법 운전 행위들은 운전자들 개인으로서나 사회적으로나 비교적 가볍게 인식되는 범죄다. 저질러도 아무 제재 없이 지나갈 때가 대부분이다. 운 나쁘면 경찰 단속에 걸리고 과태료 통지서가 날아오는 정도다. 하지만 길 위의 아

울고 있는 아이에게 말을 걸면

이들에게는 그리 가벼운 일이 아니다.

2020년에는 어린이 보행 사망 사고 중 최소 2건이 운전자의 음주운전으로 발생했다. 첫 번째 사고는 6월 11일 충남 서산시 읍내동에서 일어났다. 아침 8시 40분, 등굣길이었다. 초등학교 2학년 어린이가 학교 근처 사거리에 놓인 횡단보도 교통섬(우회전 차량의 원활한 통행을 위해 보행자가 횡단보도 신호를 기다릴 수 있도록 차도 상에 섬처럼 설치해놓은 구역)으로 이어지는 짧은 무신호등 횡단보도를 건너가던 중 사고를 당했다. 가해 운전자는 당시 혈중알코올농도 0.031%, 면허 정지 수준이었다. 경찰 조사에서 그는 "전날 밤 마신 술이 덜 깬 상태에서 사람이 있는 것을 보지 못했는데 횡단보도 인근에서 '툭' 소리가 들려 내려보니 아이가 쓰러져 있었다."라고 진술했다.

두 번째 사고는 서울 서대문구 홍은동에서 벌어졌다. 오후 3시 30분 대낮이었다. 임형진(6) 군은 형과 함께 한 패스트푸드점 앞 인도에 서 있었다. 갑자기 커다란 물체가 위에서 덮쳤다. 술을 마신 뒤 핸들을 잡은 운전자가 근처에 설치되어 있던 가로등을 들이받은 것이다. 운전자의 혈중알코올농도는 면허 취소 수준인 0.144%였다. 운전자는 과거 음주운전 벌금형 처벌 전력을 갖고 있었다.

사고 당시는 8월 중순 이후 다시 높아진 코로나19 확산세를 누르기 위해 사회적 거리두기 단계가 (새 거리두기 개편안이 나오기 이전 적용된 최고 단계인) 2.5로 격상된 시기였다. 형진 군은 사회적 거리두기 지침을 최대한 지키기 위해 엄마가 가게 안에 들어가 햄버거를 포장해올 동안 형과 함께 잠긴 가게 문 앞에서 기다리던 중이었다. 가해 운전자는 조기 축구를 하고 술을 마신 뒤 운전대를 잡았다. 원칙을 어긴 어른들의 '이쯤이야'에 원칙을 지킨 아이들의 생명이 끊겼다.

인도 없는 길에서 죽다

[부천·시흥·인천]

경기 부천시 도당동의 한 주택가 골목길. 학부모 이성미 씨는 함께 손잡고 걸어가던 여섯 살 유치원생 딸 예지를 길가 쪽으로 급히 끌어당겼다. 담벼락에 바짝 붙어 있는 사이 1톤 트럭이 성미 씨 모녀 앞을 지나갔다. 차도와 인도가 따로 구분되지 않은 이런 좁은 이면 도로를 130미터쯤 걸어가야 겨우 안전지대가 나온다. 어린이 보호 구역 내 인도는 아이들이 다니는 병설유치원과 초등학교 정문 앞의 한 블록에만 깔려 있다.

"엄마 차 와!" "피해 피해!" 뒤에서 다가오는 차를 발견하고 경고하는 딸과 담벼락 쪽으로 아이를 끌어당기는 엄마의 행동이 등원길 내내 반복되었다. 초등학교 1학년 아들 현종이는 앞서 걸어가고 있었다. 성미 씨는 "셋이 손잡고 걸어가면 이런 길은 더 위험해서 차라리 현종이는 먼저 앞세워 걷게 한다."라고 말했다. 현종이는 앞, 뒤, 옆을 번갈아 확인하느라 고개를 수십 번 움직이며 인도 없는 등굣길을 걸었다.

인구가 밀집한 구도심에 이런 길이 많다. 주택과 상가 필지가 차도 바로 앞까지 바싹 붙어 있다. 차가 지나갈 길을 그대로 둔 채 인도를 따로 내기가 여의치 않다. 임시방편으로 줄 하나를 긋고 '보행로' 글자를 써놓은 곳도 있지만 별 효과가 없다. 주정차된 차량이나 상가 좌판들이 보행로 줄을 이미 밟고 있는 상태라서 동네 주민들도 '보행로'란 글자가 있는지 없는지 모른다. 자동차, 오토바이, 어른, 아이 등이 뒤섞여 좁은 차도를 오가다가 크고 작은 사고들이 한 골목길 안에서 빈번하게 발생한다.

경기 시흥시 정왕동과 인천 남동구 간석동 같은 주택 밀집 지역이 대표적이다. 시흥 정왕동은 초등학교, 유치원, 어린이집, 어린이공원 등이 다수 분포돼 있는 주택가 이면도로 곳곳이 어린이 보행 교통사고 발생 지점이다. 인천 간석동의 초등학교·중학교와 행정복지센터를 잇는 이면도로 50미터에도 사고 지점들이 촘촘히 기록돼 있다.

"차가 빵빵거려요, 맨날. 근데 안 멈춰요, 절대.""완전 닿을 듯 말 듯해야 차가 멈춰요.""길이 너무 좁아요.""자전거 타다 사고 난 애가 있어요. 서서 타다가 차량 부딪쳤는데 안장이 날아갔대요.""저도 등 쪽을 차량 부딪친 적 있어요. 근데 부모님한텐 말 안 했어요."

사고 다발 지점 인근 편의점과 분식집 앞 등지에서 만난 하굣길 초등학생들에게 아찔했던 경험을 묻자 아이들은 다양한 사례들을 쏟아내었다. 자신들의 경험을 나누며 수다를 떨던 어린이들은 인도 없는 길 위로 아찔하게 뛰어가며 해맑게 결론 내렸다. "괜찮아요, 우리가 잘 피해 다니면 되죠, 뭐."

인도 위에서도 죽다

어린이들은 인도를 걷다가도 차에 치여 죽는다. 2020년 1월, 서울 양천구 신월동의 한 보행자 도로를 걸어가던 초등학생 민서연(10)양이 굴착기 바퀴에 깔려 사망했다. 집 앞이었고 매일 걸어 다니던 길이었다. 가해 차량은 주유소로 진입하던 굴착기였다. 편도 4차로 중 3차로를 따라 진행하던 굴착기는 주유소 입구 앞에서 진로를 급격히 변경해 우회전했다. 목격자 신경수 씨는 말했다. "굴착기가 완전 '칼치기(차량이 주행 간격이 좁은 옆 차선의 차량들 사이로 칼같이 끼어 들어 앞차를 추월하는 행위)'로 들어왔어요. 속도도 안 줄이고 진입해서 그대로 아이를 깔아뭉개고 지나가더라고요."

운전자는 교통사고처리특례법위반(치사)으로 금고 2년 6개월을 선고받았다. "운전업무에 종사하는 사람으로서 보도에 진입하기 전 일시정지를 한 다음 전후 및 좌우를 잘 살펴 통행하는 보행자가 있는지 확인하는 등 업무상 주의 의무"를 위반한 죄였다. 하지만 보도 위로 굴착기가 진입한 행위 자체를 위법으로 보지는 않았다. '도로 점용허가'를 받은 구역이기 때문이다.

도로점용(보도의 일부를 시설이나 차량이 점유·사용하는 경우)의 법률적 근거는 도로법 시행령 제55조다. 이 법에 따라, 공공시설(가로 등·전봇대·우체통)이나 상업시설(구두수선대·노점·자동판매기·상품진열대)의 보도 점용이 허용된다. 그런데 차량 역시 합법적으로 보도를 점용할 수 있다. 차량이 주유소, 주차장, 자동차 정비소, 세차장 등에 드나드는 데 필요한 진입로 및 출입로를 도로점용구역으로 허가하는 경우다. 건설사업정보시스템 통계에 따르면 2017년부터 5년간 매해 전국 2000여 곳씩 도로점용허가가 승인됐다. 한번 허가받으면 10년간 점용을 유지할 수 있다.

차량이 보도를 드나들게 되면서 보행자가 죽거나 다치는 사고가 빈번하자, 도로점용허가를 받은 시설의 운영권자에게 안전장치(속도저감시설, 시선유도시설, 경보장치 등)를 갖추도록 의무화한 개정 법률이 2018년 5월에 통과되었다. 그러나 이 개정법은 이미 보도점용을 허가받은 시설엔 소급 적용되지 않는다. 서연 양이 굴착기에 깔려 사망한 곳도 개정법 통과 이전에 도로점용구역으로 승인된 곳이었다. 서연 양이 사망한 후에야 안전장치들이 설치되었다.

주변의 도로점용 허가 구역들을 둘러봤다. 서연 양이 사고를 당한 지점을 기준으로 앞뒤 200미터씩을 오가다 보면 도로점용 허가 구역을 10곳 가까이 만났다. 오토바이, 승용차, 화물차, 지게차 등이 보행자 앞뒤를 가로질러 주유소, 카센터, 드라이브 스루 카페나 패스트푸드점, 주차장 등을 합법적으로 오갔다. 그러나 여전히 보행자 안전장치가 없는 곳이 대부분이었다.

어린이 보호구역도 예외가 아니다. 전북 전주시 인후동 한 초등학교 정문 바로 앞 횡단보도는 상가 건물의 주차장 진입로이기도 하다. 자동차가 등하굣길 횡단보도 앞에 서 있는 아이들 사이를 뚫고 보도를 가로질러도 현행법상 불법이 아니다. 전북 정읍시 상동어린이 보호구역도 마찬가지다. 초·중·고등학교와 학원가가 마주보고 있는 이 거리엔 인도가 잘 갖춰져 있고 보도와 차도 사이 철제 펜스도 설치되어 있다. 그런데 중간중간 펜스가 비어 있는 곳들이 많다. 차량이 상가 주차장이나 세차장 등을 드나드는 도로점용허가 구역들이다. 충남 서산시 읍내동 한 어린이 보호구역의 경우, 초등학교 맞은편에 대형 슈퍼마켓 주차장, 카센터, 관광버스 주차장 등이 자리 잡고 있다. 그 출입구는 도로점용허가 구역이다. 모두 보행 어린이 중상 사고 다발 지역이기도 하다.

스쿨존 안팎에서 죽다

[아산·목포·김해·화순]

2014년 6월 충남 아산시 용화동의 한 무신호등 횡단보도를 건너던 7세 남자아이가 40세 운전자가 몰던 승용차에 치였다. 다행히 경상에 그쳤다. 5년 뒤인 2019년 9월, 같은 나이의 남자아이가 바로 그 자리에서 42세 운전자가 몰던 소형 화물 트럭에 치여 숨을 거두었다. 아이 이름은 김민식이다.

사고는 반복되다 기어코 한 생명이 사라지고 나서야 변화로 이어진다. 다시 찾은 김민식 군 사고 지점에는 어린이 보호구역을 알리는 형형색색의 안전장치들이 설치되어 있었다. 지역 소도시의 2차선 도로로서는 흔치 않게 CCTV, 노란 신호등, 중앙차선 규제봉, 인도 펜스 등이 촘촘히 설치되어 있다. 보행 신호등도 생겼다. 불법 주정차된 차량 하나 없이 깨끗이 비워진 사고 지점 횡단보도 앞에서, 오가는 차들은 유난히 속력을 낮추어 달렸다.

다만 거기까지였다. 사고 지점에서 한두 블록 떨어진 곳의 분위기는 사뭇 다르다. 초등학교 정문 앞까지는 횡단보도에 신호등이 있지만 바로 옆 어린이공원 앞에는 없다. 인근 아파트 입구와 주택가로 향하는 사거리 교차로도 아무 신호가 없는 비보호 체계다. 차와 보행자들은 서로가 엉키며 눈치껏 이동했다. 불법 주정차가 가득한 인도 없는 이면도로를 동네 어린이들이 지그재그로 걸어가고 있었다. 학교 운동장에서 친구와 배드민턴을 치고 집으로 돌아가던 초등학교 6학년 김지우 군은 말했다. "저는 (사망 사고 지점에서 200미터 떨어진) 저기 사거리 쪽도 위험하다고 생각해요. 거기도 신호등 만들어줬으면 좋겠는데……. 예산이 부족하니 안 해주겠죠?"

전남 목포시 용해동, 경남 김해시 외동, 전남 화순군 화순읍도 어린이 보행 교통사고 다발 지점이다. 이 지점들에 서면 공통으로 보이는 시설이 있다. 어린이 보호구역 시작과 끝을 동시에 알리는 표지판이다. 스쿨존 밖에서 안쪽을 바라보면 "여기부터 속도를 줄이시오"라고 쓰여 있다. 반대로 스쿨존 안에서 바깥쪽을 바라보면 파란색 어린이보호 그림 위에 사선 네 줄이 그어져 있다. 어린이 보호구역 '해제' 표시다.

문제는 이런 어린이 보호구역 밖에서도 교통사고가 빈발한다는 것이다. 현행 어린이 보호구역 지정 범위는 초등학교 주출입문에서 300미터 내로 설정되어 있다. 2016년 초록우산 어린이재단 아동복지연구소가 펴낸 〈아동의 생활환경 안전연구〉는 초등학교와 거리에 따른 어린이 보행 교통사고 건수를 분석했다. 교통사고는 학교에서 400미터 떨어진 지점에서 가장 많이 발생했다. 당시 연구를 진행한 고주애 초록우산 어린이재단 전략기획실장은 "어린이 보호구역을 벗어나는 순간 운전자들은 상대적으로 가속 페달을 밟게 된다. 현행 300미터 범위는 아이들을 지켜주기 위한 최소한의 구역에 불과하다. 아이들의 활동 반경과 사고 데이터를 고려해 300미터를 400~500미터 범위까지 확대할 필요가 있다."라고 말했다.

한국에서 도로 위 어린이 보호에 관한 논의는 최근 몇 년 사이 과거와 비교하면 급속도로 발전해왔다. 사고 건수도 점차 줄어들고 있는 추세다. 하지만 한국 사회가 이 문제를 논의하고 대안을 만드는 방식엔 큰 한계가 존재한다. 역설적이지만 그 한계는 '어린이 보호구역' 그 자체다.

걷던 아이가 교통사고를 당했다는 소식을 들으면 어른들은 가장 먼저 묻는다. '그곳은 스쿨존인가 아닌가.' 처벌과 관련된 법률 조항이 달라지기 때문이다. 스쿨존이면 기존보다 형량이 더 높은 '특정범죄가중처벌등에관한법률'을, 스쿨존이 아니면 형량이 비교적 낮은 '교통사고처리특례법'을 적용받는다. 이 기준에 따라 도로 위 어린이 보호에 대한 언론과 시민의 관심도가 달라진다. 지자체와 국가의 대응에도 온도차가 생긴다. 그러다 보니, 정작 '어린이 보호구역 외의 도로'에서 어떻게 어린이를 보호해야 할지에 대한 논의는 보기 힘들다. 관련 제도를 정비하려는 정치권과 국가의 움직임도 미미하다.

몇몇 구역에 스쿨존이란 이름만 붙여놓은 채 유명무실하게 방치했던 과거에 비하면 분명 발전된 모습이다. 하지만 스쿨존을 중심으로 도로 위 어린이 보호를 모색하는 관점은 상식적이지 않다.

어린이의 안전과 위험이 스쿨존이라는 한정된 구역에 머무르지 않기 때문이다. 스쿨존 여부는 처벌의 경중을 가늠하는 운전자와 성인의 관점에서 중요한 기준일 뿐이다. 아이들 처지에선 스쿨존 안에서든 밖에서든, 차에 받히면 몸과 마음이 손상되며 심지어 목숨까지 잃게 된다.

아이들은 모든 길에서 안전할 권리가 있다

길 위의 어린이에게는 위험의 시작 지점과 해제 지점이 따로 없다. 아이들이 자동차로부터 안전을 위협받는 공간, 따라서 어른들이 그들의 안전을 보장해줘야 할 공간은 스쿨존을 넘어선다. 집-학교, 학원-놀이터, 공원-도서관 등을 오가는 아이들의 '길' 내지는 '동선'이 모두 위험한 공간이고 보호받아야 할 범위이다.

보행 교통사고로 어린이가 죽거나 다친 장소들을 찾아다니며 여러 공통점을 발견했다. 동시에 서로 다른 차이점들도 발견했다. 위험한 장소가 따로 있지 않았다. 완벽히 안전한 길도 따로 존재하지 않았다. 안전과 위험은 중첩되고 연결되었다. 결국 모든 길이었다. 모든 길에서 주인은 사람보다 자동차였다. 사람들 가운데서도 어린이를 포함한 보행 약자들은 가장 허약한 지위로 내쳐져 있었다. 그들은 모든 길에서 목숨과 안전을 위협받는다.

이제 막 첫발을 뗐다. 민식이법 제정 같은 제도 정비를 한국 사회는 최근에야 시작했다. 이조차 거센 공격을 받고 있다. 제한된 구역 안에서만이라도 어린이가 죽거나 다칠 확률을 낮추려는 노력의 가치가 끊임없이 의심받고 비판받는다. 지방자치단체들도 이제 막 어린이 보호구역 지정과 관리에 돈과 관심을 쓰기 시작했다. 예산을 배정하고 정책을 집행할 때 가장 후순위였던 어린이 보호 업무가 이제야 조금씩 앞으로 당겨지고 있다.

모든 길에서 보행 어린이의 안전이 위협받고 있으니 모든 길에서 보행 어린이의 안전을 점검해야 한다. 개선해야 한다. 그 일은 국가와 지자체, 그리고 어린이를 둘러싼 주변 모든 어른의 몫이다. 궁극적으로는 어린이들 앞에 연속성 있는 안전한 길을 이어주어야 한다. 그것이 초저출생 사회 대한민국에서 힘겹게 태어난 귀한 어린이들이 허망하게 세상을 떠나는 비극들을 막는 하나의 방법이다. 어린이에게는 스쿨존 안과 밖, 모든 길에서 안전하게 살아남을 권리가 있다.

보행 안전을
돈 주고 사야 하나요

아이들의 보행 안전에도 계층 격차가 존재한다. 사고 발생률과 지역별 '주거 가격' 간 데이터 분석을 통해서도 그 경향성이 확인된다.

초등학교 3학년 세영이(9)는 서울 강남 지역의 신축 아파트 단지에 산다. 세영이는 일상생활 중엔 자동차를 만날 일이 거의 없다. 세영이가 사는 아파트는 지상에 차가 다니지 않도록 설계되었다. 집에서 5분 거리 학교를 오갈 때도, 단지 내 상가 건물에 학원 수업을 들으러 갈 때도, 단지 바로 앞의 구립도서관에 책을 빌리러 갈 때도, 단지 내에 마련되어 있는 12개 테마의 놀이터까지 친구들과 킥보드를 타고 달릴 때도, 세영이는 푸른 수목들 사이로 평평하게 잘 깔린 인도 위를 벗어나지 않는다. 세영이 엄마는 이런 안전한 환경을 위해 이른바 '영끌'로 매매가 20억 원, 전세가 10억 원 이상인 지금의 집으로 이사를 왔다.

세영이보다 한 살 많은 4학년 민지(10)는 서울 강북 지역 한 주택가에 산다. 원래 살던 집에서 학교까지의 거리는 1.2킬로미터. 걸어서 20분 거리였다. 민지가 학교에 가려면 먼저 가파르고 인도 없는 이면도로 300미터를 걸어 내려간 뒤 언제나 자동차들이 불법 주정차되어 있는 2차선 도로 200미터를 지나야 했다. 그런 다음 또다시 12차선 도로를 건너 700미터를 더 걸어가야 학교 정문이 보였다. 시끄러운 도로 소음에 항상 귀가 먹먹했다. 인도 위에서도 주차장, 카센터, 주유소를 드나드는 자동차와 언제 만날지 모르니 늘 신경을 곤두세운 상태에서 걸어 다녔다.

홀로 세 남매를 키우는 민지 엄마는 막내딸 민지의 안전한 통학을 위해 학교와 최대한 가까운 곳으로 이사를 갔다. 기초생활수급자 주거 지원을 받아 전세금 1억 6000만 원짜리 다세대 주택 2층의 집을 새로 구했다. 집에서 학교까지 5분 남짓이다. 한숨을 돌리다가 민지 엄마는 빠트린 사항이 있다는 것을 뒤늦게 깨달았다. 민지는 학교 이외에도 다양한 목적지까지 걸어 다녀야 하는데 이를 미처 고려하지 못했던 것이다. 민지가 다니는 태권도 학원과 지역돌봄센터에 가려면, 인도가 따로 없는 좁은 이면도로를 15~20분 걸어가야 한다. 유흥가 골목이라 택시 등 차량과 술 취한 어른들로 항상 길이 붐빈다. 민지네 집 반경 500미터 내에는 도서관이나 공원 같은 문화시설이 없다. 놀이터도 없다. 가장 가까운 놀이터에 가려면 불법 주차 차량으로 빽빽한 경사 도로를 10분 정도 내려간 뒤 교통사고가 잦은 4차선 교차로를 한 번, 신호등 없는 횡단보도를 두 번 건너가야 한다.

아이들의 보행 안전에도 계층 격차가 존재한다. 일상생활 중 만나는 자동차의 대수부터 다르고 그로 인한 교통사고 위험도 또한 차이가 난다. 여력이 되는 가정은 '초품아(초등학교를 품은 아파트)', 길 건너지 않는 학원가, 단지 내 놀이터 같은 아이들의 보행 안전 요소들을 '개인적'으로 구매할 수 있다. 이런 요소들에 지출 여력이 없는 가정들은 지자체가 집 앞 도로에 인도와 횡단보도를 놓아주기를, 동네 자동차들이 부디 안전하게 운전해주기를 바랄 수 있을 뿐이다.

부유한 지역일수록 교통사고율 낮을까

보행 안전의 계층 격차는 데이터 분석을 통해서도 확인되는 경향성이다. 경찰청과 도로교통공단 '교통사고분석시스템'에서 '13세 이하 연령대의 보행자가 교통사고로 사망·중상·경상을 입는 경우'의 데이터를 시군구별로 추려냈다. 이 데이터를 '지역별 아동 인구수', '지역별 주거 가격' 등의 통계 수치와 비교 분석해봤다.

먼저 아동 수와 대비할 때 교통사고가 많이 발생하는 지역(상대적 사고 다발 지역)을 찾아봤다. 시군구별 '아동(13세 이하)의 보행 교통사고 건수'를 '아동의 수'로 나누는 방식으로 '아동 1만 명당 연간 평균 사고 발생 건수'를 구할 수 있었다. 그 점들을 그래프(다음 쪽 '표 3-1', '표 3-2')의 세로축에 찍었다. 점이 높은 곳에 위치할수록 '아동 수 대비 교통사고율'이 높은 지역이다. 가로축은 주거 가격이다. 국토교통부의 실거래가 자료 중 2011년 1월~2020년 12월의 시군구별 아파트·연립·다세대·단독·다가구 주택 전월세 가격을 가져왔다. 매매 가격보다 전월세 가격이 현재 시점의 주거 수요를 더 잘

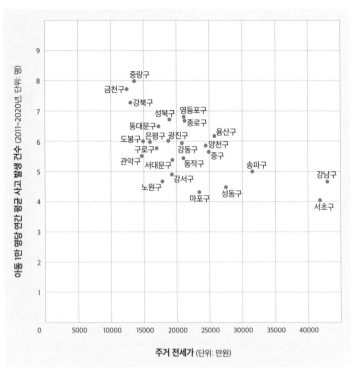

표 3-1. 지역별 주거 가격에 따른 아동 수 대비 교통사고율(서울)

반영한다는 측면에서 전월세가를 주거 가격으로 선택했다. 월세나 반전세 가격도 전세가로 환산(한국부동산원의 각 시기 전월세 전환율을 활용)했다. 이런 방식으로 지역별 10년치 평균 전월세 가격을 구해 그래프상에 표시했다. 그래프에서 점이 오른쪽으로 찍힐수록 주거 가격이 높은, 부유한 지역이다.

가설은 부유한 지역일수록 '아동 수 대비 교통사고율'이 낮다는 것이었다. 가난한 지역일수록 교통사고율이 높다는 의미이기도 하

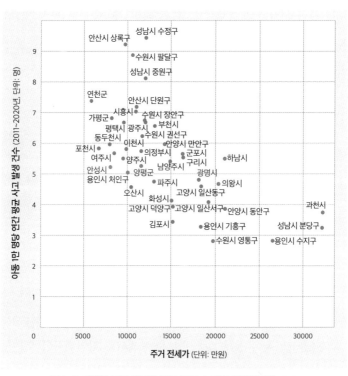

표 3-2. 지역별 주거 가격에 따른 아동 수 대비 교통사고율(경기)

다. 이 가설이 옳다면, 그래프 평면의 점들은 왼쪽 상단(가난한 지역이며 교통사고율이 높다)에서 오른쪽 하단(부유한 지역으로 교통사고율이 낮다)으로 우하향하는 경향성을 나타내게 될 것이다.

그래프를 그려보니 실제로 그런 경향성이 일부 광역지자체 단위에서 관찰되었다. 경기도의 경우, 부유한 지역으로 인식되고 주거 수요가 높은 과천시, 성남시 분당구, 용인시 수지구 등이 오른쪽 하단에 놓였다. 성남시 수정구, 안산시 상록구, 수원시 팔달구 등은 왼쪽 상단에 자리 잡고 있었다. 서울은 강남구·서초구·송파구 등이 오른쪽 아래, 중랑구·금천구·강북구 등이 왼쪽 위에 분포돼 있다. 세영이가 사는 지역은 그래프의 오른쪽 하단, 민지가 사는 지역은 왼쪽 상단에 위치해 있다.

한국청소년정책연구원은 〈2020년 아동·청소년 인권 실태 조사〉에서 초4~고3 학생 8623명에게 "우리 동네는 교통사고로부터 안전하다."는 문장을 주고 동의하는지 여부를 물었다. 자신이 인식하는 경제적 수준 집단별로 차이가 났다. 경제적 수준이 상층일수록 '그렇다', 하층일수록 '그렇지 않다'는 답변 비율이 높았다. 아이들조차 안전의 계급 격차를 체감하고 있었다.

이 두 집단의 차이는 무엇일까? 단순히 주거 가격의 차이가 아니다. 주거 가격의 차이를 만들어낸(혹은 주거 가격의 차이로부터 비롯된) 환경 요인들이 있다. 앞의 '표'를 통해서도 확인했듯이 오른쪽 하단 지역에는 풍부하지만 왼쪽 상단 지역에는 빈약한 '안전' 요소들, 사고율이 낮은 지역에서는 제거되었지만 사고율이 높은 지역에는 유지되고 있는 '위험' 요소들이 존재한다. 그 위험 요소들을 드러내고 대안을 마련해야 아이들의 계층별 안전 격차를 줄일 수 있다.

주택 가격이 싸고 어린이 보행 교통사고가 잦은 도시 지역은 주거 공간과 도로 사이 간격이 매우 좁은 곳들이 많다. 주거 공간의 출입구 앞이 바로 차가 다니는 도로다. 정경 씨는 경기도 시흥의 한 밀집 주택가에서 지역아동센터를 운영한다. 그는 아이들이 센터 문을 열고 바깥으로 나갈 때마다 마음을 졸인다. "문밖이 바로 도로니까요. 아이들 특성상 앞을 잘 안 보고 튀어 나가잖아요. 그러면 차와 부딪칠 수밖에 없어요. 위험한 순간이 엄청 많았죠. 실제 사고를 당해 입원한 아이도 있었고요." 역시 집 문 앞이 바로 차도인 그 지역 한 어린이는 차를 피하다가 넘어져 왼쪽 손을 다쳤다. 뼈를 이식하는 수술을 하지 않으면 괴사할 수 있다는 진단을 받았다.

이런 지역의 길 중 상당수엔 보도가 따로 없다. 자동차와 사람과 상가의 적치물 따위가 뒤섞인 이면도로에서 보행자는 앞뒤 차량의 움직임과 속도를 부단히 간파하고 예측하며 걸어야 사고를 피할 수 있다. 제대로 된 주차장도 없다. 이면도로를 지나가는 차량 운전자들은 집과 가게 앞에 주차된 차량들 때문에 아이들을 보지 못한다.

또한 교통사고 다발 지역엔 아이들이 놀 장소가 없다. 연구에 따르면 '어린이가 노는 공간'에 영향을 미치는 대표적 요인 중 하나는 주거 형태였다.[2] 아파트 비율이 높은 곳일수록 '(1인당) 어린이가 놀 공간', '(1인당) 어린이 공원 면적', '(1인당) 어린이 놀이터 면적' 등도 넓은 경향이 있었다. 반대로 다가구와 연립 및 다세대 비율이 높은 곳일수록 대체로 '어린이 공간'들이 좁은 경우가 많았다. 게다가 다가구·연립·다세대 밀집 지역은 주거 공간 내부가 좁고 열악한 경우가 많아 더더욱 아이들이 밖으로 나와 놀 수밖에 없다.

물리적 환경이 안전하지 않다면 '돌봄'으로 안전성을 보완할 수는 있다. 예컨대 성인 보호자가 어린이의 모든 외출에 손잡고 같이 다니면 된다. 하지만 이에도 격차가 존재한다. 길에 보행 위험 요소가 많은 구도심 빈곤 지역의 아이들은 안전과 관련된 돌봄에서도 배제되는 경우가 많다. 경기도 한 초등학교 교사의 이야기다.

"(학부모가 교통 지도 봉사를 맡는) 녹색어머니 신청만 받아봐도 격차를 느껴요. 경제적으로 낙후된 지역 학교일수록 확실히 학부모 참여가 저조해요. 위험한 길을 저학년 때부터 혼자 통학하는 아이들 비율도 높고요."

싹 갈아엎어 신축 아파트로 대체하면 될까?

지금 한국의 경우, 어린이의 보행 안전을 보장하려면 결국 그 부모가 개인적으로 비용을 부담할 수밖에 없다. 아이의 모든 외출에 보호자가 동행하려면 부모 중 한 명은 생계 전선에서 벗어나 하루 종일 아이를 돌봐야 한다. 그래서 많은 맞벌이 부부가 자녀의 초등학교 저학년 시기에 육아휴직을 사용한다. 휴직이 불가능하다면, '조부모 찬스'를 쓰거나 '돌봄 시터'를 고용한다. 이마저 어렵다면, 셔틀버스로 학교 앞에서 바로 아이를 태워가는 학원에 등록한다. 아니면 아예 주거지를 옮긴다. 신축 '초품아' 단지를 수색해 높은 비용을 치르고 이사를 가야 한다. '어린이 안전을 개인적으로 구입'해야 하는 시스템의 결과다.

격차는 갈수록 더 벌어진다. 한 동네가 나아질 때 옆 동네는 더 나빠지기도 한다. 경기도 성남시 수정구와 수원시 팔달구는 수도권에서 아동 인구수 대비 보행 교통사고 건수가 유독 높은 편이다. 주거 수요와 가격이 낮은 대표적인 구도심이다. 반대로 주거 수요와 가격이 높은 신도심인 성남시 분당구와 수원시 영통구는 전국적으로도 유독 아동 수 대비 사고율이 낮은 곳들이다. 이 사고 고밀지와 저밀지, 성남시 수정구와 분당구 그리고 수원시 팔달구와 영통구는 각각 지리적으로 바로 인근에 붙어 있다. 우연일까?

한 지자체에서 교통 대책 업무를 담당하는 공무원은 말했다. "구도심에서 아이를 키우던 가정 중 형편이 그나마 좋은 집은 좀 더 나은 환경을 찾아 인근 신도시로 이주하잖아요. 그러니 구도심에서는 아이들이 줄어들죠. 취약한 가정이 구도심에 상대적으로 많기도 하고요. 구도심 주민들은 어린이 안전에 대한 요구나 민원도 적어요. 지자체 입장에서는 제한된 어린이 보호 예산을 아무래도 주민 목소리가 큰 신도시에 우선적으로 배정하게 되는 측면이 없지 않아요."

이 격차를 해소하려면 무엇을 해야 할까? 오래된 주택과 도로 환경이 문제라면, 싹 갈아엎어 신축 아파트로 대체하면 될까? 2000년대 이후 진행된 재개발·뉴타운 방식의 해결책이다. 이 방법으로 해당 장소 자체의 사고 발생 건수는 줄일 수 있다. 하지만 원래 그곳에 살던 아이들을 더 안전하게 만들 수는 없다. 재개발 지역의 원주민 정착률은 20%에 못 미친다(2008년 서울시정연구원 조사). 위험한 보행 환경에서 살던 아이들은 그곳이 깨끗하고 안전한 신축 아파트 단지로 탈바꿈하는 동안 이전과 비슷하거나 더 높은 교통사고의 위험을 품은 주거 지역으로 이동할 확률이 높다.

이처럼 보행 안전에 취약한 지역 자체를 제거하는 방식에는 한계가 있다. 그 장소의 취약한 교통 환경 요소를 없애고 '안전 요소'를 추가하는 방식으로 가야 한다. 예컨대 취약 지역에 어린이들이 안전하게 놀 수 있는 공간을 만들어야 한다. 빈곤 아동 주거 환경 연구를 다수 진행한 한국도시연구소 최은영 소장은 말했다.

"아이들이 안전하게 놀 수 있는 커뮤니티 공간이라도 취약 지역 내에 많이 만들어질 필요가 있습니다. 어쩌면 아이들의 특성과 동선상 도로를 정비하는 일보다 더 빠르고 효과적인 방법일 수도 있어요."

저소득층 아이들에게 더 위험한 도시

행정의 우선순위에서도 안전의 계층 격차를 고려해야 한다. 2016년 초록우산 어린이재단 아동복지연구소에서 〈아동의 생활환경 안전 연구〉를 진행한 고주애 초록우산 어린이재단 전략기획실장은 "아동을 위한 안전장치들을 재원 조건이나 민원에 따라서만 조성하지 말고 실제 교통사고 데이터를 기준으로 마련해야 한다."라고 말했다. "연구로 확인해본 결과, 저소득 지역일수록 아동의 교통사고 경험율이 높았어요. 거리 CCTV 설치율도 낮았고요. 어떤 지역이 더 위험하고 사고가 많이 발생했는지는 데이터로 이미 다 나와 있어요. 사고를 줄일 의지가 정말 있다면, 이런 곳들은 민원이나 요구가 없어도 행정이 먼저 나서야 합니다."

기존의 좁은 골목길 안에서 차와 사람의 길을 가르고, 주차장을 짓고, 놀이터를 만들고, 아이가 안전하게 오갈 수 있도록 돌봄의 손길을 강화하는 일이 마을을 허물고 새 동네를 만드는 재개발보다 훨씬 더 어렵다. 어린이 보행 사고 데이터를 함께 들여다보고 고민한 김승범 VWL 소장은 말했다.

"공공의 역할은 개개인의 능력으로 개선할 수 없는 문제들을 해결해주는 데 있잖아요. 모두 갈아엎어서 번듯하고 비싼 주거로 만드는 방식이 그 지역을 바꿀 수는 있겠죠. 하지만 뉴타운의 사례에서처럼 그 지역에 살던 사람들을 안전하게 만들어주기는 어려워요. 재개발로 갈아엎지 않으면서도 도로를 넓히고 주차 공간을 확보하는 방향으로 공공 기반 시설을 개선해나가는 것 또한 기존 필지 조직과 개개인의 토지 소유가 유지되는 상황에선 쉽지 않은 일이죠."

하지만 이 까다로운 일을 공공과 사회 전체가 포기하지 않아야 하는 이유는 자명하다. "그것이 생명과 안전이라는 문제와 결부되어 있는 한, 지속적으로 고민하고 해결해야 할 문제니까요. 자본주의 사회에서 모두 부자로 살 순 없을지라도, 누구나 경제적 능력에 상관없이 최소한의 안전은 보장받으며 살아갈 권리가 있으니까요. 더군다나 그 사람이 어린이라면 말입니다."

유희와 증오의 대상이 된
'길 위의 어린이'

2020년 5월 스마트폰 앱마켓에 모바일 게임 하나가 출시됐다. 게임의 이름은 '스쿨존을 뚫어라 - 민식이법은 무서워.' 어린이 보호구역을 운전하며 어린이들을 피하는 게임이다. 게임 속에서 아이들은 '킥킥' 소리를 내며 운전자를 위협하는 고난도 장애물이다. 친구와 걷는 아이, 자전거를 탄 아이, 동전을 줍는 아이, 공을 들고 뛰는 아이들이 점점 더 많이 빠른 속도로 차를 향해 돌진해온다. 손가락으로 자동차 좌우 방향을 조작하다가 차로 아이를 치면 게임이 종료된다. 운전자가 경찰에 잡혀가고 자동차가 찌그러진다.

게임은 출시 당시 고인을 희화화했다는 논란 뒤 잠시 삭제됐다가 일부 장면만 수정돼 다시 업로드됐다. 4개월여 만에 1만 회 이상 다운로드된 이 게임의 평점은 5점 만점에 4.8점(2020년 9월 기준). 2500여 개에 달하는 사용자 리뷰도 호평 일색이다. "실제 상황과 매우 유사한 게임." "본인의 과실이 없어도 과실로 만들어 즉각 실형을 때리는 현실까지 반영돼 있다." "운전자들의 심정을 알게 되었다."

"애들이 일부러 와서 박는 것 같은 느낌이 든다. 현실 반영 쩐다."

심지어 일부 이용자들은 '반인륜', '패륜'으로 부를 수밖에 없는 표현까지 서슴지 않는다. "민식이법 짜증났는데 게임으로나마 마음껏 으깨니 기분이 딱 좋네요." "죽이면 피 터지고 사지 찢기게 19금으로 수정해주세요." "애들 일부러 치어 죽이면서 스트레스 푸는 중." "내장 터지는 것도 표현해주세요." 등등.

'민식이법 놀이'는 정작 어른들이 하고 있다

어린이 보호구역과 민식이법을 둘러싸고 대한민국에는 어린이를 향한 혐오의 지옥도가 펼쳐져 있다. 실제로 유튜브 영상과 온라인 커뮤니티, 그곳에 달린 댓글들 속에서 교통사고를 당했거나 당할 뻔한 길 위의 어린이는 '초라니', '시한폭탄', '자폭맨', '도로 위 흉기'로 불린다. 사고로 아이를 잃은 부모는 '보험금을 노리는 사기단'으로 조롱받는다. 아이들을 보호하기 위해 사고 예방책과 처벌을 강화하자는 호소는 '떼법', '감성팔이' 따위로 폄훼된다. 보험사와 법률사무소는 '민식이법 공포'를 팔아 고객을 유치하고, 언론사들은 자극적인 어뷰징 기사로 클릭 수 경쟁을 벌인다. 이곳에서 어린이는 더 이상 나라의 보배나 미래의 희망이 아니다. '내' 차의 속도를 방해하고 '나'를 감방으로 넣어버릴 수 있는 무시무시한 가해자다.

자신을 길 위의 피해자로 인식하는 성인 운전자들의 논리는 단순하다. 어린이 보호구역에서 아무리 조심해도 고의성을 지녔거나 돌출적으로 튀어나오는 아이가 차에 부딪치는 순간 '인생이 망한다.' 는 것이다. 근거는 유튜브, 온라인 커뮤니티, 어뷰징 기사 등에 떠돌아다니는 자동차 블랙박스 영상과 캡처 사진들이다. '민식이법 적용으로 교사직 잘림', '민식이법 놀이로 용돈벌이', '민식이법 자해공갈 보험사기' 같은 제목의 영상들이 수십만 번씩 재생되면서 퍼진다.

유튜브 영상 속의 '교사직에서 잘렸다.'는 사례는 초등학교 방과후 강사인 운전자가 스쿨존에서 '무궁화꽃이 피었습니다' 놀이를 하던 아이와 충돌하는 사고를 낸 이후 피해 학생 부모와 갈등을 겪다가 심적 부담으로 스스로 해당 학교 일을 그만뒀다는 내용이다.

'민식이법 놀이'란 표현은, 아이들이 해당 법률로 위축된 운전자들의 심리를 악용해서 스쿨존으로 들어온 차량을 대상으로 장난치거나 심지어 '일부러 부딪쳐 용돈을 번다(자해 공갈).'는 의미다. 그러나 이런 주장들의 근거인 동영상을 실제로 보면, 어린이들이 시야가 잘 확보되지 않은 길에서 갑자기 튀어나오거나(물론 운전자 입장에서 볼 때), 자동차를 만났을 때 우물쭈물하며 미숙하게 대처하는 장면들이 대부분이다. 이들이 민식이법을 악용해 용돈벌이를 하는 중이라는 주장의 근거는 '학교 앞에서 차 만지면 진짜 돈 주나요?' 라는, 누가 썼는지 알 수 없는 네이버 지식인 질문들 몇 개 정도다.

사실은 어린이들이 '민식이법 놀이'를 하고 있는 것이 아니다. 오히려 어른들이 각종 동영상과 댓글, 네이버 지식인 짜깁기 등으로 길 위의 어린이들을 유희와 증오의 대상으로 삼고 있다. 그런데도 언론들은 '민식이법 놀이'라는 표현을 주요 뉴스로 보도하며 사회적 의제로 등극시켰다. 아무리 선량한 운전자라도 "(피해자 사망

시) 무조건 징역 3년!""(상해 시) 무조건 벌금 500만 원!""강간범에 맞먹는 형량!" 등을 피할 수 없다는 일부 유튜버들의 주장이 그대로 기사 제목이 되고 대중의 상식이 되었다.

급기야 학교들은 학생과 학부모들에게 '민식이법 놀이 금지'라는 제목의 가정통신문을 보냈다. 정세균 전 국무총리는 페이스북에 '민식이법 놀이'에 관한 기사를 공유하며 "아이뿐 아니라 어른도 보호받아야 한다."라는 취지로 글을 올렸다. 이런 흐름 속에서 스쿨존은 '운전자가 아이에게 치여서' 인생을 망칠 수 있는 '공포존'이 되었다. 민식이법은 '한 치 죄가 없는 선량한 일반 운전자도 최소 3년 콩밥을 먹게 만드는' 최고의 악법이 되었다.

그러나 현실의 법정에서 민식이법이 적용된 양상은 유튜버들의 주장과 많이 다르다. 2020년 10월 전주지방법원은 특정범죄가중처벌법상 어린이 보호구역 치상, 이른바 '민식이법' 위반 혐의로 기소된 운전자에게 무죄를 선고했다. 그는 전북 전주시 완산구 한 어린이 보호구역에서 10세 어린이를 들이받아 발목 골절 등 전치 8주의 부상을 입혔다. 재판부는 아이가 차량 블랙박스에 나타난 시점부터 충돌 때까지 걸린 시간이 0.7초에 불과한 점을 들어 "스쿨존이라는 이유만으로 운전자가 어린이가 보이지 않는 곳에서 갑자기 나올 것까지 예상하면서 제한속도보다 느리게 운전해야 한다거나, 시야가 제한된 장소마다 일시정지해야 하는 의무가 있다고 보기 어렵다."라며 피고인 측의 손을 들어줬다.

대전시 유성구 한 학교 인근 어린이 보호구역에서 술래잡기를 하던 7세 어린이를 자동차로 치어 전치 10주의 중상을 입힌 운전자도 무죄를 선고받았다. 1심을 맡은 대전지법 재판부 역시 블랙박스 영상에 아이가 나타난 시점과 충돌 시점 간격이 0.5~0.6초로 짧은 점을 근거로 들었다. 이 시간이 운전자가 위험을 인지하고 브레이크를 밟아 실제 제동이 걸리기 시작하는 '공주시간(통상 0.7~1초)'보다 짧기 때문에 운전자가 주의 의무를 다했더라도 사고를 피하기 어려웠을 것이라는 판단이다. 사고 당시 스쿨존 도로 양쪽에는 자동차들이 빽빽이 불법 주차돼 있었다.

'민식이법' 있어도 가중처벌 면하는 가해자들

스쿨존 내에서 교통법규를 위반해도 대부분 집행유예에 그쳤다. 한 오토바이 운전자는 인천시 미추홀구 한 스쿨존에서 9세 어린이를 치어 머리를 다치게 했다. 피해자는 보행자 초록불 신호에 횡단보도를 건너던 중이었다. 재판부는 스쿨존 내에서 신호를 위반하다 사고를 낸 피고인의 죄가 가볍지 않다면서도 "피고인이 범행을 인정하고 피해자와 합의는 못 했지만 보험을 통해 치료비가 지급된 점 등을 고려해" 징역 8개월에 집행유예 2년을 선고했다.

인천시 계양구 한 스쿨존의 무신호등 횡단보도에서 10세 어린이와 그의 어머니를 치어 다치게 한 삼십 대의 운전자도 징역 8개월에 집행유예 2년을 선고받았다. "범행을 인정하고 반성한 점, 차량이 자동차 종합보험에 가입돼 있어 그에 따른 처리가 이뤄진 점" 등이 감형의 근거가 됐다. 경기도 광주시의 한 어린이 보호구역에서는 이십 대 SUV 운전자가 자전거를 타고 가던 6세 어린이를 들이받아 전치 2주의 상해를 입혔다. 하지만 경찰은 사건을 불기소 처분했다. "해당 장소의 어린이 보호구역 안내 표지가 부실해서 운전자가 스쿨존인지 알 수 없었다."라는 이유였다.

서울 양천구 한 어린이 보호구역에서 제한속도를 넘은 시속 35킬로미터로 신호까지 무시하며 달리던 운전자는 횡단보도를 건너던 7세 어린이 두 명을 치어 상해를 입혔다. 하지만 벌금 500만 원 형을 받는 데 그쳤다. 재판부는 "피고인이 범행을 인정하고 반성하며 형사처벌 전력이 없는 점" 등을 고려했다.

아이가 사망해도 마찬가지다. 2020년 5월 전주시 반월동 한 어린이 보호구역 내에서 2세 유아가 차에 치여 숨졌다. 운전자는 스쿨존 도로에서 불법유턴을 하다가 사고를 냈다. 이 사고는 발생 당시 '민식이법 시행 후 첫 스쿨존 내 사망 사고'로 알려지며 이목이 쏠렸다. 최고 무기징역까지 가능한 민식이법에 따라 사망 사고를 낸 운전자가 얼마만큼의 형량을 받을지 추측이 분분했다.

1년 2개월 뒤, 운전자는 1심 재판에서 집행유예를 선고받았다. 재판부는 "사고 지점이 어린이 보호구역이 아니었고 그렇다 하더라도 인식할 수 없었다."라는 피고인 측 주장을 기각하면서도 "사죄하고 반성하는 태도, 전과가 없고 유족과 합의해 유족이 처벌을 바라지 않는 점 등을 참작해" 징역 3년에 집행유예 5년을 선고했다. 민식이법이 있어도, 운전자가 교통법규를 위반해도, 아이가 다치거나 죽어도 운전자들은 여러 면책조항을 통해 가중처벌을 충분히 피해갈 수 있었다.

대검찰청에서 발행한 한 논문은 2020년 3월 25일부터 1년 동안 특정범죄가중처벌 등에 관한 법률 제5조의 13에 규정된 어린이 보호구역 치사상 가중처벌(이른바 '민식이법')이 적용된 하급심 판결 25건을 분석했다. 이 가운데 14건이 집행유예형, 10건이 벌금형을 선고받았다.[3]

　실형이 선고된 사건은 단 한 건. 사십 대 무면허 운전자가 의무보험도 가입돼 있지 않은 차량을 시속 40킬로미터로 운전하다가 횡단보도 위에서 7세 어린이를 다치게 한 뒤 동승자와 짜고 운전 사실을 은폐하려 시도한 사건이었다. 어린이 보호구역에서 무면허, 과속, 운전자 바꿔치기 범죄를 저지른 운전자는 징역 1년 6개월을 선고받았다. 이것이 운전자들이 그토록 공포에 떨던 민식이법 형량의 최대치다.

　　　　　　　　　　　　　울고 있는 아이에게 말을 걸면

어린이 입장에서
진짜 '갑툭튀'는 누구일까?

2018년 서울디지털재단 정책연구팀에서 일하던 이상돈 연구원은 육아휴직 당시 초등학교 2학년인 자녀를 데리러 학교 앞으로 갔다. 이 연구원은 교문 밖을 나서는 자녀를 발견했지만 아이는 만나기로 약속한 아빠를 찾아 한참을 두리번거렸다. 보행자용 방호 울타리 (인도 펜스)가 딱 아이 눈높이라 건너편이 보이지 않았기 때문이다. '나는 보이지만 아이는 보이지 않는구나.' 이 연구원은 주위를 둘러보았다. 주정차 차량, 가로수, 신호등 기둥, 현수막, 수풀, 대형 화분, 실외 배너, 우편함 등 길 위는 온통 아이 시야를 가리는 장애물이었다. 어른에겐 별것 아닌 길옆 사물들이 아이 입장에서는 보행 시 교통사고 위험을 높이는 방해물이 될 수도 있겠다고 생각했다.

복직 후 이 연구원은 데이터 분석 업체와 함께 〈어린이 눈높이에서 바라본 통학로 교통안전〉 연구를 시작했다.[4] 서울 은평구 내 초등학교 3학년 이하 어린이 24명에게 구글 글래스(안경형 영상 촬영장비)와 액션캠을 착용하고 등하굣길을 걷게 했다. 키 120~130센

티미터의 아이들 시점에서 촬영된 영상 데이터를 분석했다. 영상에는 방해물이 총 1387회 등장했다. 어린이 한 명당 통학로에서 평균 15.4초마다 방해물을 접했다. 시야를 50% 이상 가리는 장애물이 모두 175회 나타났다. 시야의 90% 이상이 가려지는 경우도 많았다. 방해물 중 가장 큰 비중을 차지하는 것은 주정차 차량(45.8%)이었다. 이런 방해물을 피하려면 차도 중앙으로 나갈 수밖에 없었다.

차량 운전석에 앉은 어른의 눈에 아이는 지나치게 굼뜨거나 지나치게 갑작스럽다. 앞도 잘 살피지 못하고 소리도 잘 못 듣는다. 일부 성인들은 이런 아이들을 '초라니(초등학생과 고라니를 합쳐 부르는 말)', '갑툭튀(갑자기 툭 튀어나옴)' 따위로 부르며 비난하고 조롱한다. 그런데 이는 운전자나 성인의 시각에서 본 것이다. 걷는 어린이들에게 지나치게 빠르고 예측 불허인 건 도로 위의 차들이다. 질주하는 차량들은 이런저런 방해물에 가려 잘 보이지 않다가 갑자기 툭 튀어나와 어린이의 생명과 안전을 위협한다. 어린이 입장에서 '갑툭튀'는 자동차와 운전자다.

보행자 친화형 도로 환경이 중요한 이유

2016년 초록우산 어린이재단 아동복지연구소는 초등학생 6명을 대상으로 포토보이스photovoice 연구를 실시했다.[5] '안전'이라는 주제를 주고 자신의 생활 반경에서 보이는 위험 요소들을 사진으로 찍어 설명해보도록 했다. 아이들은 불법 주정차된 차량, 신호등 없는

울고 있는 아이에게 말을 걸면

횡단보도 등을 사진으로 찍고 목소리를 냈다.

"저 길을 지나서 학교를 가는데, 차가 쫙 서 있어요. 시야가 가려져서 밖의 차들을 못 보고 나왔다가 치일 수 있을 것 같아요. 거기다 거울 같은 것도 안 세워놔서 잘 안 보여요." "이거는 신호등 없는 도로인데…… 저기 저렇게 차가 있으면 좌우로 살펴질 못해서 차가 갑자기 오는 경우에는 피하지 못하고 다치는 경우가 있어요."

어린이는 안전 약자다. 안전 약자란 '사회를 구성하는 평균 능력의 사람 또는 계층보다 안전을 위협하는 위험으로부터 스스로를 보호하고 위험인자를 제거하는 능력이 떨어지거나, 재난 및 사고로부터 피해 보기 쉽거나, 받은 피해로부터 복구 행위가 어려운 사람 또는 계층'을 의미한다.[6]

어린이는 성인에 비해 눈높이(키)가 낮고 몸집도 작다. 시각·청각·지각력·순발력·상황판단력 등도 상대적으로 약하다. 반면 관심 대상에 대한 집중력·호기심·탐구력 그리고 모든 물체를 놀이의 수단으로 전환하는 능력 등은 성인보다 뛰어나다. 이 약점과 능력 때문에 어린이는 길 위의 안전에서 불리하다. 도로 환경은 성인과 자동차를 기준으로 설계돼 있다. 거기에 맞춰 어린이는 그들의 약점과 능력을 개선하거나 억누를 것을 강요받아왔다. 그게 지금까지의 어린이 교통안전 대책이었다.

문제가 진짜 어린이 쪽에만 있을까. 경기도 소재 7개 초등학교 인근 비신호등 횡단보도를 건너는 어린이들의 행태 1471건을 관찰·분석한 연구 결과를 보자.[7] 신호등이 없는 횡단보도를 건너는 것은 어린이에게 쉬운 일이 아니다. 좌우 차량의 진입 여부, 차량과의 거리, 차량 속도뿐 아니라 자신의 속력과 운전자의 눈치까지 예측하고 계산해야 하는 고난도 복합 과제이다.

연구자들은 관찰 지점을 두 부류로 나누었다. 사고가 자주 일어난 사고 다발 횡단보도와 사고가 일어나지 않은 무사고 횡단보도이다. 연구자들은 두 부류 지점들의 기하 구조 차이에 주목했다. 횡단보도의 위치·모양·면적에 따라 어린이의 횡단 전 주의 여부, 대기 지점 등에서 차이가 발견되었다. 아이들은 학교 출입문에서 횡단보도까지 직선거리가 멀수록 안전하게 보행하는 경향을 보였다. 학교 정문을 나서자마자 횡단보도가 보이면 '일단 직진'을 하는 경우가 많았던 것이다. 즉 아이들은 횡단보도 근처 보도의 폭이 넓을수록 일단 대기해 차량이 멈추길 기다렸지만, 반대로 횡단해야 하는 차도의 폭이 넓을수록 기다리지 않고 곧바로 횡단하는 비율이 높아졌다. 보도가 넓고 차도가 좁은 보행자 친화형 도로 환경이 어린이들의 안전 행동에도 긍정적 영향을 끼치는 것이다. 연구 보고서는 "이러한 어린이의 횡단 행태 특성에 대한 이해를 전제로 교통안전 대책 수립으로 이어지는 개념의 전환이 필요하다."라고 서술했다.

어린이가 도로에서 안전 약자인 이유가 또 하나 있다. 같은 사고를 당해도 어른보다 훨씬 더 아프고 위험하고 힘들다. 어린이를 도로 위 가해자로 묘사하는 반인권적 모바일 게임 '스쿨존을 뚫어라'에서는 달리던 자동차가 어린이 보행자와 부딪치면 자동차가 폭삭 찌그러진다. 어린이는 멀뚱멀뚱 서서 경찰에 체포되는 운전자를 바라보고 있다(게임 수정 전 버전). 현실은 반대다. 아이와 차가 부딪치면 차는 멀쩡해도 아이는 크게 다친다.

'역과사고' 가장 많은 어린이 교통사고

보행 교통사고로 응급실을 찾은 어린이 환자들을 조사한 결과에 따르면, 2015~2018년 전국 23개 병원 응급실을 방문한 전체 보행 교통사고 환자 3만 5976명 가운데 15%(5358명)가 만 12세 이하 어린이였다. 교통사고로 인한 부상 가운데 53.9%가 타박상 및 표재성(겉피부) 손상이었고, 골절과 내부 장기 손상도 각각 16.5%, 12.3%에 달했다. 다친 부위는 머리·목(38.7%)이 가장 많았다.[8]

김현종 일산백병원 응급의학과 교수는 보행 중 교통사고를 당해 응급실에 오는 어린이 환자의 특성을 이렇게 말한다.

"일반 승용차 범퍼가 어른에게는 대개 무릎 높이이지만 아이들에게는 가슴이나 얼굴 높이입니다. 얼굴·가슴·복부·골반 등 치명적 장기들이 많은 곳에 손상을 입을 가능성이 높죠. 아이는 또 어른보다 신체 비율상 머리가 큽니다. 넘어졌을 때 2차 손상이 머리 쪽에 많이 와요. 어른에 비해 몸속의 혈액량도 적고요. 동일한 양의 피를 흘려도 쇼크에 빠질 위험이 더 높은 거죠. 복부 내 장기가 손상되었을 경우 어디에서 어떻게 다쳤고 어디가 아픈지 상황 설명 능력이 부족하기 때문에 조기에 부상 부위를 찾아내기도 쉽지 않아요. 이런 이유로 어린이 교통사고 환자는 일단 발생하면 중증으로 갈 확률이 성인보다 높습니다. 초기에 빨리 회복시키지 않으면 응급실에서 굉장히 안 좋은 결과를 보는 경우들이 간혹 발생해요. 어린이 손상은 예방이 최선입니다."

또 어린이 보행 교통사고는 유난히 '충돌 후 역과', 그러니까 차량 바퀴가 보행자의 신체를 타고 넘는 사례가 많다. 작고 가벼워서 사고가 난 뒤에도 운전자가 인지하지 못하기 때문이다.

"진행 방향 기준으로 좌측에서 우측으로 도로를 횡단하는 보행자를 발견치 못하고 운전석 앞바퀴 부분으로 보행자를 1차 충격하고 재차 운전석 뒷바퀴 부분으로 보행자 목 부분을 역과하여 사망케 함.""차량의 진행 방향 우측에서 놀고 있던 보행자를 발견하지 못하고 차량의 우측 앞부분으로 일차 충격하고 이어서 도로에 넘어진 보행자의 안면부를 차량의 조수석 앞 바퀴로 역과하여 사망케 함.""어린이 보호구역의 신호등 없는 교차로에서 우회전 도중 우측에서 좌측으로 횡단보도를 건너던 피해자를 버스 우측 앞 측면으로 접촉하여 넘어트린 후 앞바퀴 부분으로 피해자의 머리 부분을 역과……." 이런 역과 교통사고는 단순 충돌에 비해 보행자의 두개골 골절, 심장 손상, 간 손상 등 내부 손상이 더 심하게 나타난다.[9]

어린이 교통사고 후유증은 성인들이 흔히 호소하는 '뒷목 당김' 수준을 넘는다. 성장 과정에서 몸과 마음에 상처를 남긴다. 경남 창원에 사는 신유진 씨는 지역 내 어린이들의 보행 안전을 돕는 녹색어머니회 활동에 참여하고 있다. 첫째 아이의 교통사고를 겪고 난 뒤부터였다. 학교 앞 횡단보도에서 난 사고였다. 목격자들은 아이가 5미터 정도 날아갔다고 했다. 다행히 병원에서는 큰 이상이 발견되지 않았다. 며칠 뒤 열이 났다. 다시 찾아간 병원에서 뇌출혈 진단을 받았다. 한 달간 입원하고 6개월간 경기驚氣를 막는 독한 약을 먹었다. 그래도 잘 치료하면 다 끝날 줄 알았는데, 다시 일상으로 돌아온 아이는 사고 전과 성격이 변해 있었다. 활달하고 친구 많

　　　　　　　　　　　울고 있는 아이에게 말을 걸면

던 아이가 말수를 잃고 새로운 관계와 환경에 힘들어했다. 어머니 유진 씨는 "아이와 내가 오랫동안 겪어온 이런 고통을 앞으로 다른 어떤 아이와 부모도 경험하지 않았으면 좋겠다."라고 말했다. 이런 고통, 혹은 이보다 더한 고통을 겪은 보행 교통사고 피해 어린이 수는 2007년부터 2020년까지 최소 7만 6482명이다.

초록불인데도
길 건너지 못하는 아이들

'민식이법' 이전에도 '운전자가 보행 어린이를 보호해야 한다'는 것은 법률로 명시된 시민의 의무였다. 도로교통법 제49조 1항 제2호는 다음과 같이 서술한다. "어린이가 보호자 없이 도로를 횡단할 때, 어린이가 도로에 앉아 있거나 서 있을 때 또는 어린이가 도로에서 놀이를 할 때 등 어린이에 대한 교통사고의 위험이 있는 것을 발견한 경우 모든 차 또는 노면 전차의 운전자는 일시정지해야 한다."

1995년 7월 1일 개정된 도로교통법에 어린이 보호구역 지정 및 관리 조항이 신설됐다. 1997년 8월 30일에는 "운전자는 어린이 보호구역에서 제한속도 등을 준수하고 어린이의 안전에 유의하면서 운행하여야 한다."라는 조항이 추가됐다. 2009년 12월 22일, 어린이 보호구역 내 안전 의무를 위반해 어린이에게 상해를 가한 경우 반드시 형사처벌을 받게 하도록 교통사고처리특례법이 개정됐다. 2010년 7월 23일 어린이 보호구역 제한속도가 시속 30킬로미터로 법률에 규정됐다.

울고 있는 아이에게 말을 걸면

국가와 운전자의 어린이 보행자 보호 의무는 이미 여러 법조문에 박혀 있었다. 많은 시민들이 크게 신경 쓰지 않았을 뿐이다. 그 '잊힌' 의무를 다시 강조한 것이 2019년 12월 24일 통과된 '도로교통법과 특정범죄가중처벌 등에 관한 법률(특가법)' 개정안, 이른바 '민식이법'이다. 도로교통법에 신설된 제12조 4항(지방경찰청 및 지방정부의 무인 교통단속용 장비 설치 의무화)과 5항(신호등, 안전 표지판, 과속방지턱, 미끄럼 방지 시설 등의 설치)은 국가의 책임이다. 특가법에 신설된 제5조의 13(어린이 보호구역에서 어린이 치사상의 가중처벌)은 운전자의 의무이다.

민식이법이 최선은 아니다. 지우석 경기연구원 북부연구센터 선임연구위원은 단속과 처벌 강화의 한계를 지적했다. "법조문 한두 줄 추가해 형량을 얼마간 높이는 방법은 국가 입장에서 가장 손쉽고 비용을 아끼는 해결책입니다. 안전 문제를 보행자와 운전자 문제로 떠넘기고 국가는 쏙 빠지는 것입니다." 지 연구위원은 덧붙였다. "돈과 시간을 들여 도로를 바꾸고 사람들의 인식을 전환시키는 게 가장 어렵지만 가장 최선의 방법입니다."

민식이법 입법 과정이 완벽하지도 않았다. 이제복 아동안전위원회 위원장은 "민식이법이 논란이 된 이유는 명확하다."라고 말했다. "국회에서 발의 이후 후속 논의가 이뤄진 게 없었어요. 전문가 의견을 반영하고 공론화하며 부작용과 허점을 막는 과정이 있어야 했는데 그것들이 전무한 상황에서 원안 그대로 통과돼버린 거죠. 정치인들이 이슈를 선점하려고 발의만 서둘렀어요. 사안의 중요성을 인식하지 못해 후속 논의에는 게을렀고요. 그 책임과 비난을 민식 군의 부모 같은 피해 아동의 유족이 감당하고 있어요. 이런 문제점들을 바로잡으려면 다시 국회가 나서야 합니다."

우리 사회가 아동을 대하는 민낯

민식이법이 꼭 필요할까? 어른들이 형벌의 두려움에 떨지 않아도 아이들이 안전한 사회가 가장 이상적인 세상이다. 그것이 가능하려면 운전자 다수가 스스로 어린이 보호의 가치와 필요성을 인식하고 행동해야 한다. 하지만 안타깝게도, 지금 한국의 현실과는 거리가 멀다. 민식이법 시행 이후 일부 통계만 들어보자. 인천에서 2021년 상반기에만 스쿨존 내 속도·신호 위반 건수가 14만 건이 넘었다. 강원도 태백경찰서가 한 초등학교 앞 삼거리 교차로에 고정식 과속단속 카메라를 설치·운영한 결과, 3개월간 태백 지역 등록 차량 대수 10대 중 4대에 해당하는 7601대가 제한속도를 넘겨 학교 앞 교차로를 달렸다. 행정안전부 자료에 따르면 2021년 6월 말부터 8월 말 사이 전국 스쿨존 불법 주정차 신고 건수는 11만 건에 달했다.

한국은 아직 길 위에서 사람의 안전보다 자동차의 흐름이 더 중요한 나라다. 2021년 봄, 경기도의 한 초등학교 등굣길에 한 노년 남성이 실버 일자리로 마련된 교통 지도 업무를 수행하고 있었다. 그 남성은 노란 깃발을 휘두르며 내내 아이들에게 화를 냈다. 차도와 보도가 구분되지 않은 이면도로 위의 아이들에게 "차 가게 빨리 비켜줘라."라며 호통을 쳤다. "애들 때문에 차들이 가지를 못해. 교

울고 있는 아이에게 말을 걸면

통 흐름을 방해한다고." 어린이가 차에 치여 사망한 장소 인근에서 만난 주민도 말했다. "이 길이 위험하긴 한데, 그래도 5030(일반도로는 시속 50킬로미터, 주택가·이면도로·스쿨존은 시속 30킬로미터 이하로 자동차의 속도를 제한하는 정책)은 너무 심하지 않아요? 차가 소달구지도 아니고……"

임재경 한국교통연구원 연구위원의 설명에 따르면, 한국 운전자들은 이제껏 차도 주변 환경을 고려하며 속도를 감각하고 통제해본 경험이 없다. "도시 간 고속도로든 도시 내 시내 도로든, 편도 2차로가 넘고 앞이 뚫려 있으면 당연히 시속 70킬로미터 이상으로 달려도 되는 줄 알고 운전해온 거죠. 유럽 등 교통 문화 선진국에서는 차도가 위치한 주변 환경에 따라 운전자의 속도와 태도가 달라져요. 사람들이 많이 다니는 곳은 차보다 보행자가 우선이고, 사람이 보이면 차가 서지 사람이 차의 눈치를 보며 멈칫하지 않아요. 민식이법 이후 운전자들이 스쿨존에서 갖게 된 긴장감과 경각심이 어쩌면 차도 옆 주변 환경을 인식하며 자신의 속도를 감각하는, 보행자 중심 교통 문화의 최초 경험일 수도 있습니다."

단순히 운전 문화, 도로 문화만의 문제가 아니다. 2019년 고 김민식 군의 부모와 함께 민식이법 제정을 촉구한 '정치하는엄마들'의 김정덕 활동가는 말했다. "아동이 처해 있는 상황이 이 모든 일의 시작인 것 같아요. 아동은 이 사회에서 시민이 아니에요. 투표권도 없고 의견을 낼 수도 없어요. 아동을 대변할 수 있는 사람은 그나마 양육자뿐이죠. 이들이 어쩌다 나서서 고군분투하면 사회는 그냥 가슴 아파하는 모습만 소비하다가 결국 지겹다며 그만하라고 헐뜯고 비난하고요. 씨랜드 참사 때도 세월호 참사 때도 그랬어요. 민식이법을 대하는 사람들을 보며, 대한민국에서 아동을 대하는 민낯을 마주해요. 이 사회의 가장 낮은 곳에 처해 있는 어린이들의 목소리에 우리가 얼마나 귀 기울이고 있는지 반성해야 해요."

울고 있는 아이에게 말을 걸면

시속 30km vs. 시속 50km

2021년 4월부터 시행된 '안전속도 5030'은 보행자 통행이 많은 도심 지역 일반도로는 시속 50킬로미터, 주택가 등 이면도로는 시속 30킬로미터까지 자동차의 속도를 제한하는 정책이다. 그런데 이 보행자 보호 정책이 많은 운전자들에게 비아냥과 조롱을 받았다. 당시 온라인상에서 많이 읽힌 기사 제목들만 봐도 알 수 있다.[10]

속도 제한의 기준은 왜 5030일까. 시속 50킬로미터와 시속 30킬로미터에는 각각 어떤 의미가 있을까. 2018년 한국교통안전공단은 세단형 승용차와 인체 모형으로 차량 속도별 충돌 실험을 했다. 시속 60킬로미터로 충돌하면 보행자의 사망 확률이 80% 이상, 중상 확률이 92.6%로 나타났다. 시속 50킬로미터에선 보행자 중상 가능성이 72.7%, 30킬로미터 이하면 15.4%까지 줄었다.

이 때문에 상당수 선진국은 도심의 차량 제한속도를 이미 50킬로미터 이하로 적용해왔다. 프랑스 파리는 2021년 8월부터 시내 대부분 도로의 제한속도를 시속 30킬로미터로 통일했다. 2021년이 되어서야 5030 정책을 시행한 우리나라의 2019년 인구 10만 명당 보행 중 사망자 수는 3.3명이다. 35개 경제협력개발기구OECD 회원국 평균 1.0명보다 3배 이상 많다.

2018년 한국교통안전공단의 충돌 실험은 보행자가 성인 남성일 경우를 가정하고 실시했다. 동일한 차량 속도에서 몸집이 작고 가벼운 어린이 보행자의 사망·중상 확률은 더 높아진다. 임재경 한국교통연구원 연구위원은 차량의 속도를 물체의 자유낙하 높이로 환산해 설명했다. "시속 30킬로미터 자동차와의 충돌은 사람이 3.5미터 높이에서, 시속 50킬로미터 차와의 충돌은 10미터 높이에서 떨어지는 충격과 같습니다. 즉 어린이가 걷는 주변 도로의 차량 속도가 시속 50킬로미터라는 것은 어린이에게 높이 10미터 낭떠러지 주변을 걷게 하는 것과 비슷한 거죠."

이런 위험을 감수하고 얻는 것은 운전자의 시간 단축이다. 얼마나 이득일까? 2021년 4월 경남도는 한국교통안전공단 경남본부 등과 차량 속도에 따른 주행 시간을 비교 조사했다. 출근(오전 7~9시), 퇴근(오후 5~7시), 야간(오후 9~10시) 시간대로 나눠 각 2회씩 3일간 총 17회를 택시 두 대가 제한속도 시속 60킬로미터와 50킬로미터로 같은 구간(7.5킬로미터)을 각각 달렸다. 그 결과 시속 60킬로미터 택시는 평균 22분 54초, 시속 50킬로미터 택시는 23분 34초 걸렸다. 40초 정도 빠르거나 느리다. 택시 요금은 18원 차이다.

국토교통부와 경찰청 등이 발표한 〈5030 시행 100일 성과 분석〉에 따르면 5030 정책이 적용된 지역의 보행 중 사망자 수는 139명으로 2020년 같은 기간 167명보다 16.8% 줄었다. 차량 평균 통행 속도는 시속 1킬로미터 낮아졌다.

미안하다 말하는
어른들도 있다

어린이 보행 교통사고가 일어난 장소를 취재하며 많은 어른들을 만났다. 그들은 주로 화를 내고 있었다. 사고 이후 자기 집과 가게 앞에 생긴 횡단보도, 어린이 보호구역 표지판, 인도 펜스 등을 가리키며 말했다. "저것들 때문에 다니기가 아~주 불편해졌어." "여기 원래 잠깐 차도 대고 유턴도 하고 그랬던 데야. 그래야 손님들이 자유롭게 다니고 우리도 장사를 할 수 있지. 왜 남의 장사를 방해해?"

사망 사고가 발생한 지점 주변의 어른들은 더 화가 나 있었다. (새로 도색한 스쿨존 노면을 가리키며) "바닥 시뻘겋게 칠해놓고…… 아주 보기 싫고 재수 없어 죽겠어." "아니, 애 하나 죽었다고 이렇게 어른들을 불편하게 해?" 어떤 어른은 보행로가 따로 없던 초등학교 앞에 임시로 설치해놓은 플라스틱 시선 유도봉 6개의 목을 날카로운 도구로 모두 잘라냈다. 어느 주민협의회는 '관내 어린이집 앞 도로가 어린이보호구역으로 지정될 수 있다'는 소식을 듣고 동네에서 어린이집들을 모두 몰아내자고 논의하기도 했다.

다행히도 모두가 그렇지는 않았다. 소수였지만, 어린이에게 미안해하는 어른도 있었다. "장사하는 입장에서 불편한 건 사실이지만 그게 아이들의 안전과 생명보다 중요한 건 아니니까요." "당연히 어른이 먼저 조심해야죠. 아이들은 우리가 해놓은 거 위에서 노는 거죠." 아이들 안전을 위해 기꺼이 자신의 자원을 내놓는 어른도 만났다. 성난 어른들의 목소리에 가려 잘 보이지 않지만, 길 위에 선 아이들에게 내미는 따스한 손들이 전국 구석구석에 숨어 있었다.

등굣길 보행로 만들어준 과일 가게 아저씨

2021년 여름 어느 날 아침, 전북 전주시 덕진구 한 도로에서 초등학생들이 차들 사이를 삐뚤삐뚤 지나갔다. 주택가와 아파트 단지가 혼재된 이 지역은 어린이 보행 교통사고가 잦은 곳이다. 학교 바로 앞 횡단보도에서 2019년에만 중상 사고 2건이 발생했다. 아이들이 많이 거주하는 아파트 단지에서 학교로 이어진 길에서도 2010년 이후 10여 건의 중·경상 사고가 났다. 그날 아침에도 어린이들은 도로 옆 주차된 차들 사이를 오가며 인도 없는 이면도로를 걸어 등교하고 있었다.

책가방을 멘 아이들 일부가 묘한 곳으로 총총 모여들었다. 한 단층 상가 건물의 중앙 통로였다. 과일 가게와 생선 가게 사이 조그맣게 뚫린 통로에 '○○초등학교 가는 길'이라는 문구가 적혀 있었다. 아이들은 그 길 덕분에 사고 다발 지점 여러 곳을 피해 학교에

갈 수 있었다. 학교나 지자체에서 마련한 길일까.

보행로를 만든 사람은 '과일 가게 아저씨' 박주현 씨였다. 그 묘한 건물의 건물주이기도 하다. 주현 씨는 이 건물을 지을 때 동네 아이들 보행로를 설계에 포함했다. "원래 주차장 자리였는데, 학교 가는 지름길이라 그런지 아이들이 이쪽으로 엄청 많이 다니더라고요. 상가를 지어 막아버리면 돌아서 가느라 더 위험해질 것 같았어요. 고민하다가 건물을 분할하고 중앙에 애들 길을 만들어주기로 했어요." 계산기를 두드려보지 않은 건 아니다. 20평 남짓한 상가 공간의 기회비용이 적지 않았다. 임대를 놓아도 월 100만 원, 1년 기준으로는 1200만 원 이상이다. 잠깐 고민하다가, 박씨는 동네 아이들이 안전해지는 길을 택하기로 했다. "아이들 싫어하는 사람은 없잖아요. 아이들 사고 하나라도 덜 나고 조금이라도 덜 다치면 좋죠."

주현 씨의 이야기를 보도한 뒤 상당한 반향이 일었다. 기사에서 일부러 상호와 주소를 특정하지 않았는데 누리꾼들은 기가 막히게 찾아냈다. 가게 이름과 위치를 공유하며 '과일 가게 사장님 돈쭐 내기'에 나섰다. 여러 방송사가 주현 씨를 찾아가 훈훈한 과일 가게 사장님의 선행을 알렸다. 어느 날 주현 씨에게 문자 메시지를 받았다. "큰일도 아닌데 좋게 봐주셔서 감사해요. 덕분에 TV 출연도 했어요." 주현 씨는 덧붙였다. "다른 분들도 동참해서 어린아이들이 좀 더 안전하게 등하교했으면 좋겠습니다."

메아리 없는 외침 같지만, 포기하지 않아

2021년 6월, 경기 부천시 도당동 한 커뮤니티 시설에 아이를 키우는 주민 여섯 명이 모였다. 고등학생 자녀를 둔 선배 학부모도 있고 올해 막 아이를 초등학교에 입학시킨 새내기 학부모도 있다. 저학년 학부모들은 차와 보행자가 뒤섞인 이면도로를 뚫고 자녀들을 초등학교와 유치원에 바래다준 뒤 진이 빠진 채 모임에 참석했다. "여기 길 한번 걷고 나면 너무 예민해져요. '얘들아 차 와!' '옆에 붙어!' '나오지 마!' 자꾸 애들한테 소리 지르게 돼요." 8세, 6세 두 아이 엄마 이은실 씨가 말하자 18세, 16세, 13세 자녀를 둔 홍승희 씨가 씁쓸하게 웃었다. "우리 애들 어릴 때도 그랬어요. 변한 게 하나도 없네요."

도당동은 수도권 도심지에서 흔히 볼 수 있는 다세대 주택가다. 차도와 보도가 분리돼 있지 않은 좁은 골목길을 자동차와 보행자가 서로 눈치를 살피며 통행해야 한다. 아이들이 주택가 중심에 위치한 초등학교를 오갈 때도 마찬가지다. 학교 바로 앞 직선거리 160여 미터를 제외하면 어린이 보호구역은커녕 인도도 없다. 아이들은 늘 주정차된 차를 피해 지그재그로 도로 위를 걷는다. 아이들뿐 아니라 노인 등 모든 보행 약자가 위험에 노출돼 있다.

이 문제를 공론화하기 위해 도당동 주민들은 짬짬이 시간을 내왔다. 현장과 지도를 뒤지며 문제점을 조사하고 다른 지역 사례 등을 참고해 대안을 모색했다. 어디에 어떤 안전장치를 설치하면 좋을지, 어디를 일방통행로로 지정하면 보행자와 차량 운전자가 모두

쾌적하게 다닐 수 있을지 등을 궁리해 안案을 만들었다. 그것을 들고 학교, 시청, 경찰서를 찾아가고 시의원들과 담당 공무원들을 만났다. 주민 191명에게 진정서에 서명을 받고 언론사에 제보하고 국민신문고에 건의문도 남겼다. 요구는 다음과 같다.

1. 차도와 보도를 분리하는 안심보행길 조성
2. 통학로 주변 교차로에 횡단보도 설치
3. 일부 구간 일방통행 지정
4. 이면도로 30킬로미터 제한속도 표지판과 과속 단속 카메라 설치
5. 현재 확보된 통학로에 안전 펜스 설치 및 지워진 보행로 재도색

이 가운데 단 하나도 쉽지 않았다. 관련 규정, 주변 상인들의 반대, 주차 공간 부족, 역민원 발생 가능성, "소관 부처가 아니라서 어렵다."라는 대답 등, 안 되는 이유가 차고 넘쳤다. 학부모 곽지현 씨는 지역 정치인과 행정기관들이 어린이 보행 안전 문제를 제기하는 주민들을 악성 민원인 정도로 취급하는 느낌을 받았다. "우리 관할이 아니라는 소리만 수십 번 들은 것 같아요. '정 원하면 직접 주민들 서명을 받아와라.' '민원 내용을 공문서 양식에 맞춰 써와라.'라고 돌려보냈고요. '그러니까 다들 아파트 사는 거죠.'라는 말까지 들었어요."

더 놀랍고 슬펐던 건, 이 모든 활동들이 예전에도 같은 지역에서 똑같이 시도된 적이 있다는 사실이었다. 이날 함께 모인 선배 학부모 홍승희 씨와 박근영 씨도 3년 전과 10년 전 통학로 문제를 개

선하기 위해 백방으로 뛰었다. 지금과 똑같이 문제점들을 조사하고 주민들 서명을 받고 관련 기관들을 찾아갔다. 주차 공간이 부족해 방법이 없다는 이야기를 듣고 관련 기관들을 설득해 마을에 공용 주차 공간 마련을 이끌어냈다. 그러고 나서야 아이들 등하굣길의 이면도로에 보행로 선을 하나 그을 수 있었다. 그게 전부였다. 그나마 시간이 흐른 뒤엔 추가로 조성된 주차장만 온전히 남았다. 이면도로의 보행로 선은 주정차된 차들에 여기저기 가리고 지워져 흔적만 희미하게 남아 있다. "매일 이 길로 아이를 통학시키면서 보행로가 있다는 사실조차 알지 못했어요. 그 점이 제일 화가 나요." 학부모 은실 씨가 말했다.

데자뷔 같은 이번 통학로 개선 활동도 아직까지 큰 성과를 이뤄내지 못했다. 3년 전 어렵게 얻어냈던 보행로 실선 위에 '주정차 금지' 현수막이 붙고 잠깐 단속이 강화된 게 그나마 성과다. 인근 구간을 아예 어린이 보호구역으로 지정하는 방안을 시청 쪽에서 먼저 이야기하기도 했지만 인근 상인들의 반발로 무산됐다. 하지만 문제를 해결해보기로 마음을 모은 학부모 여섯 명은 포기하지 않겠다고 했다. 이미 자녀가 졸업했거나 해당 통학로를 이용하지 않더라도, 여전히 문제라고 생각하기 때문이다. 다행히 아직 동네에 큰 사고가 나지 않았지만, 사고가 난 뒤 개선하면 늦는다.

"다른 데 보면 그렇더라고요. 사고가 나서 아이가 하나 죽어야 바뀌어요. 그러기 전에 어른들이 먼저 안전한 환경으로 바꾸어놓아야 한다고 생각해요."

울고 있는 아이에게 말을 걸면

모두가 행복해지는 방법을 찾는 사람들

2021년 봄, 경남 창원시 초등학교 여섯 곳 인근에 노란 조끼를 입은 사람들 무리가 여기저기 출몰했다. 통학로 개선 프로젝트 '그린로드' 참여자들이다. 이들은 학교 인근 도로 위 길이와 폭을 재고 사진을 찍었다. 지도를 살피고 통학로를 직접 걸어보며 조사서에 부지런히 기록을 남겼다. 기록들은 취합돼 학교, 교육청, 구청, 행정복지센터, 경찰서 등에 전달되었다. 초록우산 어린이재단 경남아동옹호센터가 아동권리 옹호 사업으로 처음 시작해 전국으로 확산된 '그린로드 대장정'은 창원에서만 3년째 이어졌다. 2019년부터 매해 6개 초등학교 인근 학생들이 오가는 통학로의 위험 요소를 조사해왔다. 해결 방안까지 담아 실제 이를 시행할 수 있는 관련 행정기관에 개선 요청서를 보냈다. 이후 학교 앞 건널목에 신호등이 생겼다. 고원식 횡단보도(과속방지턱과 같은 높이의 횡단보도)가 설치되고 어린이 안전 대기 장소를 의미하는 옐로카펫이 깔렸다. 내리막길에 우거져 보행자와 운전자의 시야를 가리던 큰 가로수가 제거되고 어린이보호구역 표지판이 눈에 잘 띄는 곳에 추가됐다.

그린로드는 단순히 교통안전시설을 개선하는 활동이 아니다. 2020년 그린로드에 참여한 기관은 초록우산과 창원시 초등학교 6곳을 포함해 모두 21곳이다. 시청, 시의회, 도의회, 교육청, 경찰서, 지역 언론사, 지역 대학, 녹색어머니회, 시민단체 등 어린이 통학로 개선에 관심 있고 실행력 있는 주체들이 다양하게 손을 보탰다. 네트워크가 가동되면서 '소관 부처가 아니라서', '실행 권한이 없어서',

'의견 수렴이 어려워서' 같은 핑계가 발목을 잡는 일도 줄어들었다. 하고자 하면 할 수 있는 일이 하나씩 늘어났다.

각 기관 간부들이 모여서 조끼를 입고 현수막 들고 사진 한 방 찍고 끝내는 일회성 캠페인과도 달랐다. 모두 함께 여러 차례 간담회와 현장 조사와 교육 활동을 거치며 실제 문제점을 공유하고 구체적인 해결 방안을 모색했다. 현장 조사에 참여한 인원만 매년 170여 명에 달한다. 자녀의 교통사고 기억을 아프게 갖고 있는 학부모 신유진 씨는 그린로드 활동에 참여하는 일 자체로 위로를 받고 희망을 느꼈다. "알고 보니 우리 아이가 사고를 당한 길이 워낙 위험해서 예전에도 개선을 위한 주민 서명을 받은 일이 있었다고 하더라고요. 그런데도 바뀌지 않았고요. 우리 아이가 사고를 당했고, 지금도 너무 위험한데 이대로 둬도 되는 건지, 정말 누군가와 함께 이야기하고 싶은 갈망이 내내 있었어요. 이런 이야기를 말하고 듣는 사람들이 있다는 것에서부터 변화가 시작되는 느낌이었어요."

김상부 초록우산 어린이재단 경남아동옹호센터 과장은 말했다. "통학로 개선 활동 중에 확실히 느끼게 되는 것은, 이 일을 절대 혼자 할 수 없다는 점이에요. 한 기관, 한 단체의 힘으로는 도로 표지판 하나 바꿔내기도 어렵습니다. 여러 주체들이 네트워크를 이뤄협력하고 연대하는 것이 반드시 필요해요."

그린로드는 또한 아동 눈높이 중심으로 이루어졌다. 각 초등학교 학생들이 통학로 현장 조사단의 가장 핵심적인 일원이었다. 학생들은 성인의 눈으로는 보이지 않는 어린이 시각에서 길 위의 위험 요소들을 발견하고 보고했다. 눈에 잘 띄라고 깔아놓은 보행로 포장이 비가 오는 날에는 미끄러워서 도리어 위험하다거나, 정문보다 문 방구가 위치한 후문 쪽이 사실 학생들이 더 많이 다니고 선호하는 동선인데 안전장치는 정문 앞에만 잔뜩 깔려 있다는 것 등은 직접 그 길을 걷는 아이들이 아니면 쉽게 알아채기 어려운 문제점이다.

학생들은 현장 조사 전후 교통안전 교육을 받았다. 이전의 보행 자 안전 '의무' 교육을 넘은, 보행자 안전 '권리' 교육이었다. 아동은 누구나 사고 위험 없는 안전한 길을 걸을 권리가 있다는 사실을 주 지하고 나서 길 위에 나선 학생들은 이전보다 훨씬 더 많은 통학로 의 문제점을 발견해냈다.

민간이 다 합심해도 행정기관이 꿈쩍 않으면 소용이 없다. 대부 분의 지역에선 이 단계에서 막혔다. 관료 사회는 대개 공문서로 오 가는 결재와 구체적인 예산안으로만 움직인다. 외부의 요청과 제 안, 아이디어가 아무리 합당해도 실행으로 이어지지 못하고 그냥 흘러가고 마는 경우가 허다하다. 예외는 있다. 진심이 통하는 정치 인과 공무원을 만났을 때다. 그린로드 활동가들이 이옥선 경남도의 회 의원과 정계영 창원시 마산합포구 경제교통과 계장을 만났을 때 가 그랬다. 현장 조사와 간담회 등에 적극적으로 참여하고, 주민들 의 이해관계를 직접 조율하고, 관련 규정과 예산안에 얽매이지 않 고 어떻게든 '일이 되게끔' 추진하는 공무원과 지역 정치인의 모습 에 네트워크는 더 끈끈하고 풍부해졌다.

정계영 계장은 말했다. "사실 지자체 교통과에서 스쿨존 등 어 린이 보호 업무는 가장 기피 대상입니다. 예산은 적고 민원은 많아 다들 도망가고 싶어 하지요." 그는 왜 도망가지 않았을까. "애들이니까요. 아이들 안전과 관련된 문제잖아요. 우리 애들이 어릴 때도 생각해봤죠. '맞구나, 이건 해야 할 일이구나.'라고 느꼈습니다." 정 계장은 도로 환경을 안전하게 바꾸고 나서 꼭 다시 현장을 방문한다. "원래 아이들이 오가는 모습을 보고 있으면 가슴이 섬찟섬찟하던 곳들이었어요. 개선하고 나서 그 장면들이 더 이상 보이지 않을 때 보람을 느낍니다." 그는 지자체의 어린이 보행 안전 사업이 사고가 이미 발생한 곳을 정비하는 수준을 넘어서야 한다고 말했다. "기존 사고 장소에서 사고가 다시 안 나게 하는 것만큼 사고가 안 난 곳을 더 안전하게 만드는 일도 중요합니다. 그곳에서도 언젠가는 사고가 날 수 있거든요."

마음만으로 부족할 때도 있다. 그린로드 활동 중 만난 한 주민은 동네 아이들이 학교를 오갈 때 인도가 없어 차도 옆을 걷는다는 이야기를 듣고 자기 땅을 내놓겠다고 했다. 자신의 소유지 일부를 인도로 만들어 학생들이 안전하게 다닐 수 있도록 사용권을 허락하겠다는 것이다. 하지만 이 통 큰 기부는 실현되지 못했다. 공공 도로가 아니고 사유지이기 때문에 만약 그 자리에서 어떤 사고가 발생하면 땅 주인이 책임을 지게끔 되어 있는 관련 규정의 벽에 가로막혔다.

주차장 문제도 마찬가지다. 골목길 아이들의 시야를 가리는 주정차 차량들을 없애기 위해 인근에 주차장을 만들자는 의견에 반대할 사람은 거의 없다. 하지만 실제 이뤄지기는 매우 어렵다. 이옥선 경남도의회 의원은 말했다. "구도심 주차 문제를 해결하기 위해 빈집 등을 활용하는 정책들이 이미 조례로 다 만들어져 있어요. 5년 동안 주차장 부지를 제공하면 소유자에게 재산세를 감면해주는 식으로요. 문제는 나대지보다 건축물에 부과되는 세금이 더 낮다는 거예요. 감면 정도도 다르니 땅 소유자들은 아무리 건축물이 비어도 나대지로 내놓질 않아요. 지자체에서 이런 땅들을 매입하려 해도 보상 협의가 쉽지 않고요. 차 한 대 댈 수 있는 주차장 한 면당 예산이 1억 원씩 든다는 이야기가 나올 정도예요."

가장 어려운 건 아이들과 함께 길을 사용하는 인근 상인들과 조율하고 협력하는 일이다. 전체적으로 경기가 침체되고 코로나19 이후 더더욱 어려움이 가중되면서 지역 상인들은 가게 앞에 신설되는 보행 안전장치와 규정들이 더욱 원망스럽다. 정계영 계장은 말했다. "스쿨존으로 지정되면 주정차가 어렵고 손님들 동선이 제한돼 주위 상권이 죽는다는 인식 때문에 상인들 반발이 아주 큽니다. 어린이보호구역 업무 중에서 이 부분이 가장 어려워요."

하지만 모두가 더 행복해지는 방법이 어디엔가 있을 것이다. 2021년 8월 창원시 마산합포구 현동초등학교 주위에서 스쿨존 실태를 점검하던 그린로드 관계자들 앞에 부동산 대표 등 인근 상인들이 나타나 말을 건넸다. "장사하는 사람들도 아예 스쿨존을 반대하는 건 아닙니다. 다만 같이 상생할 수 있는 방안을 고민해주십시오." 그 자리에서 아이디어가 여럿 나왔다. 스쿨존 내 위치한 상가 건물 앞에 안전하고도 효율적인 드롭존(잠시 차가 주정차해서 사람과 물건을 내릴 수 있는 곳)을 만들고 그 위에 지붕도 설치해 비오는 날에도 편리하게 이용할 수 있게 하면 어떻겠느냐는 제안도 그중 하나다. 어른들이 이렇게 머리를 맞대는 한 아이들은 조금씩 더욱 안전해질 것이다.

이제 어른들이 답할 차례

어린이들은 이미 안전해질 준비가 되어 있다. 불편하고 걸리적거리는 스쿨존 앞에서 화내고 원망하는 어른들과 달리, 아이들은 위험한 통학로를 둘러보고 난 뒤 소감문에 약속과 다짐의 말을 적었다. "우리는 횡단보도를 건널 때 주위를 살피고 안전하게 건너겠습니다." "길에서 장난치지 않고, 조심해서 다니겠습니다." "휴대전화를 보며 횡단보도를 건너지 않겠습니다." "신호등에 남은 시간이 10초 미만이면 횡단보도를 건너지 않겠습니다." "어른이 되어서 운전을 하게 된다면, 신호를 지키고 불법 주차를 하지 않을 것입니다."

그리고 아이들은 이렇게 요구했다. "횡단보도에서는 사람이 먼저니까 우리가 건널 때 빨리 달리지 말아주세요." "자동차를 타고 다니면서 신호와 속도를 위반하지 말아주세요." "불법 주차 때문에 많은 아이들이 사고를 당하고 있어요. 불법 주차를 그만해주세요." "우리가 횡단보도를 건너고 있을 때는 제발 지나가지 말아주세요." "우리의 의견을 듣는 데 그치지 말고, 진짜 개선이 되었으면 좋겠어요." "우리도 힘이 되고 도움을 줄 테니 어른들도 많은 노력을 해주세요. 우리도 노력하겠습니다."(2020년 창원시 '그린로드' 학생 활동지에서 발췌). 이제 어른들이 답할 차례다.

그러니까,
아이들을 죽이지 말자는 이야기다

어린 시절 아주 작은 교통사고를 당했다. 물웅덩이가 보이면 일부러 골라 밟던 시절이었으니까 열 살이 채 안 되었을 때려나. 친구와 재미난 놀이를 하며 의성 읍내를 걸었다. 좁은 틈새란 틈새는 모조리 찾아서 '틈새로만 다니기!'라는 놀이였는데 차와 차 사이, 차와 벽 사이, 사람과 차 사이 어디든 무조건 최대한 좁은 곳을 찾아서 지나가는 미션이었다.

봉고차인가 트럭인가가 가게 건물 담벼락과 아주 가깝게 붙어 있었다. '오호, 저기도 아주 좋은 좁은 틈새군.' 두 팔을 앞으로 오므리며 자동차 옆을 지나던 찰나였다. 뭔가 우르릉 소리가 나더니 턱! 하고 뭐가 뒤통수를 때렸다. 그 순간 정신을 잃었다.

일어나 보니 어떤 아저씨의 품에 안겨 있었다. "야야, 야야, 정신 드나?" 주변을 둘러보니 어떤 할머니, 아주머니, 나보다 어린 남자아이가 매우 걱정스러운 눈빛으로 나를 쳐다보고 있었다. 할머니가 '스뎅' 국그릇에 담긴 물을 건네주며 말했다. "야야, 이거 마셔봐라,

찬 거 마시고 정신 채리 봐라."

후진하던 차 백미러에 뒤통수를 부딪혀 쓰러졌던 것 같다. 운전자가 바로 그 가게 사장님이었던 것 같고, 아마도 후진하다 뭔 소리가 나서 차에서 내려보니 웬 혼절한 여자 꼬맹이를 발견했겠고, 놀라서 안고 자기 가게 안으로 들어갔겠지. 그 가게가 쌀집이었던가 정미소였던가 참기름집이었던가⋯⋯. 가물가물하지만 확실히 기억나는 장면이 하나 있다. 정신이 혼미해 계속 누워 있었는데 그 가겟집 꼬마 남자아이가 새하얀 '팡파레' 아이스크림을 내밀며 말했던 순간이다. "누나야, 이거 먹어라."

뒤통수가 얼얼하건 말건 정신없이 그 달콤한 팡파레를 핥아 먹었고, 그 이후 할머니랑 아주머니가 나를 집까지 데려다줬던가 했던 것 같지만 기억이 희미하다.

집에 온 내 뒤통수를 보고 어머니는 놀라서 화를 냈을 테고, 아마 내가 "어⋯⋯. 차에 부딪쳤는데 그냥 찬물 마시래서 마시고 나서 (팡파레 먹었다는 건 왠지 혼날 것 같아서 일부러 빼먹었다) 집에 왔는데?"라고 말했던 듯싶다. 그 이후 어른들 간의 일은 어찌 됐는지 잘 모르겠지만, 또 하나 꽤나 선명하게 기억나는 기억이 있다. 며칠 뒤 그 가게 사장님이 우리 집 (아궁이 같은 게 있던)부엌에 와서 허리를 120도 꺾고 "죄송합니다. 죄송합니다." 하며 빌던 장면이다.

엄마는 이제껏 한 번도 본 적 없던, 타인에게 화나고 뻣뻣한 태도였고, 그 아저씨는 대체 무슨 일인지 머리를 조아리며 계속 "죄송합니다."를 연발했다. '아니, 내가 차 옆을 지나다가 사고가 난 건데 아저씨는 잘못 없는데⋯⋯.'라고 어린 마음에 생각했다. 아저씨가

울고 있는 아이에게 말을 걸면

두 손을 내밀어 엄마에게 연고 몇 개를 건넸고, 엄마가 여러 날 내 뒤통수에 그 연고를 발라주던 기억도 난다.

다 커서 생각해보니, '어라? 이거 어린이 보행 교통사고 뺑소니 아냐?' 했다. 지금 같으면 난리가 날 일이었다. 옛날이기도 했고, 시골이기도 했고, 아직 이웃 간의 정 같은 게 남아 있는 동네이기도 했으니 그럭저럭 사과 방문과 연고 정도로 지나갔던 것 같다. 하지만 결정적으로 다른 것은, 어른들의 미안해하는 마음이라고 생각한다.

분쟁과 논란 속에 지워진 '미안한 마음'

2021년이었다면 과연 그 아저씨가 사과를 했을까. 엄마는 그저 속상해하고 말았을까. 아마도 분쟁이 일어났을 것이다. "왜 애 머리를 백미러로 쳤느냐." "아니다, 애가 지가 다가와서 박았다." "다친 애를 물만 먹여서 집에 보내느냐." "아니다, 지가 가겠다고 했다."

합의금 어쩌고 소송 어쩌고 하다가 나는 블랙박스에 찍혀 유튜브 '한문철TV' 같은 데 제보됐을 것이다. 일부러 차 틈새를 골라 다니며 사고를 유발하는, 일명 '민식이법 놀이'로 운전자를 위협하는 천하의 무도한 '초라니!' 모자이크된 내 얼굴을 보고 수많은 사람들이 "저런 애는 깔아뭉개서 아주 박살을 내줘." 이런 끔찍한 댓글을 달아놓았겠지. 그리고 엄마는 자식을 혼자 길거리에 나다니게 방임해놓고, 아이스크림도 얻어먹고 아프다고 얘기하지도 않는 아이를 내세워 운전자에게 갑질하는 맘충 레전드! 가루가 되도록 빻이다가 아마 신상도 털렸겠지. 엄마 아빠도 고통받고 나도 친구들에게 손가락질 당했겠지. 말도 안 되는 가정이 아니다. 지금 진짜 실제로 일어나고 있는 일이다.

오늘날 교통사고는 사람과 사람 사이의 일이 아니게 되어버렸다. 차로 사람을 쳐도, 다쳐도, 아파도, 죽어도, 심지어 그 피해자가 어린아이여도 그것은 몇 대 몇 과실의 비율을 재는 저울 위로 올라가는 '공방'과 '논란', '분쟁'이 되어버렸다. 그 속에서 특히나 가장 싹싹 지워져버린 것은 '미안한 마음'이다. 아이가 아무리 철없이 다녔어도, 운전자가 아무리 봐도 볼 수 없는 사각지대였어도, 정말 정말 어쩔 수 없이 발생한 운 나쁜 사고였어도, 몇 톤짜리 쇳덩어리가 몸무게 15킬로그램도 안 되는 여리고 작은 아이의 몸뚱이를 충격해서 상처를 남겼을 땐. 미안해야 한다. 어른이 먼저. 운전자가 먼저.

그게 그렇게 억울해서 길 위의 아이들에게 악담을 퍼붓고 조롱하고, 심지어 죽은 아이와 남은 유가족을 온라인 공간에서 두 번 세 번 더 죽이는 적지 않은 어른들을 보면서, 사실은 해답을 찾는 마음보다는 분노하는 마음으로 어린이 교통사고 취재를 이어나갔다. 다만 분노는 내 안에만 머무르게끔, 대신 더 많은 현장과 데이터와 팩트들이 콘텐츠를 꽉꽉 채우게끔 노력했다.

아주 작은 교통사고라고 말했다. 내가 겪은 것은. 한동안 부은 뒤통수 때문에 똑바로 못 누워 잤던 것 같지만, 지금 내가 그 경험을 팡파레의 추억 같은 것으로 회상할 수 있는 이유는 나를 쳐다보던 그 운전자 가족의 걱정스런 눈빛을 기억하기 때문이다. 팡파레를 핥아 먹는 나를 보며 꿀떡 침을 삼키면서도 "누나야, 괜찮나?" 연

울고 있는 아이에게 말을 걸면

신 물어대던 꼬마 남자애부터 우리 집 부엌 아궁이 앞에서 허리를 굽혀 사죄하던 아저씨까지……

그리고 무엇보다, 내가 살아남았기 때문이다. 안 죽었기 때문이다. 어린이 보행 교통사고를 취재하다가 알게 됐다. 어린이는 정말 쉽게 죽을 수 있다. 살짝만 부딪쳐도 조금만 속도가 높아도 아이는 말도 안 되게 높은 확률로 잘 죽거나 크게 다친다. 그 높은 위험 확률을 뚫고 아주 낮은 운의 확률로 그때 죽지 않고 조금 다치기만 했었다는 걸, 뒤늦게야 알았다.

그러니까 길 위의 어린이를 보호하자는 이야기는 어른들 것 손해 보고 애들 버르장머리를 나쁘게 두자는 말이 아니다. 아이를 죽이지 말자는 이야기다. 그 당연한 이야기를 전략적이고 설득력 있게 전달하기 위해 수개월 동안 자료를 모으고 현장을 다니면서 마음이 서글퍼질 때가 많았다. '당연한 걸 왜 설득해야 할까.' 그래도 기운을 내어, 다시 한번 힘주어 말하고 싶다.

아이들을 보호하자. 아이들을 죽이지 말자.

4장

인권 사각지대에
놓인 아이들

'구독'되는 아이의 삶,
'구속'되는 아이의 인권

최근 몇 년 사이 유튜브는 전 세계 어린이들의 거대한 성장 일기장이 되었다. 부모의 사진첩에 간직되던 아이의 유년기는 이제 전 세계 20억 명, 국내 4300만 명 이용자 눈앞에 공유된다. 수많은 시청자가 그들의 삶을 재생하고 '좋아요'를 누르고 구독하는 동안 몇몇 아이는 스타가 되었다. 키즈 크리에이터가 초등학생 장래 희망 1순위를 차지하고 동네 문화센터에 키즈 유튜브 강좌가 생겼다.

아이들이 유튜브 스타 그 자체를 선망한다면 어른들은 유튜브 스타가 벌어들인 수익에 더 관심이 많다. 2019년 국내 한 어린이 유튜브 채널이 벌어들인 돈이 구체적인 숫자로 알려졌다. 키즈 유튜브는 어른들 사이에서 일종의 '재테크' 키워드로 등극했다. 도대체 얼마를 벌었을지, 그 부모가 산 건물은 얼마짜리인지, 수익은 아이 몫일지 부모 몫일지, 내 아이도 혹시 스타가 될 수 있을지……. 숱한 사람들이 계산기를 두드렸다. 그사이 진짜 중요한 질문이 묻혀버렸다. 바로 유튜브에 등장하는 아이들의 안전·행복·권리에 관한 질문이다.

서울시 한 카페에서 만난 열한 살 초등학생 루나는 아빠가 들고 있는 스마트폰을 향해 손을 흔들었다. "그럼 여러분, 재밌었으면 '구독'과 '좋아요' 꾹꾹 눌러주세요!" 어제 촬영한 '오락실 인형 뽑기' 영상에 붙일 마무리 멘트 장면이다. 감기 기운에 처져 있던 루나는 녹화 버튼이 켜지자 금세 쾌활해졌다. 영상은 아빠의 도움으로 편집을 거쳐 곧 유튜브 채널에 업로드될 것이다.

루나가 유튜브 크리에이터로 활동한 지는 2년쯤 됐다. 학교 친구가 유튜브에 자기가 찍은 영상을 올려 '좋아요'를 세 개 받고 구독자를 두 명 모았다고 자랑했다. "나도 해볼래." 루나의 요청을 영상·IT 분야에 능숙한 아빠가 들어줬다. '아빠와 딸의 즐거운 놀이 공간'으로 콘셉트를 잡고 '마인크래프트' 게임 같이 하기, 계곡에서 아이스크림 먹기, 킥보드 타고 키즈 카페 가기 같은 소소한 놀이 일상을 영상으로 찍어 올렸다. 2018~2019년 동안 업로드한 동영상은 모두 500여 개, 어느새 루나는 길 가다 알아보는 사람이 있을 정도로 인기 키즈 크리에이터가 되었다.

울고 있는 아이 모습에 어른들은 낄낄

루나뿐 아니라 다른 많은 아이들이 자발적인 놀이로 유튜브 채널을 시작한다. "만우절이라고 네이버 웹툰 그림이 바뀐 게 신기해서 그걸 유튜브에 올렸어요."(초6·여) "그림 그리는 거를 녹화해서 배속

필터로 빠르게 돌리고 노래 넣고 해서 올려요."(초6·여) "농구 경기 분석한 영상을 올려요."(초6·남)[1] 전문 지식이나 영상 기술 없이도 요즘 아이들은 자기의 관심사와 일상을 영상에 담아 유튜브를 통해 드러내는 데 거리낌이 없다.

다만 유튜브 놀이에는 특별한 위험이 도사리고 있다. 첫 번째가 개인정보 노출이다. 어린이 유튜버들의 영상을 보면 아이의 실명, 거주지, 소속 학교, 생년월일 등을 어렵지 않게 알아낼 수 있다. 학교 반·번호·이름이 적힌 학용품, 주소를 유추할 수 있는 촬영 공간, 소속을 드러내는 교복과 명찰 등을 통해 아이는 불특정 다수 앞에서 '특정'되어버린다.

딸과 함께 키즈 유튜브 채널을 운영하는 송태민 씨는 "'어느 동네인지 다 알아냈어요.'라는 댓글을 보고 섬뜩한 적이 있다. 그 후부터는 영상을 찍을 때 일부러 다른 동네에서 찍고 거주지를 노출하지 않으려 애쓴다."라고 말했다. 그러나 아직까지 그런 위험을 간과하는 부모가 많다. 아이의 입학식, 졸업식, 운동회는 물론이고 등굣길, 하굣길을 '밀착 중계'하면서 아이의 정보를 노출하는 부모도 있다. '책상 털기', '일기장 털기'처럼 아이의 내밀한 사생활을 유튜브 콘텐츠 소재로 삼기도 한다.

'누구나 스타가 될 수 있다.'는 유튜브의 가능성도 때로 아이들에게 독이 된다. '뼈 때리는 아재'라는 정보 공유 유튜브 채널을 운영하는 호야토크(유튜브 별명·37)는 원래 키즈 콘텐츠로 유튜브 활동을 시작하려 했다. '키즈 채널이 돈이 된다.'는 소문에 부모들이 자기 아이 영상을 유튜브에 우후죽순 올리던 시기였다. 호야토크도 컴

퓨터 하드를 뒤져 세 살 아들의 귀여운 영상을 찾다가, 조금 욕심이 생겼다. "솔직히 돈을 벌고 싶었다." 당시 영화 〈보헤미안 랩소디〉가 인기였다. 아들에게 청바지와 러닝셔츠를 입히고 수염 소품을 사서 아이 코밑에 갖다 댔다. 까칠하다며 고개를 젓는 아이를 붙잡고 실랑이를 벌이다가 그는 '아차' 했다. "내가 지금 무슨 짓을 하고 있나 싶었어요. 유튜브로 돈을 벌고 싶으면 차라리 나를 팔든지 해야지 이건 하지 말아야겠다고 결심했어요."

'놀면서 찍은 영상'이라며 올라온 영상일지라도 아이들이 정말로 노는 것인지, 노는 흉내를 내는 것인지 구별하기 힘들다. 키즈 유튜버들의 놀이 종류를 분류해보면 막상 다양하지 않다. 먹방, 인형 뽑기, 동생 돌보기, 엄마 몰래 ○○하기, 몰카 시리즈 등 몇몇 대형 키즈 채널에서 '터진'(히트 친) 놀이 소재와 형식을 그대로 답습한다. 어른이 짜놓은 극본과 대사를 외우며 노는 흉내만 내는 경우도 허다하다.

아이보다 시청자의 재미를 위한 놀이도 많다. 아이가 아빠 지갑에서 돈을 훔치고, 도로에서 자동차를 운전하고, 강도로 분장한 아빠가 엄마를 잡아가겠다며 아이를 울리는 영상들이 아동학대 혐의로 고발당하고 사회적 비난을 받은 이후에도 상황은 크게 달라지지 않았다. 아이 물건을 몰래 숨겨놓아서 울리고, 뀌지 않은 방귀를 뀌었다고 놀려서 울리고, 매운 불닭볶음면과 신 레몬사탕을 먹여 아이를 울리는 영상들이 여전히 유튜브에 올라오고 인기를 끈다. 속상하고 토라져서 "하지 마." "찍지 마."라며 고개를 파묻는 아이의 모습 옆에는 "ㅋㅋㅋㅋ" 자막이 붙고 영상 밑에는 "우는 모습도 귀여워." 같은 댓글이 달린다.

자녀 감금한 키즈 유튜브 채널 운영자

이 모든 찜찜함에도 불구하고 사람들이 깊은 생각 없이 아동이 출
연하는 유튜브 영상을 감상하는 이유가 하나 있다. 바로 그 영상의
기획·제작자가 대개 아이의 부모라는 사실이다. 누구보다 그 아이
를 아끼고 사랑할 게 분명한 부모가 허용하고 주도한 것이니 아이
의 삶에도 무해할 것이라는 믿음이다. 그 안전장치는 때로 덫이 된
다. 아이는 싫어도 '부모라서' 더 표현하기 어렵다. 박영의 세이브더
칠드런 미디어커뮤니케이션부 부장은 "아이가 부모에게 실망을 주
지 않기 위해, 혹은 부모의 기대에 부응하기 위해 힘들거나 하기 싫
은 촬영이라도 괜찮다고 말하는 건 아닌지 주의 깊게 살필 필요가
있다."라고 말했다.

'가정'이라는 촬영 환경은 아이를 보호하는 울타리인 동시에 제
삼자의 감시를 막는 고립망이다. 아동·청소년 연기자 노동 인권 개
선 운동을 벌이는 한빛미디어노동인권센터의 진재연 사무국장은
말했다. "아동 유튜브는 사적 영역이라고 인식되는 가정 내에서 촬
영이 이루어지기에 오히려 드라마 등 방송 촬영보다 인권 문제가
공론화되기 더 어려운 조건이 될 수 있을 것 같습니다."

실제 2019년에는 미국의 한 인기 키즈 유튜브 채널 운영자가 입
양 자녀 7명을 학대한 혐의로 경찰에 체포되기도 했다. 80만여 명

이 구독한 이 채널 속에서 아이들은 슈퍼히어로의 모험을 떠나고 여러 가지 게임을 즐기며 놀았다. 카메라 뒤 아이들 삶은 참혹했다. 아이들은 집에 감금돼 학교도 다니지 못했다. 운영자인 엄마는 아이들이 지시대로 영상을 찍지 않으면 때리고 굶기고 화장실 입구를 막고 성기에 후추를 뿌렸다.

위험에 노출된 아이들이 발견되면서 아동권리 옹호 기관이 나서기 시작했다. 국내에서는 세이브더칠드런이 2019년부터 아동 유튜버 권리 보호를 위한 '아이가 행복한 유튜브' 캠페인을 시작했다. 관련 토론회를 열고 텔레비전에 광고도 내보냈다. "영상을 잘 뽑는 것보다 안전이 우선입니다." "아이에게도 사생활이 있고, 초상권은 보호되어야 합니다." 등의 내용을 담은 유튜브 촬영 가이드라인을 만들어 배포하고, 취지에 공감하는 키즈 유튜브 채널이 캠페인에 자발적으로 참여할 수 있는 프로그램도 마련했다.

아이들의 삶은 사고팔아도 되는 상품인가?

유튜브도 손을 놓고 있지는 않았다. 2019년 상반기 유튜브는 아동 보호 정책을 위반한 15만 2011개 채널을 폐쇄하고 156만 3886개 동영상을 삭제했다. 유튜브 측은 "미성년자가 등장하는 동영상 중 약탈적 행위에 노출될 가능성이 있는 동영상의 댓글 기능 사용을 중지했고, 어린 미성년자의 단독 라이브 스트리밍을 제한했으며, 위험 수위의 경계에 있는 콘텐츠에 대한 추천 제한 등 미성년자와 가족을 보호하기 위한 정책을 계속해서 업데이트 중이다."라고 밝혔다. 2020년 1월부터 유튜브는 어린이 시청자를 대상으로 한 키즈 콘텐츠에 개인 맞춤 광고(사용자의 과거 구글 제품 및 서비스 사용 데이터를 토대로 사용자를 설정하는 광고)가 더 이상 붙지 않게 하는 정책을 전격 시행했다. 아동이 출연하는 영상을 포함한 모든 키즈 콘텐츠의 유튜브 광고 수익이 급감할 수밖에 없다. 그만큼 아동 유튜버 인권 침해의 위험도 낮아진다.

수익 급감으로 키즈 유튜브 전성시대가 막을 내리면 모든 문제가 사라질까? 문제의 싹은 이미 틔어 있었고 유튜브라는 플랫폼을 떠나도 계속 자랄 토양이 충분하다. 유튜브가 뜨기 이전에도 각종 SNS 공간에서 '셰어런팅sharenting'(부모가 아이의 일상을 기록하고 온라인으로 공유하는 현상을 나타낸 신조어) 위험이 이미 쌓이고 있었다. 거기에 유튜브가 추가로 얹은 위험은, 평범한 아이들의 일상이 큰 수익을 내는 하나의 '상품'이 되는 장면을 전 세계 사람들의 눈앞에 적나라하게 보여주었다는 점이다. 김아미 경기도교육연구원 부교육위원은 말했다. "부모는 '우리도 한번 해볼까?' 생각하게 된 거죠. 시청자들은 '어차피 그 사람들도 돈 벌려고 하는 건데 내가 어떻게 보든 무슨 상관이야.' 식의 소비 양상으로 아이들의 삶을 바라보게 되었고요."

제충만 아동권리옹호 활동가는 "유튜브 아동인권 문제를 제대로 바라보기 위해서는 유튜브 밖으로 벗어나 질문을 확장할 필요가 있다."라고 말했다. 확장된 질문은 다음과 같다. "아이의 귀여움은 사고팔아도 되는 대상인가? 아이의 유년기를 부모가 어느 정도까지 결정할 권리가 있는가? 아이들의 유년기를 우리 사회가 어떻게 지킬 것인가?" 제 활동가는 또 물었다. "그 대상이 만약 성인이라면 어떨까요? 지금 아이들에게 그러하듯 일거수일투족을 담아 온라인 공간에서 마음껏 공개하고 펴 나를 수 있을까요?"

유튜브 속 아동인권 문제의 씨앗은 우리 사회 전반에서 아동이 가진 권리와 처한 위치에서 자라났을지도 모른다. 많은 경우 부모 의 권한으로, 아이가 의사 표현에 서툴러서, 혹은 아이가 원한다 해 도 그것의 의미와 영향을 잘 모르는 채로 아이의 삶이 '구독'되고 있다. 아이를 한 사람의 온전한 권리 주체로 인식하지 않는 우리 사 회 인식이 이 현상의 토양일 것이다.

키즈 유튜브 '먹방'과 '몰카'가
아동노동인 이유

아동복지학을 전공하는 대학생 김민선 씨는 인터넷에서 어떤 아기가 등장하는 영상을 하나 보았다. 아기는 자지러지게 울고 있었다. 휴대전화 화면 속에서 말horse로 변해버린 보호자의 얼굴을 보고 나서였다. SNS에서 유행하는 '필터' 놀이 영상이다. 공포에 질려 우는 아이와 그를 보고 웃는 보호자의 모습이 온라인에 업로드됐다. 시청자들도 우는 아이를 보고 웃었다. "ㅋㅋㅋ 완전 귀엽다." "아, 난 아기가 없어서 못 해보겠네."

민선 씨는 이 영상과 반응들(똑같은 내용의 영상이 세계적으로 유행했다)이 내내 마음에 남았다. "너무 가혹하다는 생각이 들었어요. 많은 이들이 사람의 고통을 보고 좋아하는 거잖아요. 아동을 사람이 아니라 그냥 어떤 다른 존재로, 추상적으로 보는 것 같다는 생각도 들었고요."

그 영상을 보고 난 후 얼마 지나지 않아, 민선 씨는 이런 종류의 찜찜함을 주는 영상을 하루에 열 번 넘게 시청해야 했다. 2021년

7~9월 아동권리보장원이 운영한 '온라인 콘텐츠의 아동 인권 보호 모니터링'에 참여하면서다. 민선 씨를 비롯한 아동 권리 보호에 관심 있는 청년 '영세이버' 23명이 하루에 10여 개씩 열흘 동안 아동이 출연하는 영상들을 살펴봤다. 유튜브 키즈 채널 상위권의 영상, 특정 검색어로 걸리는 영상, 자동 알고리즘이 추천하는 영상 등 아동이 출연하는 2000여 개 영상이 모니터링 대상이었다.

모니터링단은 문제의 영상들을 카테고리별로 나눈 체크리스트를 들고 아동 권리 침해가 우려되는 지점을 살폈다. 2000여 개 중 1588개 영상의 체크리스트에 V 표시가 찍혔다. '아동 최우선의 이익 침해' 분류가 가장 많았고 '사생활 침해', '정서적 고통', '교육적·윤리적 부적합', '신체적 위험 상황 연출 및 강요' 등이 뒤를 이었다.

대학생 김은희 씨는 모니터링에 참여하기 전까지만 해도 '아동 유튜브 영상'이라고 하면 대개 아동들이 주체가 되어 안전하고 재미있게 노는 내용일 줄 알았다. 영상들을 여럿 재생하다가 은희 씨는 적잖이 놀랐다. "자극적인 썸네일, 아이들이 공포를 느낄 만한 분장 영상들이 생각보다 많았어요. 아동을 위험한 상황에 두는 장면을 연출하거나 차별적인 발언이 나오기도 하고요."

민선 씨는 "아동이 돈벌이 수단으로 사용된다는 느낌"을 강하게 받았다. 협찬 받은 옷이나 신발, 문구류를 리뷰하는 제품 홍보 영상, 아주 크거나 혹은 터트려 먹는 젤리가 나오는 '먹방' 영상, 감옥에 갇힌 수감자가 된 아이가 편의점 음식을 배식받아 먹는 상황극 영상, 보호자가 할머니 가면을 쓰고 아이를 속이는 '몰카' 영상 등을 봤다. 민선 씨는 정말 아동이 '원해서' 기획되고 촬영되고 업로드된

울고 있는 아이에게 말을 걸면

콘텐츠인지 의문이 들었다. 자신이 감당하기 힘들 만큼의 음식을 앞에 놓고, 구독자들의 기대에 부응하기 위해 힘들면서도 참고 '먹방 미션'을 수행하는 어린이 유튜버의 모습을 보면서는 '아동이 자기 자신을 유튜브 콘텐츠의 도구로 인식하고 소비하고 있다.'는 느낌이 들었다.

어른들의 세계를 살아가는 어린이 유튜버

모니터링단이 아동 인권 침해 요소를 발견한 영상 1588개를 중심으로 유튜브 영상 속 어린이들의 모습을 살펴보았다. 대부분의 영상 속에서 아이들은 웃고 있었다. 확연히 눈에 띄는 신체적 폭력과 학대는 없었다. 아동들은 재미있게 놀이하(는 것처럼 보이)고 맛있게 음식을 먹는(것처럼 보인)다. 대부분이 아동의 부모인 영상 제작자(촬영자)는 존댓말로 아동의 의사를 묻고 아이들은 카메라 앞에서 미소를 지으며 고개를 끄덕인다.

"맛있어요?" / "네, 맛있어요."

"재밌어요?" / "네, 정말 재밌어요."

"안 무서워요?" / "네, 안 무서워요."

"○○ 해도 괜찮아요?" / "네, 괜찮아요."

정말 맛있을까? 유튜브 영상 속에서 아이들은 대용량 젤리, 과자, 아이스크림 따위를 제한된 시간 안에 먹어치우는 '미션'을 수행한다. 유튜브에서 요즘 최고 유행 먹거리는 꿀젤리, 눈알젤리 등 특이한 모양에 특이한 소리를 내는 간식류다. 우스꽝스러운 가발을 쓰고 얼굴에 볼터치를 한 아이들은 이것들을 샌드위치에 발라 먹고 초콜릿과 섞어 먹는가 하면 녹아서 바닥에 떨어진 걸 주워 먹기도 한다. 어떤 아이들은 산낙지를 씹어 먹고 통 벌집도 먹고 불닭 소스도 여기저기 발라 먹는다. 삭힌 홍어와 닭발을 소주잔에 부은 우유와 함께 먹는 경우도 있다. 어떤 아이는 50시간을 굶고 나서 매운 떡볶이와 치킨을 먹는 모습을 보여주며 시청자들에게 '구독'과 '좋아요'를 요청한다.

정말 재미있을까? 유튜브 영상 속에서 아이들은 협찬 받은 장난감을 갖고 놀이를 한다. '언박싱'(포장을 푸는 과정)부터 시작해 장난감의 구성과 사용법을 '진행형 말투'로 소개하고 성인 보호자의 "하나 둘 셋" 구호에 맞추어 "여러분들도 정말 하고 싶지 않나요?" "음~ ○○○(제품명) 정말 재미있는데요?" 따위 상품 홍보 멘트를 카메라를 향해 날린다. 혹은 부모가 준비해놓거나 구독자가 제안하는 놀이를 한다. 대개 상과 벌칙이 걸려 있는 게임이다. 이기면 선물이나 용돈을 받고, 지면 딱밤을 맞거나 얼굴에 낙서를 당한다. 식사를 굶거나 밤새 잠을 못 자는 벌칙도 있다.

구독자 요청에 따라 어떤 (부모) 촬영자는 아이가 먹던 사탕을 빼앗아 울리며 그 모습을 유튜브에 올린다. "너 사실 내 딸(아들) 아니야. 다리 밑에서 주워왔어."라는 부모(촬영자)의 거짓말에 울고 불안해하는 어린 자녀들의 '몰래 카메라'도 유튜브에서 유행하는 영상 아이템이다.

키즈 유튜브 채널에서는 특수 영상 효과 등 기술력이 날로 높아

울고 있는 아이에게 말을 걸면

지고 있다. 문제는 이런 기술력이 '출연 아동' 혹은 '시청 아동'이 보기에 끔찍한 영상들을 만드는 데 활용되기도 한다는 점이다. 특정음식을 먹으면 등장인물의 얼굴이 괴물로 변해서 아이들을 위협하고, 과일로 변한 아빠를 부엌칼로 썰기도 한다.

19세 이상 관람가 드라마 〈오징어 게임〉이 유행하고 나서부터는 드라마의 설정을 따라 하는 아동 출연 영상도 쏟아지고 있다. 부모와 함께 초록색 트레이닝복을 입고 리코더 배경음악 속에서 '무궁화 꽃이 피었습니다', '구슬치기' 등을 하는 영상은 그나마 양반이다. 적지 않은 아동 유튜브 영상에선 게임에서 진 사람이 죽거나 공격당하는 설정을 그대로 상황극으로 수행한다. 영상 중간중간에 도박, 빚, 대출, 사기, 배신, 자살 같은 키워드가 툭툭 튀어나온다. 아이들이 그런 단어와 내용이 포함된 대사들을 직접 읊는다. 어린 자녀와 부모가 드라마 설정과 흡사하게 만들어진 한 메타버스 게임 플랫폼의 '오징어 게임' 방에 함께 참여해서 그 영상을 유튜브로 중계하기도 한다. 끓는 물속에 사람이 들어 있고 연쇄 살인마가 나타나 사람들의 목을 조르는 어떤 게임 중계 영상도 키즈 유튜버와 보호자들이 자주 즐기고 시청자에게 공유하는 인기 콘텐츠다.

어떤 영상 속에서 제작자(부모)는 이제 막 세상과 언어로 소통하기 시작한 자녀에게 '댓글 읽어주기'를 한다. "○○이 너무 예뻐요." "○○이 귀여워~ 삼촌이 사랑한다!" "○○이 골고루 먹어야 튼튼해지지!" 닉네임으로 전해지는 익명의 랜선 이모·삼촌들의 칭찬과 훈수에 아이는 어깨를 움츠렸다가 눈을 동그랗게 뜨고, 숨을 참았다가 내뱉고, 박수를 치며 좋아했다가 다시 미간을 찡그리고 집중한다. "○○(닉네임)님, 저도 사랑합니다~!"라며 두 팔로 하트를 그리고 구독자들을 위한 이벤트 선물을 직접 포장하기도 한다. 모두 4~7세 미취학 아동이다.

영상들 속 여자아이에겐 공주 놀이, 남자아이에겐 왕자 놀이를 시킨다. 영어 노래 배우기 영상에서 엄마Mommy는 선글라스를 끼고 명품 백을 든 채 전화 통화를 하고 아빠Daddy는 와이셔츠를 입고 안경을 쓰고 책을 읽는다. 장난감을 '정상'과 '비정상', '애꾸'와 '못난이' 등으로 나눈다. 출연 아동이나 성인이 누군가를 놀리고 공격할 때 특정 인종과 민족을 빗대기도 한다.

한국청소년정책연구원 배상률 청소년미디어문화연구실장은 출연 아동과 시청 아동 모두에게 이런 영상으로 얻은 경험이 '사회 현실 구성construction of social reality' 기능을 한다는 점의 심각성을 강조했다. "가치관 형성 과정 중에 있는 아동·청소년들이 영상을 통해 왜곡되고 편향된 모습의 세계를 반복적으로 전달받으면 그들은 그 세계를 거부감 없이 현실의 세계로 받아들이게 됩니다."

유튜브 속 아이들의 놀이는 놀이가 아니다

온라인 영상 속 아동 권리 침해에 대한 사례와 심각성은 이미 수년 전부터 공론화되어왔다. 2019년부터 구글 등 영상 플랫폼 사업자들은 일부 키즈 콘텐츠에 댓글과 맞춤 광고를 제한하는 등 규제를 도입했다. 방송통신위원회(이하 방통위)는 2020년 6월 '인터넷 개인방송 출연 아동·청소년 보호지침'(이하 보호지침)을 만들어 발표했다. 방통위 관계자는 "'청소년보호 책임자 제도'에 따라 인터넷 개인 방송 플랫폼 사업자들이 보호지침을 잘 준수하고 있는지 1년에 한 번씩 서면 점검과 현장 점검을 실시하고 있다."라고 말했다. 그러나 보호지침은 강제력이 없다. 권고 사항이다. 방통위 관계자는 "현재 자율적 권고이지만, 앞으로도 계속 문제가 지속되고 심각해지면 법적 의무 사항으로 승격시키자는 논의가 밖에서도 있고 내부에서도 그 가능성을 검토하고 있다."라고 말했다.

규제가 만능은 아니다. 인터넷 영상에서 나타나는 아동 권리 침해 양상과 기원이 다층적인 만큼 그 해법도 입체적이어야 할 것이다. 2000여 개 영상 모니터링 결과를 검토하면서 노하나 아동권리보장원 아동권리기획부장은 몇 가지 개선책을 제안했다. "다소 적용 범위가 제한적이고 내용이 모호한 현 보호지침을 넓은 유형을 아우르되 구체적으로 문제를 짚어낼 수 있게끔 보완·개정하고, 보호자 등 방송 제작자와 출연 아동을 대상으로 한 아동 권리 교육과 홍보를 의무화하도록 그 근거를 마련하며, 방송통신 심의 단계에서 아동 권리 관점의 의견이 반영될 수 있도록 관련 기구와 협의체를 구성하는 방안이 필요하다." 배상률 실장은 이에 더해 아동·청소년에 대한 미디어 리터러시 교육의 중요성을 강조했다. (출연·시청하는) 아동 자신이 영상의 내용 및 그로 인한 영향, 사회적 함의 등을 다각적으로 이해하고 주체적으로 판단할 수 있어야 권리 침해가 사전에 예방될 수 있다는 측면에서다.

유튜브 속 아동의 '놀이'를 보는 관점 자체를 뒤집어야 해법이 보인다는 견해도 있다. 이화여자대학교 사회복지학과 정익중 교수 연구팀은 유튜브 100위 내 아동 출연 채널에 업로드된 788개 동영상을 모니터링했다.[2] 출연 아동의 놀이 특성을 분석한 결과, 아동 놀이의 충족 조건인 '아동주도성', '무목적성', '놀이 촉진성', '적절한 시간과 장소' 요건을 모두 갖춘 영상 속 놀이는 788개 중 '0개'였다. 분석 영상 속 아동은 한 달 평균 7.3개, 최대 12.75개의 동영상을 촬영했다. 영상 길이는 한 달 평균 44분 52초, 최대 1시간 23분 29초다. 촬영을 준비하고 연습하고 편집된 횟수와 시간을 제외하고도 이만큼이다.

연구팀은 "유튜브 속 아이들의 놀이는 놀이가 아니다."라는 결론을 내렸다. 놀이가 아니면 무엇인가? 연구팀은 '노동'이라고 규정했다. 유튜브 영상에 담긴 내용물이 아동의 '놀이'가 아닌 아동 '노동'의 산물이라는 관점으로 본다면, 사회가 온라인 영상 속 아동 권리 침해 문제에 실질적으로 개입해야 하는 이유가 분명해진다. 전 세계적으로 아동 노동은 법으로 금지되어 있다. 현재 한국에서 아역배우나 모델처럼 예외적인 경우에도 고용노동부에서 발급하는 취직인허증(취업할 수 없는 15세 미만 청소년에 대해 고용노동부가 취직을 인정·허가하는 증명서)을 발급받아야 한다. 놀이가 아닌 노동이라는 관점으로 아동 영상을 관찰하면 '왜 자꾸 인권 침해 요소가 발생하는지' 그 이유도 간명해진다. 놀이 속에서 아동의 권리가 침해되는 것이 아니다. 노동을 해서는 안 되는 아동이 노동하고 있으니 아동의 권리가 보장되기 힘든 것이다.

연구에 참여한 강희주 연구원은 아동 출연 영상에 대한 규제가

'네거티브(전체 중 문제 있는 것들을 찾아내는)' 방식에서 '포지티브(바람직한 것을 찾아내 장려하는)' 방식으로 바뀌어야 한다고 말했다. "매일 영상이 쏟아지는 플랫폼에서 하나하나 점검해 문제를 찾아내고 대응하는 방식은 현실적 한계가 있어요. 영상 콘텐츠에 나타나는 아이들의 모습이 놀이가 아니라 노동일 수밖에 없다는 사실을 사회가 인정·합의하고, 놀 권리, 쉴 권리, 안전할 권리를 보장하며, 좋은 아동 영상에는 인증과 검증 절차를 거쳐 인센티브를 주는 식으로 유튜브 생태계를 바로잡아나가야 합니다."

'뉴노멀'의 어린이는
배고프고 아프고 외롭다

소민이네 가족은 다섯 명이다. 엄마, 고3 큰오빠, 고1 둘째 오빠, 중1 셋째 오빠, 그리고 초3 소민이. 이전부터 녹록하지 않았지만, 코로나19 이후 소민이네 가족의 삶은 더 힘겨워졌다. 홀로 네 남매를 키우는 엄마는 공공 근로를 통해 월 130여만 원을 벌어 아이들을 먹이고 키운다. 엄마가 일 나간 동안 아이들은 온종일 집에 머물렀다. 집이 교실이 되고 운동장이 되고 급식실도 되어야 하는, 이른바 '뉴노멀New Normal'[3]이 소민이네 네 남매에게도 찾아왔다.

가난한 아이들에게 '뉴노멀'은 특히 불평등하다. '노멀'이 뜻하는 정상과 평범의 범주가 어떤 아이들에게는 손을 뻗어도 닿지 않을 높은 곳에 있다. 등교가 중지된 기간 원격 수업으로 공교육이 계속 이어졌다고 하지만 소민이네 네 남매에게는 온라인 학교의 문마저 잠겨 있었다. 무엇보다도 수업에 접속할 기기가 마땅치 않았다. 친척이 빌려준 오래된 노트북은 자꾸 전원이 꺼졌다. 태풍이 심하던 여름날 반지하 집에 물이 새면서 전기 콘센트에 연결돼 있던 모든 전자기기가 망가졌다. 초3 소민이가 학교에서 빌린 태블릿 PC 는 태풍 피해로 이사와 전학을 결정하면서 학교에 되돌려줘야 했 다. 고3, 고1, 중1 세 오빠는 스마트폰으로 수업에 참여하다 보니 학 습 자세도 습관도 무너졌다.

꼭 기기 문제는 아니다. 집에서 과제물을 출력해서 풀고 사진으 로 선생님께 확인받아야 할 일이 많아 걱정이었는데, 한 이웃이 고 맙게도 커다란 레이저 프린터를 갖다 줬다. 그런데 토너 값이 다섯 식구 며칠 치 생활비였다. "저희 집에선 고물이나 마찬가지예요." 소민이 엄마는 함께 일하는 사무실 직원에게 몇 장 출력을 부탁해 소민이에게 갖다 준다. 숙제를 마치기 위해 소민이는 매일 저녁 엄 마의 퇴근을 기다린다.

학습은 어쩌면 부차적인 문제일 수도 있겠다. 코로나19로 가장 힘들어진 부분을 물어보니 소민이와 오빠들은 "먹는 거."라고 답했 다. 소민이 엄마도 "아이들 간식이나 밥 문제가 가장 걱정"이라고 말했다. "계속 배고프대요. 일부러 구충제를 사서 한 달에 한 번씩 꼬박꼬박 먹이기도 했는데요." 이전에는 그래도 점심 한 끼는 학교 에서 따뜻하고 다양한 식단의 급식을 먹고 왔다.

코로나19 이후 아이들의 매 끼니는 급식지원카드로 편의점에서 산 컵라면, 달걀, 두부, 참치 캔, 김자반, 시리얼 정도로 단조로워졌 다. 누전 피해로 냉장고가 고장 난 뒤에는 신선 우유도 못 사고 멸 균 우유만 사 먹고 있다. 가스레인지가 없어서 중고 거래로 2만 원 에 구입한 명절 전부치기용 전기 그릴에 모든 음식을 익혀 먹었다. 엄마가 퇴근하고 돌아와 보면 아이들은 어두컴컴한 방 안에서 생라면만 부숴 먹고 있기 일쑤였다.

망가진 일상은 아이들의 안전과 건강도 위협했다. 어느 원격 수업 날, 셋째 동민이는 전기 주전자로 컵라면 물을 끓이다가 허벅지에 화상을 입었다. 3주간 병원 치료를 다녀야 했다. 늘 라면 등으로 끼니를 때운 뒤 방에 누워 지내는 아이들은 자주 속이 더부룩했다. 원래 천식과 비염으로 가래와 기침을 달고 살던 첫째 정민이는 등교 개학이 시작된 이후 학교에 가기 위해 코로나19 진단 검사를 네 번이나 받았다. 고3이라 선생님과 같은 반 친구들이 정민이의 잦은 기침에 예민하게 반응했기 때문이다.

아이들은 또 종종 외로워했다. 낮과 밤이 바뀌고, 조그마한 스마트폰 화면만 들여다보고, 밖에 나가 친구들과 교류하지 못하는 날이 길어질수록 무기력해졌다. 언택트 학습, 디지털 전환, 일상과 방역의 조화, 포스트 코로나, 뉴노멀 시대…… . 코로나19 이후 사회가 쏟아내는 이런 멋진 말들은 소민이네 4남매의 바뀐 삶을 설명해내지 못한다.

풍요롭고 안정적인 세계가 새로운 변화에 성공적으로 적응해나갈수록, 취약한 삶을 이어가던 사람들의 고통은 더욱 다양하고 깊어진다. 기존 체제에서 얼기설기 위태롭게나마 짜여 있던 사회적 안전망이 새 체제에선 제구실을 못하거나 점점 구멍이 커진다. 거기에서 가장 먼저 흔들리는 게 아이들의 삶이다.

소민이네의 이야기는 여러 사례 중 하나다. 희망친구기아대책은 2020년 8월 취약 가정 8~19세 아동·청소년 988명을 대상으로 코로나19 이후 경험한 일상과 학습의 변화를 묻는 설문조사를 했다.[4] 기아대책과 결연을 맺거나 지역아동센터(행복한 홈스쿨)를 이용하는 아이들이라 어느 정도 사회의 손길이 닿는데도, 조사 결과 코로나19 이후 더 불안하고 위태로워진 아이들의 삶의 변화가 드러났다.

심리적 압박감 해결하려는 아이들의 욕구

조사 대상 아동 41.9%가 지방자치단체의 급식카드(꿈나무카드 등)를 지원받았지만 그중 22.9%는 주 3~6회 이상 편의점 도시락이나 삼각김밥 등의 간편식으로 끼니를 해결했다. 53.8%가 코로나19 이후 운동 시간이 줄었다고 응답했고, 61.5%가 저체중이거나 과체중 혹은 비만 체질량지수를 보였다. 스마트폰 이용이 늘었고 집에 혼자 있는 시간도 늘었다. 35.5%가 평일 낮 혼자 혹은 미성년 형제자매와만 집에 머물렀다. 주 5일(41.6%)을 그렇게 지내는 아이들이 가장 많았다.

생활이 망가지니 마음도 불편해졌다. 아이들은 예전보다 '생활의 불규칙성에 따른 자책감', '학업과 진로의 불투명함에 따른 불안', '친구들과 멀어질까 봐 생기는 걱정' 등에 더 시달렸다. 1338 청소년사이버상담센터와 한국청소년상담복지개발원 자료에 따르면 2020년 3~9월 아동·청소년이 강박·불안·우울 등으로 정신건강 사이버 상담을 받은 건수가 전해 같은 기간에 비해 70% 가까이 증가했다. 소수연 한국청소년상담복지개발원 상담연구부장은 이 수치를 "오프라인 학교나 상담센터 등 심리적 문제를 토로할 수 있는 공간이 닫히면서 그만큼 심리적 압박감을 해결하고 싶은 욕구가 절박해진 것"으로 해석했다.

2020년 11월 희망친구기아대책이 연 '코로나19 이후, 아동·청소년의 삶의 변화와 미래' 온라인 포럼에서 배재고등학교 2학년 명재용 군이 아동·청소년 대표로 단상 위에 섰다. '포스트 코로나, 아동과 청소년이 바라보는 시대적 과제'를 주제로 재용 군은 교육 격차, 방역 활동, 감염병 시대의 배려와 이타심에 대한 자신의 의견을 발표했다. 유튜브 생중계로 포럼을 시청하던 청중과 오프라인 현장의 행사 스태프들에게서 유독 큰 박수가 나온 것은, 코로나19 이후의 변화에 대해 아동·청소년이 직접 사회에 목소리를 낼 기회가 거의 없었기 때문이다. 삶의 모습이 가장 많이 바뀌고 그것이 미래에도 지속적인 영향을 미침에도 불구하고 그간 사회는 아이들에게 별로 질문하지 않았다. 발언 기회를 얻은 재용 군은 말했다.

"아동은 우리의 미래이고, 어른들은 그러한 미래를 지키기 위해서 어린아이들이 보호받는 사회를 만들 책임이 있습니다. 자라나고 성장하는 아동·청소년들을 위해 코로나 시대 우리 사회가 어떤 일을 하고 있고, 어떤 부분이 부족한지에 대해서 모두가 더 관심을 더 갖고 지켜봐주시기를 바랍니다."

보이지 않는 '죄수복'을
입고 살아가는 아이들

수감자 A씨(43)는 '싱글 대디'였다. 이혼 후 열두 살, 일곱 살 아들 둘을 혼자 키우다가 범죄를 저질렀다. 경찰에 체포될 당시 옆에서 아이들이 지켜보고 있었다. 보호자를 모두 잃은 아이들은 아동보호 시설로 옮겨졌다. 아이 둘이 같은 곳에 가지 못하고 다른 시설로 분리됐다는 이야기를 끝으로 그에게 전해지는 아이들 소식이 끊겼다.

수감자 B씨(38)는 다섯 식구의 가장이었다. 아내와 함께 열한 살, 여덟 살, 여섯 살, 한 살인 네 자녀를 부양했다. 그가 범죄를 저질러 감옥에 들어온 이후 아이들에게는 엄마만 남았다. 혼자 생계를 꾸리며 네 아이를 먹이고 입히며 키워야 했다. 경제적 빈곤과 양육 어려움이 닥쳤지만 범죄자 가정이라 마땅히 어디에 사정을 호소하기도 힘들었다. 그는 가족 정보를 수집하는 구치소 설문조사 종이 빈 공간에 적었다. "제발 도와주세요."

구치소나 교도소 안에 수감자가 있다면, 밖에는 남겨진 아이들이 있다. 전국 53개 교정 기관에 입소하는 수감자 수는 연간 약 14만

명, 그 가운데 25.4%가 18세 미만 미성년 자녀의 부모들이다. 국가 인권위원회의 〈수용자 자녀 인권상황 실태 조사〉에 따르면, 한 수감자당 자녀 수는 평균 1.52명. 추산해보면 한 해 동안 약 5만 4000명에 이르는 어린아이들이 교도소에 들어간 부모와 이별한다.[5]

이 아이들은 어떻게 지내고 있을까? 부모가 어떤 사람이든 이 세상 모든 아이는 어떤 종류의 차별도 받지 않고 안정된 환경에서 행복하게 자랄 권리를 지닌다(유엔아동권리협약 제2조, 아동복지법 제2조). 수감자 자녀들은 그런 권리를 누리지 못하고 있다. 도움이 필요한 소외 계층이 분명하지만 사람들은 '아동' 앞에 붙은 '수감자 가정'이라는 꼬리표를 먼저 보았다. 누가 나서서 제대로 지원해주지 못했고, 당사자들이 나서서 어려움을 호소하기도 어려웠다.

드문드문 이뤄지는 연구나 민간단체 활동을 통해 보고되는 아이들의 삶은 창살 없는 감옥 생활과도 같다. 대부분 원래 가난했지만 극한으로 더 빈곤해졌다. '연좌제'로 고통받고 사회적으로 고립됐다. 무엇보다 가장 고통스러운 것은 부모와 떨어져 지내는 사실 그 자체다. 엄마, 아빠가 세상으로부터 손가락질받는 범죄자이기 때문이다. 그리움에 사무치는 아이들 마음은 그 누구도 돌봐주지 않았다. 부모가 저지른 죗값으로 그 아이들까지 고통받는 일은 당연하거나 혹은 어쩔 수 없는 일일까?[6]

극도의 궁핍과 돌이킬 수 없는 비행의 나락으로

"아빠가 (감옥에) 들어가시고 방세를 못 구하니까 주인이 꼴 보기 싫다고 엄마보고 밤에 나가라고 했대요. 그래서 밤에 가족들이 여관으로 짐을 옮기는데 이불 들고 옷 들고 한 50번 정도 왔다 갔다 했을 거예요. 사람이 들 수 있는 게 한계가 있으니까……. 그러다 날이 밝아버렸어요. 여관에도 못 가면 빈 차에서 잠을 자기도 하고요. 비어 있는 집에서 가구도 없이 살아본 적도 있어요. 밥 먹다가 집을 보러 오는 사람들이 오면 고개를 숙이고 서 있었어요."

한 수감자 자녀의 증언대로, 부모의 수감이 아이들에게 주는 가장 큰 피해는 경제적 위기다. 수감된 부모 76%가 교도소 입소 전, 혼자 혹은 배우자와 함께 자녀 양육비를 부담했다. 그 가운데 혼자 양육비를 부담한 비율도 40.3%에 이른다. 부모의 수감은 곧 생계를 꾸리던 가장의 부재를 의미한다. 아이들은 궁핍의 나락으로 떨어질 수밖에 없다. 원래 가난하기도 했다. 수감자 가정의 국민기초생활 수급 비율은 11.7%, 일반 가정(2.3%)의 5배에 가깝다.

가난은 종종 아이들을 비행의 길로 빠트리기도 한다. 고등학교를 중퇴한 재민이(16) 이야기를 들어보자. "아빠가 계속 교도소에 계시니까 초등학교 때부터 배고파서 '차 털이'를 했고요. 아침마다 배고파서 편의점에서 훔친 게 피해 금액이 40만 원이나 된 거예요. 그래서 1호 처분받고 그런 게 모여서 보호관찰 2년을 받았죠."

승우(17)도 아버지 수감 뒤 삐뚤어졌다. "아빠가 들어가시고 경제적으로 엄청 안 좋아졌죠. 할머니 할아버지도 다 돌아가시고 집도 지하로 내려가고 엄마도 일하러 나가고 하면서 학교도 잘 안 나가게 되었어요. 놀면서 계속 빠지니까 학교를 못 가게 되고, 놀다가 담배도 피우고 술도 먹게 되고, 술 먹다 보니까 가출하고 싶어지고 재판까지 오고, 이렇게 일이 커질 줄 몰랐어요. 아빠도 그런데 너까지 왜 이렇게 됐냐고 엄마가 우시는데……. 잘 모르겠어요. 저도 제가 왜 이렇게 되었는지……."

아버지 수감 후 상진이(17)의 가족들은 뿔뿔이 흩어졌다. 아버지 대신 돌봐주겠다며 집에 들어온 삼촌은 자꾸 아이들을 때렸다. 동생과 누나가 먼저 집을 나갔다. 집에서 동생과 누나를 기다리던 그도 폭행을 견디다 못해 가출했다. 이후 쉼터를 전전했다. 시우(16)는 아버지 수감 뒤 치매에 걸린 할머니에게 맡겨졌다. 아니, 할머니를 맡았다. 할머니 밥을 차리거나 간호하다가 학교에 늦거나 못 가는 날이 늘었다. 생활비를 벌기 위해 편의점에서 야간 아르바이트를 하다가 학교에 늦는 일도 잦았다. 결국 출석 일수 부족으로 학교를 그만둬야 했다.

범죄자의 자녀이기에 앞서 도움이 필요한 아이일 뿐

아이들 처지에서 연좌제는 살아 있다. 사회는 수감자 자녀들에게 보이지 않는 '죄수복'을 입혔다. 초등학생 노아(11)는 인터넷에서 자살하는 방법을 검색해봤다. 친한 친구에게 비밀이라며 아버지의 수감 사실을 털어놓았는데 소문이 다 퍼졌다. 친구들은 물론 학부

울고 있는 아이에게 말을 걸면

모들도 알게 됐다. 주변 사람들이 그를 따돌리기 시작했다.

주희(16)는 "그런 애랑 놀지 마라."는 부모 말에 자신을 멀리하는 친구들을 많이 겪었다. 격려한답시고 "너는 너희 아빠처럼 살지 마라."고 말하는 동네 사람들도 상처가 됐다. "저도 뭐 아빠가 잘한 게 아니라는 건 알아요. 아빠가 원망스럽고 밉지만 그래도 아빠인데 사람들이 그런 얘기하면 좋게 들을 수는 없죠."

경찰 체포와 수사 과정에서 아이들이 받는 상처도 크다. "아침 일찍 자고 있는데 누가 아빠를 나오라고 해요. 아빠가 어디 갈 데가 있으니까 금방 올 거라고 하고 경찰차를 탔는데, 경찰이 사실 애들도 알 건 알아야 하니까 사실대로 말하는 게 낫다면서 '느그 아빠 성폭행으로 잡혀간다.' 그러는 거예요. 그 말에 놀라서 누나랑 사흘 동안 잠을 못 잤어요." 적잖은 아이들이 부모의 체포 장면을 목격한다.

이때 받는 아이들의 상처는 무시해도 되는 고통일까? 유럽 평의회가 2018년 4월, 47개국 회원국을 대상으로 발표한 수감자 자녀 보호를 위한 정책 지침에는 "부모의 체포가 아동에게 미치는 영향에 대해 경찰이 충분한 주의를 기울여야 한다. 가능하다면 아동이 없을 때 체포해야 하고, 아동이 상처받지 않는 방식으로 수행되어야 한다."라는 내용이 담겨 있다. 노르웨이, 미국, 폴란드 등에서는 부모를 체포할 때 아이를 다른 방으로 데려가거나 사회복지국 직원이 경찰과 동행하는 방식 등으로 충격을 완화하는 정책을 시행하기도 한다. 국제 기준에서 부모의 체포로 아이가 겪는 트라우마는 범죄자 가족이 겪어야 마땅한 불가피한 고통이 아니다.

수감자의 자녀는 때로 범죄의 직접적 피해자이기도 하다. 창진이(16)의 아버지는 부부싸움 도중 아내를 살해했다. 창진이가 집에 있을 때였다. 경찰은 아버지를 잡아가면서 창진이에게 증인으로 출석하라고 요구했다. 손을 떨면서 진술서를 작성했다. 사건 이후에는 자기 어머니를 죽인 아버지의 어머니, 그러니까 할머니와 살아야 했다. 누구를 미워하고 누구를 그리워해야 하는지 혼란에 빠진 채 아이는 무너져갔다. 신경정신과 약을 먹고 자살도 시도했다. 창진이는 살인자의 아들이기에 앞서 그저 도움이 필요한 아이였을 뿐이다.

"등본이 오래돼서 엄마 못 만난대요"

모든 아이는 부모의 거주지를 알고 만날 수 있는 권리를 지닌다. 부모가 감옥에 있는 아이일지라도 그렇다(유엔아동권리협약 제9조 3·4항). 그러나 많은 아이들에게 '실질적 접견권'이 주어지지 않는다. 일상을 이어가기도 버거운 아이들이, 주거지와 멀리 떨어진, 교통편이 열악한 구치소나 교도소를 찾아가는 길은 녹록지 않다. 거의 평일 낮에만 가능한 접견이기에 학교를 빠지고 가야 한다. 버스를 타고 기차를 타고 다시 버스와 택시를 갈아타고 찾아가도 칸막이를 사이에 두고 15분 내외의 만남만 허용된다.

아이들이 부모 면회를 갈 때는 이름과 주민등록번호가 나온 주민등록등본 그리고 생년월일이 기재되어 있고 사진이 부착된 학생증을 가지고 가야만 면회 신청을 할 수 있다. 아이들은 이런 서류를 챙기기도 쉽지 않다.

울고 있는 아이에게 말을 걸면

"새 학기에는 학교에서 학생증 발급 처리가 늦어지잖아요. 그래서 임시 학생증을 가지고 갔는데 사진이 없다고 면회 신청을 받아주지 않고 그냥 안 된다는 거예요. 한번은 학생증만 가져가고 주민등록등본을 빼놓고 갔는데 면회 신청 접수가 안 된다고 그래서 거기서 막 울고 인천에서 대전까지 갔는데도 들어주지 않았어요. 고생해서 갔는데 엄마를 못 만나서 목 놓아 울었죠. 주민등록등본도 몇 개월 지난 거는 안 된다고 다시 떼어오라고 그러는데 학교 끝나고 가면 주민센터가 문을 닫아서 못 하고. 할머니도 바쁘시니까 못 해주고 정말 저는 엄마 보러 꼭 가야 하는데……."

"너희들이 고통받는 건 당연한 거야"라는 말

이 아이들이 정부로부터 받는 도움은 기초생활수급자이거나 한부모 가정으로 등록된 경우에 제한된다. 수감자 자녀라는 틀로 세워진 정부 지원 정책은 없다. 2011년 행정안전부·법무부·경찰청 등 7개 정부 부처가 수감자 가정 및 자녀 지원을 위한 업무 협약을 맺은 적이 있지만 후속 사업이 제대로 진행되지 않았다. 그나마 법무부에서 구치소나 교도소에 가족 접견실을 늘리고 가족 캠프를 정기적으로 실시하는 등 수감자 가족 관계 강화 사업을 늘려나가고 있다. 수감자 자녀 수 등 기본적인 통계치가 처음 확인된 것도 2017년 11월 국가인권위원회 실태 조사가 처음이다. 종교단체, 아동복지 등 민간단체에서 그 빈자리를 조금씩 채워왔다.

수감자 자녀 지원사업은 매우 조심스러운 일이다. 여타 취약 아동을 돕는 일이 세상의 무심함과 싸운다면, 수감자 자녀를 돕는 일은 범죄자에 대한 세간의 증오와도 싸워야 한다. 수감자 자녀 지원단체인 '아동복지실천회 세움'의 최윤주 팀장은 말했다. "우리 사업에 대한 소개가 인터넷 포털 사이트 메인에 뜬 적이 있어요. 홍보도되고 좋겠다며 반겼는데 단 2초간의 기쁨이었어요. 수감자 자녀들을 비난하는 댓글들이 쏟아졌어요. '너희들이 고통받는 건 당연한 거야.' 이런 말들이 흘러넘쳤어요. 아이들이 볼까 봐 너무 속상하고무서웠어요."

사회는 왜 수감자 자녀들을 돌보아야 할까? 이제껏 수감자 자녀지원의 명분은 주로 '교화'에 머물렀다. 자녀를 포함한 가정을 지원해야 수감자의 재범률을 낮출 수 있다는 범죄 통제 정책 차원으로서의 접근이다. 결과적으로 나쁘지 않다. 하지만 아이를 중심에 놓고 보았을 때 바람직한 접근은 아니다. 수감자를 지원하는 명목으로 아이와 나머지 가족의 삶이 희생당할 수 있다. 죄 없는 아이가범죄자 부모와 자신의 삶을 분리해 살아가는 데 방해가 되기도 한다. 일본의 가해자 가족 지원단체 '월드 오픈 하트' 아베 교코 이사장은 말했다. "아이는 수단이 아닙니다. 범죄자를 교화하기 위해 자녀를 활용해선 안 됩니다. 가족은 교화의 도구가 아닙니다."

수감자 자녀들을 법 집행의 피해자로 바라보는 관점도 필요하다. 범죄자를 사회로부터 격리하는 과정에서 공권력이 본의 아니게아이들로부터 보호자를 빼앗기 때문에 그에 대한 보상을 해줘야 한다는 것이다. 수감자 자녀를 돕는 멘토링 활동을 한 조우리 씨(34)

울고 있는 아이에게 말을 걸면

는 "왜 우리가 그런 아이들을 도와야 하나?"라고 묻는 사람들을 향해 묻는다. "아이는 범죄를 저지르지 않았잖아요. 다만 부모가 범죄자가 되어 하루아침에 가족을 잃었을 뿐이에요. 아이는 자신을 피해자라 느끼겠어요, 가해자라 느끼겠어요?"

세상에 목소리를 내는 것도 아이들의 권리

"1. 나는 나의 부모가 체포될 때 안전하게 보호받고 정보를 제공받을 권리가 있다. (…) 7. 나는 부모의 수용으로 인해 비난받고 심판받거나 낙인찍히지 않을 권리가 있다."

2003년 사회복지사, 정부 관계자 등이 모인 미국 '샌프란시스코 수감자 자녀 파트너십'에서 발표한 수감자 자녀 권리선언이다. 모두 8개 항으로 이루어진 이 권리선언은 이후 유엔아동권리위원회, 유럽연합 의회에서 회원국들에게 권고하는 수감자 자녀 권리보호 권고안 등으로 발전했다. 수감자 자녀도 다른 아동과 똑같은 권리가 있으며 부모가 체포되는 순간부터 사법 절차의 모든 단계에서 권리가 고려되어야 한다고 규정한다. 미국 법무부는 연간 500만 달러(약 56억 원) 수준의 예산을 책정해 수감자 자녀 지원 정책을 시행하고 있다. 이렇게 수감자 자녀를 '보호 대상 아동'으로 보고 사회적 지원을 늘려가는 게 세계적 추세다.

최경옥 아동복지실천회 세움 부소장은 수감자 자녀를 돌보는 양육자들에게 말한다. "힘들면 힘들다고 말해야 해요. 그렇지 않으면 도움받을 권리를 놓치기 쉬워요. 자녀들을 보호한다면서 세상과 단절하는 경우도 많아요. 하지만 세상이 손가락질할 때 참지 않고 세상에 목소리를 내는 것도 아이들이 누려야 하는 권리 중 하나입니다."

불평등한 나라의
'난민 아동' 생존기

2018년 7월 10일 청와대 국민청원 게시판에 청원이 하나 올라왔다. "난민 아동수당 웬 말이냐? 난민법 폐지하라." 청원 사유는 다음과 같았다. "한국 출산율 평균 1.2명, 무슬림 출산율 평균 8.4명. 우리의 세금으로 우리는 평균 12만 원에 저들은 기본 생계비 138만 원(4인 가족)에 아동수당으로 84만 원을 가져간다. 결국 일 안 하고 대한민국 국민의 세금으로 놀고먹겠다는 것이다. 우리의 혈세로 IS 전사를 키우려는 것인가? 난민법 폐지하고, 불법 체류자 추방하라. 인도적 체류자 추방하라." 대한민국 국민 2만 7454명이 이 청원에 동의했다.

청원이 올라온 때는 제주 예멘 난민을 둘러싼 갈등이 격렬하던 시기였다. 제주도에 입국한 예멘인 500여 명을 두고 격렬한 논쟁이 벌어졌고, 서울 광화문 광장에서 난민 반대 촛불집회가 열렸다. 출처가 불분명한 가짜 뉴스와 동영상이 인터넷과 SNS를 뒤덮었다. 예멘 난민으로 시작된 혐오 정서는 예전부터 한국에 들어와 살던 난민 전체로, 또 그 가운데 '우리의 복지 혜택을 축내고 있을지도 모를' 난민 아동에게까지 번졌다.

'난민 아동수당 반대' 청원자가 썼듯, 한국에는 적지 않은 난민 아동이 살고 있다. 이들이 합법적으로 체류할 수 있으려면 성인 난민과 마찬가지로 자신(혹은 부모)의 조국에서 더 이상 살 수 없는 이유를 증명해 난민 신청서를 내야 한다. 대개 거절당하고 일부가 인도적 체류[7]를 허가받는다. 아주 소수만이 난민으로 인정받는다. 2017년 말까지 법무부에 난민 신청서를 낸 만 0~17세 아동은 총 1332명(누적)이었다. 그 가운데 335명이 인도적 체류 허가를 받았고 213명이 난민 인정을 받았다. 이 가운데 2만 7454명의 청원을 이끌어낸 '아동수당 수급 대상 난민 아동' 수는 훨씬 더 적다. 아동수당은 만 6세 미만 아동에게 지급되는데, 만 0~4세 난민 인정 아동은 총 79명에 불과했다.

이 100명 미만 난민 아동에게 주는 아동복지 예산에 분노하는 목소리는 청와대 청원을 시작으로 여러 인터넷 커뮤니티로 퍼졌다. 아이 엄마들이 가입한 '맘카페'도 예외가 아니었다. "우리야말로 밑 빠진 독에 난민인데 아동수당도 못 받고." "우리 가족도 일 안 하고 세금도 안 내고 그냥 난민 할까 봐요." "배 속 아이 출산만 하면 촛불 들고 뛰쳐나갈 거예요. 어휴, 열불 나."

또래 아이를 키우는 엄마들에게마저 외면당하는 난민 아동들은 지금 한국에서 어떤 모습으로 살아가고 있을까? 일 안 하고 놀고먹는 난민 부모 밑에서 풍족한 삶을 누릴까? 정말 우리의 혈세로 IS 전사로 자라나고 있을까?

울고 있는 아이에게 말을 걸면

국내 난민 아동의 삶은 결코 풍요롭거나 안락하지 않았다. 전쟁, 학살, 박해로 얼룩진 모국에서 겨우 벗어나 생존을 위해 문을 두드린 이곳 한국에서 아이들은 또 한 번 상처를 받고 있었다. 그럼에도 아이들은 한국을 좋아하고 한국 사람들을 사랑했다. 이들의 이름은 '난민' 아동이 아닌 그저 우리 곁에 살고 있는 '아이들'이다.

동영상 속에서는 한복 입은 '갑순이'지만

나디아(4)는 〈뽀롱뽀롱 뽀로로〉를 좋아한다. 그중에서도 크롱을 가장 좋아한다. 나디아도 크롱처럼 장난꾸러기에 개구쟁이다. 엄마가 손님들과 이야기할 때 슬쩍 엄마 머리카락을 잡아당기거나 방 가운데에서 빙그르르 춤을 췄다. 토끼 귀 모양 머리핀을 꽂은 채 "깡충깡충" 소리를 내며 뛰어다니기도 했다. 나디아의 동생 에피아(3)는 강아지와 고양이 그림을 가리키며 "멍멍이", "야옹이"를 반복했다. 한창 말을 배울 시기의 자매네 저녁 풍경은 여느 한국 가정처럼 분주하고 시끌벅적했다.

나디아의 엄마(30)와 아빠(37)는 기니에서 왔다. 부족 간 다툼과 대통령 반대 시위 참여 이력 때문에 부모는 그곳에서 죽음의 문턱까지 갔다. 군인들이 집에 난입해서 무차별로 폭행하고 불을 질러 나디아 엄마는 화상까지 입었다. 여성들은 군인들에게 강간을 당하기도 했다. 이들은 살기 위해 먼 나라로 도망쳐 왔지만 난민으로 인정받지 못했다. 난민 인정 소송에서 아빠는 3심(대법원)까지 모두

패소했다. 엄마와 나디아와 동생은 2심 판결을 기다리고 있었다. 불인정 판결이 나도 돌아갈 곳이 없다. 나디아의 밝은 표정과 달리 이 가정의 앞날은 한 치 앞도 보이지 않는다.

나디아네 집은 불안정한 수입으로 겨우 생계를 이어간다. 일용직으로 근근이 돈을 벌어오던 아빠는 몸이 많이 아파서 일을 나갈 수 없다. 두 달째 복통이 이어지고 체중이 많이 줄었다. 한국어를 꽤 잘 구사하는 엄마는 한 수녀의 도움으로 간호조무사 공부를 하고 있다. 매일 학원에 가고 실습을 나가며 공부한다. 월세도 밀리고 벌어놓은 돈도 동났다. 당장 들어오는 수입은 없지만 열심히 간호조무사 공부를 해서 자격증을 따야 안정적인 일자리를 구할 수 있다.

엄마가 간호조무사 공부를 하지만 나디아는 아프면 안 된다. 건강보험도 없고 돈도 없기 때문이다. 나디아가 태어났을 때 나디아 엄마는 진료비 영수증을 받아들고 한참을 울었다. 아이는 예정일보다 3개월 일찍 태어났다. 갑자기 태동이 안 느껴져 병원에 확인하러 갔더니 아기가 배 속에서 숨을 잘 쉬지 못한다며 당장 꺼내야 한다고 했다. 수술비와 입원비, 아기 인큐베이터 비용이 어마어마했다. 다행히 사연을 접한 종교기관과 시민단체에서 힘을 모아 병원비를 마련해줬다. 하지만 그런 행운이 언제까지 이어질 수 있을지 알지 못한다.

나디아나 에피아가 감기에 걸리면 엄마는 고향에서 배운 민간요법으로 마사지를 해준다. 효과가 없지는 않지만, 소아과 진료가 아쉬울 때가 많다. 벌써 코앞에 닥친 겨울이 걱정이다. 오래된 다세대 주택 월세방은 두 시간 동안 난방을 틀어야 겨우 방바닥에 온기

울고 있는 아이에게 말을 걸면

가 돈다. 아침 어린이집 등원길 찬바람에 "추워, 추워." 하더니 나디
아는 벌써 콧물이 그렁그렁하고 기침을 한다. 엄마는 '다른 아이들
처럼 따뜻한 덮개가 있는 유모차에 앉아 가면 감기에 안 걸렸을 텐
데' 싶어 마음이 아프다.

　나디아와 에피아는 세이브더칠드런에서 보육비를 지원받아 어
린이집에 다니고 있다. 그 덕에 친구도 사귀고 한국어도 많이 늘었
다. 아이들을 맡길 데가 생겨서 엄마도 취업 준비가 가능해졌다. 하
지만 또래 다른 아이들과 비교해 자매가 누리는 것들이 매우 부족
해 자꾸 엄마 마음에 밟힌다. 나디아는 친구들이 자주 먹는다는 피
자, 햄버거, 치킨, 초콜릿을 사달라고 조른다. 한번은 맛있는 음식이
먹고 싶다며 사흘을 울었다. "예쁜 옷 사줘요, 공주 옷 사줘요."라고
조르다가 "엄마 돈 없어요?"라고도 묻는다. 엄마는 가슴을 친다.

　난방도 안 되고, 장난감도 공주 옷도 없이 세간이 텅텅 빈 집에
서 나디아는 계속 빙글빙글 춤을 췄다. 어린이집에서 열린 재롱잔
치 동영상 속에서도 나디아는 춤을 추고 있었다. 색동 한복을 입고
갑돌이와 갑순이 노래에 맞춰 덩실덩실 팔을 흔들었다. "완전 한국
애 같죠?" 나디아 엄마는 '갑순이'가 되어 춤을 추는 나디아를 바라
보며 웃다가 한숨짓다가를 반복했다.

엄마에게 '곰 세 마리' 가르쳐주는 아이

모린(2)은 마지막 소송 판결을 앞두고 있었다. 상대는 대한민국 정

부. 난민 불인정 결정을 취소해달라는 재판에서 2심까지 졌다. 3심 결과가 나오기까지 모린과 엄마는 3개월마다 한 번씩 출입국관리 사무소에 가서 '스탬프(일시적 체류 연장)'를 받아야 한다. 최종 난민 불인정 판결을 받으면 모린은 엄마와 함께 나이지리아로 돌아가야 한다. 모린의 엄마에게 그곳은 고향이지만 동시에 죽음의 땅이다. 전쟁과 정치적 탄압으로 다섯 형제가 그곳에서 죽었다. 한국에서 추방당하면 모린을 데리고 공항에서 노숙을 할지언정 고향으로 돌아갈 생각은 없다.

법적 신분이 가냘프게 연명되는 동안 모린은 하루가 다르게 자신이 태어난 땅, 한국에 단단히 뿌리를 내려갔다. 지역 이주민지원센터에서 한국어 수업을 듣는 엄마 품에 꼭 붙어 떨어지지 않던 모린이었다. 세이브더칠드런의 보육비 지원사업으로 집 가까운 어린이집에 다니면서부터 모린은 엄마 말고도 좋아하는 것이 많이 생겼다. 어린이집 버스가 오면 "엄마, 차! 엄마, 차!" 하며 팔짝팔짝 뛴다. 영어가 모국어인 엄마에게 두 살배기 모린은 가끔 한국어 선생님이 돼준다. "하루는 '엄마, 앉아.' 그래요. '앉아가 뭐야?' 물었더니 설명해줘요. 'Sit down, sit down.'" 모린 엄마가 한국어 동요 '곰 세 마리'를 유쾌하게 부를 줄 아는 것도 모린이 가르쳐준 덕분이다. 김치찌개 등 한국 음식이라면 뭐든지 잘 먹는 모린 덕분에 엄마는 부지런히 한국 요리를 배우고 있다.

모린에게 한국은 아직 따뜻한 곳이다. 신생아 때 반지하에 살면서 얻은 천식 때문에 엄마의 근심이 컸는데, 인근에 이주민 아동에게 무료 진료를 해주는 소아과가 있어서 걱정을 덜었다. 길거리에서

"아유, 귀여워라." 하며 예뻐해주는 한국 사람들을 모린도 모린 엄마도 좋아한다. 오래도록 이곳이 따뜻했으면 좋겠다고, 이 따뜻한 곳에서 모린이 계속 살 수 있으면 좋겠다고 모린 엄마는 매일 기도한다.

교육권과 건강권, 난민 아동에겐 그림의 떡

한국이 1991년에 비준한 유엔아동권리협약에 따르면 모든 아동은 자신 또는 그의 부모의 신분과 관계없이, 어떠한 종류의 차별 없이 모든 권리가 보장되어야 한다. 여기서 언급하는 아동의 권리 가운데 대표적인 것이 '건강권'과 '교육권'이다. 건강권은 물론이고, 교육권 역시 아동에게 생존과 직결되는 기본권이다. 제대로 배워야 현재 환경을 극복할 기회를 얻고 사회 구성원으로 살아나갈 힘을 기를 수 있기 때문이다.

한국에서 난민으로 살아가는 아이들은 이 두 가지 중요한 권리를 제대로 누리지 못하고 있다. 아동이라 할지라도 난민 신청자에게는 건강보험 혜택이 주어지지 않는다. 난민 인정을 받는다 한들 그 결정까지 기다리는 데 보통 1년은 걸린다. 길어질 경우 3년도 넘어간다. 부모들은 그저 그동안 아이가 아파서 병원에 갈 일이 없기를 바랄 뿐이다. 그러다 아이가 아프면 빨리 낫기만을 기도한다.

난민 아동 부모를 대상으로 한 설문조사에서 절반 이상이 "지난 1년간 자녀가 아팠을 때 병원에 가지 못했다."라고 답했다. "치료비가 비싸서"거나 "어느 병원을 가야 할지 모르고, 병원이 어디 있는

지 몰라서" 또는 "한국어를 잘하지 못해서"였다.[8] 병원 문은 늘 열려 있다. 하지만 난민 신청 후 6개월까지 취업이 불가능하고 생계비 지원 신청과 수급도 쉽지 않은 부모의 경제 여건상, 난민 아동에게는 병원 앞에 보이지 않는 벽이 있다.

교육권도 마찬가지다. 난민법과 초중등교육법상 난민 아동도 국내에서 초등학교, 중학교를 다닐 수 있다. 아직 무상교육이 도입되지 않은 고등학교도 수업료 등을 내면 입학이 가능하다. 하지만 거의 전적으로 난민 부모의 의지와 형편에 달렸다. 아이를 꼭 교육시키겠다는 의지로 부모가 백방으로 뛰어다니고 사정하고 부탁해야 학교장이 입학을 허락해준다. 학교에서 다른 학부모들이 반대한다는 등의 이유로 아이를 받아주지 않아도 딱히 제재 방안이 없다. 학교들은 대놓고 거부하지는 않지만 많이 난감해하는 편이다. "우린 외국인 학생이 없는데." "애들이 잘 적응할 수 있을까."라며 난민 아동 입학에 소극적인 경우가 많다. 주민등록이 안 된 아이를 받는 게 낯설고, 무슨 서류를 받아야 하는지 몰라서 시간이 지체되기도 한다.

난민 아동의 교육권은 종종 다른 권리의 부재에 의해서도 영향을 받는다. 2018년 한국에 입국한 난민 아동 마흐무드(11)는 동생들과 함께 편도 1시간 45분 거리의 초등학교를 버스와 지하철, 택시를 갈아타며 통학한다. 부모가 취업 허가를 받아 돈을 벌어 월셋집이라도 얻으려면 최소 6개월을 기다려야 한다. 임시로 머무를 수 있는 숙소는 최대 숙박 기간이 한두 달밖에 안 된다. 임시 숙소를 옮겨 다닐 때마다 복잡한 행정 절차를 거쳐 또 학교를 옮길 수도 없는 노릇이었다. 계속 공부를 하고 싶다면 멀더라도 처음 다니던 학교로 통학할 수밖에 없다. 안정적인 주거가 보장되지 않기 때문에 아동의 실질적인 교육권이 흔들리는 것이다.

법적으로 난민 신청 아동에게 주어지는 교육의 기회에 유아 교육은 포함되어 있지 않다. 유치원이나 어린이집을 다니고 싶으면 월 최소 30~40만 원의 원비나 보육비 전액을 내야 한다. 한국에서 보편복지 정책으로 시행되는 영유아 보육비·양육수당 지원을 난민 신청 아이들은 받을 수 없다.

초등학교 진학 전까지 일반 가정에서 태어난 한국 아이는 가정에서 부모와 지내며 언어와 사회성을 익혀도 그만이다. 하지만 난민 아동은 다르다. 이들에게 유아 교육이 주어지느냐의 여부는 실질적인 생존과 발달을 좌지우지한다. 한국어 능력이 부족한 부모와 집에만 있게 되면 자신이 사는 곳의 언어와 문화를 배울 기회가 없다. 출발선에서 뒤진 아이는 나중에 법적 난민 인정을 받더라도 한국 사회에 제대로 적응할 수 없다. 나디아나 모린처럼 어린이집에 간 아이들은 스펀지처럼 한국 문화와 정서를 습득한다. 어린아이들을 맡길 곳이 있어야 부모가 경제활동을 시작할 수도 있다. 부모가 경제활동을 해야 아이도 제대로 성장할 수 있다. 그 선순환의 고리를 알기에 세이브더칠드런 등 아동보호 단체들이 난민 아동 보육비 지원사업을 벌이는 것이다.

하지만 민간의 지원은 한계가 분명하다. 후원금에 의존하는 재정도 한정적일뿐더러, 주로 성향이 적극적이고 외부와 교류할 의지가 있는 난민 아동 부모만이 지역 센터와 연계돼 보육비를 비롯한 이런저런 지원을 받는다. 언론이 접촉 가능한 가정도 주로 그렇게 바깥세상과 긴밀히 소통하는 집에 그친다. 시민단체, 종교기관의 후원은 모든 곳으로 뻗어나가지 못한다. 도움의 손길이 닿지 못한 난민 가정의 아동이 정확히 얼마나 되며, 어떻게 살고 있는지 우리 사회는 알지 못한다.

우리는 난민에 대해 어떻게 가르치고 있나

"유엔 설립 후 최초로 도움을 받은 사람들이 '한국의 난민'이었습니다. 유엔 한국 재건단UNKRA은 구호 물품 지급뿐 아니라 집 없이 사는 한국 피난민을 위해 집을 지어주었고, 노천 영어 교습소를 열어 학구열에 불타는 피난민 학생들에게 영어를 비롯한 각종 학문을 가르치기도 했습니다. (…) 당신이 난민이 된다면, 하루아침에 모든 선택은 삶과 죽음에 직접 관련된 문제가 되어버립니다. 어느 누구도 난민이 되기를 선택하지 않았습니다."

2014년 경기도교육청이 제작한 《더불어 사는 민주시민》 교과서에 담긴 내용이다. 난민이 무엇이고 어떻게 바라봐야 하는지를 학교에서 가르칠 수 있는 유일한 정규 교육과정이다. 2019년 기준 경기도 내 학교 여덟 곳만이 《더불어 사는 민주시민》 교과서를 채택해 가르치고 있다.

출입국관리사무소, 행정소송, F-2 비자……. 실제 자신의 삶을 좌지우지하는 이런 어렵고 복잡한 '어른의 언어'에 난민 아이들의

울고 있는 아이에게 말을 걸면

마음은 크게 영향받지 않는다. 난민 인정 소송에서 져도, 비자 발급에 어려움을 겪어도 아이는 꿈이 있고 친구들과 재밌으면 인생이 즐겁다. '향후 한국에서 계속 살고 싶은가?'라는 질문에 '그렇다'고 대답한 난민 아동 54명에게 그 이유를 물었다.

아이들은 '아이의 언어'로 답했다. "공부를 하고 싶고, 꿈을 이루고 싶어서", "친구들과 도와주는 사람들이 있어서", "맛있는 게 있어서", "사계절이 있는 한국 날씨가 좋아서", "한국이 야구를 잘해서", "남산타워가 있어서", "문방구에서 좋은 것을 파니까."[9]

난민 아동들이 느끼는 가장 큰 상처는 또래 친구들에게서 당하는 차별이다. "너희 나라로 돌아가." "니가 한국에 있는 게 망신이야." "이 흑×아, 병×아, 꺼져, 이 흑돼지야." "왜 살아, 차라리 죽는게 나을 거라는 생각은 해본 적 없니?"

'국내 난민 아동 지원 방안 마련을 위한 토론회'에 발표자로 참석한 한 난민 여고생은 학교 책상 위에 빼곡히 적혔던 이런 무서운 말을 기억했다. 이렇게 한국 사람들에게 상처를 받았는데도 부모가 쓰는 영어보다 한국어가 더 익숙하고 한국 찌개나 탕 음식을 가장 좋아한다는 이 아이는 사람들 앞에 나서서 직접 쓴 발표문을 또박또박 읽었다.

"여군이 되어 약한 사람들을 보호하고 이 나라가 계속 안전할수 있도록 지켜내고 싶습니다. 신기한 게, 가나의 난민 캠프에 있을 때는 꿈이 없었는데, 한국에 오고 나서 꿈이 생겼어요. 함께 있으면 즐거운 나의 친구들, 사랑하는 가족들, 주변의 좋은 이웃들과 지금처럼 오래오래 함께하고 싶습니다."

무슨 일이 있어도
좋은 사람으로 남을 수 있을까

영화로도 제작된 코맥 매카시의 소설 《더 로드》에서 아이는 멸망한 지구에서 마지막 남은 인간성을 상징한다. 검은 강물, 재 덮인 하늘, 사람이 사람을 잡아먹는 디스토피아에서 희망 없는 여정에 나선 아버지와 아들은 매일이 생존 투쟁이다. 어느 날 한 남자가 이들의 식량을 빼앗아간다. 그를 쫓아가 옷과 신발을 벗기고 내쫓는 아버지에게 아들은 그러면 그가 죽을 거라고, 우리가 그를 도와야 한다고 주장한다. 자신과 아들의 생존을 걱정하는 아버지는 말한다. "네가 세상 모든 걸 걱정할 필요는 없다." 아들은 평소 아버지의 가르침을 들어 반박한다. "아버지가 그러지 않았나요? 우리는 마음속 불씨를 가진 좋은 사람이라고."

피와 살이 튀는 좀비 영화에서도, 총알과 포탄에 수만 명이 픽 픽 쓰러지는 전쟁 영화에서도 '아이만이 우리의 희망이다.'라는 메시지는 아무리 진부해도 꾸준히 서사의 중심에 깔리고 또 공감을 받는다. 좀비에게 쫓기던 아이 동반 일행을 집에 들일 것인가 말 것

울고 있는 아이에게 말을 걸면

인가 부부가 논쟁을 벌이는 장면을 보면서 우리는 '제발 빌어먹을 저 문을 열어주라고!' 마음속으로 외친다.

영화 〈쉰들러 리스트〉에서 언뜻언뜻 나타나는 빨간 코트의 소녀도 학살의 광기 속에서 최후의 보루처럼 지켜야 할 인간성의 은유로서 많은 관객들의 마음에 잔상을 남겼다. 동화 〈성냥팔이 소녀〉에서 꽁꽁 닫힌 문을 열어주지 않는 어른들을 보며 우리는 비슷한 생각을 하고 아이에게 비슷하게 가르친다. 잠자리에 누워 아이에게 동화책을 읽어주면서 "그렇다고 근본도 모르고 온몸이 지저분한 성냥팔이 소녀를 함부로 집에 들일 수는 없지."라고 말하는 부모는 아마 없을 것이다.

난민 아동수당과 아이 키우는 마음의 간격

하지만 현실은 디스토피아 영화나 잔혹한 동화 못지않다. 어느 날 아침 맘카페 여러 곳에서 난민 아동수당 반대 글들을 보고 충격을 받았다. 누군가가 올린 '난민 아동수당 반대 청와대 청원'에 3만 명 가까이 동의한 상황이었다. 소득 자산 상위 10% 가구를 제외한 모든 가정의 만 6세 미만 어린이에게 한 달 10만 원씩 아동수당이 지급된다는 발표(이는 2022년 4월 1일부터 대한민국 국적을 보유한 만 8세 미만 아동에게 지급하는 것으로 확대되었다)가 있고 나서 또래 아이들을 키우는 엄마들은 난민 아동'도' 이 돈을 받는다는 사실에 분노했다.

"나라꼴이 왜 이럴까요. 아동수당 지급되면 난민 더 늘어나는 게 아닌지."" 문재인 지지 후회 중. 인권위에서 경고 먹고도 단호하게 난민 추방하는 트럼프 같은 악역 맡을 우두머리가 필요해요. 누구에게나 선한 인권팔이 쇼통령 말고."" 저희도 일 안 하고 세금도 안 내고 걍 난민 할까 봐요."" 촛불 들고 광화문 한번 모입시다."" 우리의 혈세로 IS 전사를 키우려는 건가요?" 평소 후원하던 아동 보호 단체가 알고 보니 난민 아동을 돕는 사업도 하고 있더라며, 짜증 나서 당장 후원을 끊었다는 글도 보았다.

통계를 찾아봤다. 2017년 12월 기준 우리나라에서 난민으로 인정받은 0~4세 아이 수는 누적 79명이다. 2018년 당시 아동수당을 받는 만 5세까지라고 해봤자 100명이 되지 않았을 것이다. 어쩌면 《더 로드》의 아빠와 아이처럼 지옥 같은 폐허 속에서 벗어나 한줄기 빛 같은 피난처를 찾아 왔을지도 모를 아이들이다.

겨우 살아남아 우리나라 문을 두드린 그 아이들 중에서도 극히 일부만이 난민으로 인정받아 머무를 자격이 생긴다. 그들에게 나라가 '아동의 건강한 성장 환경을 조성하여 아동의 기본적 권리와 복지 증진에 기여하기 위해 도입한' 수당 한 달 10만 원을, GDP 세계 9위, OECD 가입국, 전 세계에 핸드폰을 팔고 한류 음악을 유행시키고 뉴욕 타임스퀘어에 광고도 내걸리고 해외여행 가서 삼성, 엘지 간판을 보면 눈물이 나올 것같이 자랑스럽고 위대하고 으쓱하다는 우리 대한민국이 100명도 안 되는 난민 아이들에게 쓰는 것이 그렇게 치가 떨리고 정의가 무너지고 광화문에 나가 촛불을 들어 막아야 할 일인가. 무엇보다 같이 아이를 키우는 마음을 알 법한 엄마들이 쏟아내는 그런 말들에 나는 섭섭해서 눈물이 핑 돌았다.

난민 허용이 쉬운 문제는 아니다. 행복지수 낮고 불행지수 높은 우리나라에서 각자도생하는 기분으로 하루하루 아이를 키우고 있는 사람들이 많다는 것도 안다. 이런 사람들에게 문화도 종교도 다른 이방인을 무조건 받아들여라 강요할 수도 없고 그래서도 안 된다고도 생각한다. 무조건 '착한 나라'가 되었다간 유럽 여러 나라들처럼 사회 내 갈등이 커져 되려 극우주의만 더 득세하게 될 수도 있다고도 생각하고 있었다. 하지만 이 정도일 줄은 몰랐다. 아이들까지 극단적 혐오의 대상이 될 줄은 몰랐다.

함께 누를 수 있는 공감 버튼이 있다면

사람의 생명을 경시하거나 아이들을 내치는 행동은 '나쁘다'고 생각한다는 내 말에 지인은 말했다. "그건 네 이데올로기가 휴머니즘이라서 그런 거고 다른 사람들은 아닌 거고." 휴머니즘이 다른 어떤 이념보다 우선되는 이데올로기가 아니라는 거다. 그런가? 진짜? 나는 그 사실을 믿기가 어렵다.

한 후배는 말했다. "선배의 버튼은 아동이었군요." 아동 인권 취재에 천착하다 보니 극단의 '차일디즘childism'(아동주의, 아동 권리 옹호주의. 아이들이 인간으로 존중받아야 한다는 개념)에 빠져버린 걸까? 내 버튼이 남의 버튼과 꼭 같아야 한다는 법은 없지만, 적어도 모두가 얕게라도 갖고 있(다고 믿었)던 공통의 버튼이 사라지고 있다는 점은 분명한 것 같다. 모두 각자의 버튼을 가진 상태에서 남의 버튼

소리는 듣지 않고 내 버튼만 연신 눌러대는 상황. 그 근원에는 공포가 있는 것 같다. 이대로 있다간 내가 당하겠다는 공포, 내가 내 잇속을 챙기지 않으면 나와 내 아이만 손해 볼 수 있겠다는 공포, 어설픈 이타주의로 허점을 보였다간 나와 내 가족의 생존이 위협받겠다는 공포. 그 공포가 실제가 되는 경우를 겪었고 또 간접적으로 접했기 때문이리라.

살아남은 모두가 생존의 공포에 떨다가 괴물이 돼버린《더 로드》에서 아들은 계속 아버지에게 묻고 확인한다. "우리는 좋은 사람인가요? 아직도? 무슨 일이 있어도요?" 소설이나 영화에서 보던 디스토피아가 요즘 부쩍 내 곁에 다가온 느낌이다. 주검이 된 채 수레짝에 실린〈쉰들러 리스트〉속 빨간 코트 소녀를 매일 한 명씩 목격하고 있는 기분이다. 나도 묻고 싶다. 우리는 좋은 사람인가? 아직도? 무슨 일이 있어도?

울고 있는 아이에게 말을 걸면

5장

팬데믹 교육 공백,
100년의 빚

학교를 왜 가야 하나
답해야 하는 시간

학교는 일견 돌아가는 것처럼 보였다. 2020년 고3부터 시작한 순차 등교 개학이 6월 8일 초등 5~6, 중1까지 모두 마무리됐다. 그때 겨우 모든 초·중·고교 학생이 새 담임교사와 같은 반 친구들 얼굴을 확인했다. 짜놓은 시간표대로 수업을 마치고 시험을 치르며 급식도 먹었다. 학생들은 일과 내내 마스크를 벗지 않고 손 씻기, 거리두기 에도 그럭저럭 잘 동참했다. 교복 입고 책가방 멘 학생들이 학교 교 문을 들어서고 나오는 모습은 팽팽하게 긴장되어 있던 우리 사회에 다소간 안정감을 줬다. 코로나19로 무너진 일상이 조금씩 회복될 수도 있지 않을까, 작은 기대감도 선사했다.

그러나 안타깝게도 학교는 예전과 같을 수 없었다. 등교 개학을 시작한 학교 현장에서 이미 몇 가지, 아니 수십 수백 가지 시행착오 가 보고되었다. 등교 개학 이전에 걱정하고 예상하던, 충분히 예측 가능했지만 별다른 도리가 없어 결론을 못 내리고 뭉개왔던 문제들 이 에누리 없이 정직하게 튀어나왔다.

이를테면 다음과 같다. "규정상 37.5도 이상 발열, 기침, 근육통, 두통, 인후통 등 코로나19 의심 증상 중 하나라도 있는 학생은 등교를 '중지'당하는데, 그렇다면 기초 체온이 높거나 만성 두통, 만성 기침이 있는 학생은 증상이 나타날 때마다 매번 코로나19 진단 검사를 받지 않는 한 영영 학교를 못 가나요?"(의사에게 기저질환 소견서를 받아오면 등교가 가능하다고 하지만 책임 소재 때문에 대부분의 의사들이 소견서 내주기를 꺼렸다.)

"저학년 돌봄 문제 때문에 초등 1, 2학년을 더 빨리 등교시킨다고 했지만 정작 등교 개학이 시작되면서 많은 학교들에서 긴급 돌봄 운영을 끝냈습니다. 학교 가는 날은 일주일에 하루이틀뿐인데 나머지 원격 수업 날에는 맞벌이 가정의 자녀들이 갈 곳이 없어 학부모가 일을 그만둬야 할 지경입니다."(교육부는 모든 학교에서 긴급 돌봄 운영을 유지하도록 하겠다고 밝혔지만 예산과 인력 부족 등의 문제 때문에 제대로 진행하지 못하는 곳이 여전히 많았다.)

"수업 시간은 그렇다 치더라도 쉬는 시간에 학생들의 사회적 거리두기가 가능할까요?"(그래서 대부분의 학교들이 쉬는 시간, 중간놀이 시간을 없앴다.)

"기존대로 급식을 진행하면 감염 위험이 너무 높아지지 않을까요?"(그래서 어떤 학교는 급식을 아예 안 하거나 학부모에게 선택권을 주거나 빵, 떡, 주스 등의 간편식으로 대체했다.)

"숨 막히는 마스크를 쓰고 대화 금지, 토론 금지, 접촉 금지 학교에서 칠판만 바라보는 수업을 하느니 차라리 집에서 온라인 수업을 하는 것이 더 안전하고 효율적이지 않나요?"(많은 교사들이 조심스럽

울고 있는 아이에게 말을 걸면

게 다양한 수업 활동을 기획해보다가도 '책임질 일이 생기면 어쩌나'라는 우려 때문에 포기했다.)

교육부, 교육청, 학교, 교사의 전화기에 이런 질문들이 문의·민원·항의 형태로 불이 나게 쏟아졌다. 그 누구도 명쾌한 답을 전해주지 못했다. 이런 혼란이, 부딪치고 풀어가다 보면 어느 순간 정답으로 향해가는 시행착오라면 얼마나 좋을까? 하지만 팬데믹 이후 학교 현장에서 터져 나오는 딜레마들은 말 그대로 '답이 없다.' 상황은 현기증 나게 유동적이고 모두가 난생처음 이런 일을 겪는 데다가 시간이 흐른다고 더 나아진다는 보장조차 없다. 가장 골치 아픈 점은, 등교 수업에서 불거지는 딜레마의 양상이 두 가지 양보할 수 없는 우리 사회 핵심 가치의 충돌이라는 사실이다. 바로 '방역(안전)'과 '학습권(배움)'이다.

'방역'과 '학습'은 어떻게 서로를 배반하는가

교육부는 2020년 6월을 '등교 수업 지원의 달'로 삼고 그 목표를 이렇게 정했다. "원격 수업과 등교 수업 병행에 따라 발생할 수 있는 돌봄 공백을 최소화하고, 학교가 우리 아이들의 안전과 학습에 더 집중할 수 있도록 한다."

그러나 한 문장 속에 병렬로 배치된 '안전'과 '학습'은 서로를 배반한다. '오프라인 학교에선 온라인 수업이나 학원에서 얻을 수 없는 배움이 일어나야 한다'와 '학교에서 코로나19 확진자가 나오면 안 된다'라는 두 원칙을 모두 충족시키는 것이, 사실상 '미션 임파서블'에 가깝다. 또한 둘은 상충하는 가치다. 배움의 수준을 높이려면 방역이 위협받는다. 방역의 수준을 높이려면 다양한 배움 활동이 불가능하다. 둘 중 하나를 선택할 수 있는 문제도 아니다. 극단적인 배움의 추구는 팬데믹 현실에 눈감는 일이고, 극단적인 방역의 추구는 "왜 굳이 학교에 나가야 하나?"라는 질문을 피할 수 없다.

두 마리 토끼가 될 수 없는 '방역'과 '배움'에 한동안 우리 사회는 미련을 버리지 못했다. 2020년 5월 8일 등교 개학을 앞둔 한 고등학교를 방문한 문재인 대통령은 말했다. "이제 학교가 방역의 최전선입니다. 단 한 명의 감염도 막겠다는 마음으로 모두 힘을 합쳐 안전한 학교생활을 만들어갑시다." 그해 5월 20일 조희연 교육감은 "학교 구성원들이 방역과 학업 두 마리 토끼를 모두 잡을 것으로 기대한다."라고, 6월 1일 박종훈 경남교육감은 "단 한 명의 학생 확진자도 발생하지 않도록 선제적이고, 적극적인 대응을 해주기 바란다."라고 말했다.

희망의 메시지가 주는 이점이 분명히 있다. 하지만 '무엇도 포기할 수 없고 포기해선 안 된다.'는 전제가 주는 고통도 만만치 않았다. 코로나19로부터 완벽하게 안전하면서도 학생을 성장시키는 배움이 일어나는 학교가 존재할 것처럼 이야기하는 순간, 학교 현장에서 나타나는 모든 혼란은 이해관계에 의한 소소한 갈등이나 여차저차 개선 가능한 시행착오 정도로 축소돼버렸다. 실제로는 그 혼란이 '이대로의 공교육이 지속 가능한가.'를 묻는 치명적 징후였음에도 불구하고 말이다.

울고 있는 아이에게 말을 걸면

학교에서 완벽한 방역이 불가능한 까닭

2020년 학교는 왜 코로나19 방역의 최전선이 될 수 없었나. 서울의 한 고등학교 교사는 '학교는 코로나19 방역의 최전선이다'라는 문장에서 받는 느낌을 이렇게 표현했다. "자유민주주의 국가의 이상은 전 국민의 자유와 평등이라는 말 같네요." 추구하는 이상은 될 수 있으나 현실이 될 수 없는 그 명제가 교육부의 '유·초·중등 및 특수학교 코로나19 감염예방 관리지침'과 '학생 건강상태 자가진단 시스템' 속에서는 형형하게 살아 있었다. 조금이라도 의심 증상이 나타나는 학생과 교직원은 학교 근처에 얼씬도 못하게 돼 있었다. 구성원 간 '철저하게' 거리두기를 하고 수업 중 증상이 나타난 학생은 '지체 없이' 선별 진료소로 이동하며 마스크, 손 세정제, 종이 타월 등 위생 물품이 늘 '충분히' 비치돼 있는 곳이 매뉴얼 속 학교의 모습이었다.

현실에선 불가능했다. 교사는 매일 아침 학생 건강상태 자가진단 실행률을 체크하지만, 학교에 가고 싶은 학생과 학교에 아이를 보내고 싶은 학부모의 자의적 답변까지 알아챌 수 없다. 발열 체크에서 걸러지지 않는 의심 환자는 학교에 상시 존재할 수 있다. 많은 교사들은 '갑자기 우리 반 학생이 열이 나고 증상을 보였을 때'의 행동 시나리오를 두고 혼란스러워했다. '안전한 장소에서 대기하다가 지체 없이 선별진료소로 이동'은 매뉴얼 속에서나 가능할 뿐 실제로는 그 일을 실행할 시간, 인력, 공간이 턱없이 부족했다. 방역 물품도 갖춰져 있지만 그림의 떡인 경우가 많았다. 경기도의 한 중

학교 교사는 이렇게 말했다. "샀어요, 사긴 샀는데 쓰지 말라고 해요. 앞으로 상황이 길어지고 예산은 한없이 내려오지 않을 테니 최대한 비축해놓아야 한다고요. 마스크도 학생들이 잃어버리거나 안 갖고 오면 주기는 주되 빌려주는 걸로, 다음 날 집에서 갖고 와 채워 넣으라고 하더라고요."

게다가 이 모든 지침은 엄밀히 말하면 '정규 일과 중 학교의 공간과 시간'에만 해당됐다. 2020년 등교 개학이 시작되기 전부터 운영되던 오전 긴급 돌봄(원격 학습지원) 시간과 방과후 돌봄교실 시간은 사실상 학교 방역의 사각지대였다. 학생은 건강상태 자가진단 없이도 돌봄교실에 입장이 가능했고 뚜렷한 발열이 아니고서는 참여를 막을 근거도 마땅치 않았다. 거칠게 말하면, 기침 콧물 증세가 있는 초등학생이 등교 수업 날 자기 학급을 찾아가는 건 안 되지만 돌봄교실에 머무르는 건 가능했다. 돌봄에선 여러 학급, 여러 학년 학생들이 또 뒤섞였다. 돌봄 수요가 높은 학교는 좁은 돌봄교실 내 '거리두기'도 무너졌다. 이를 막고자 경미한 기침, 콧물, 두통, 인후통 증세가 나타난 모든 학생의 돌봄 이용을 막으면 학부모가 일터에 나갈 수 있는 날이 얼마 되지 못했다.

서울시 한 초등학교에서 일하는 시간제 돌봄 전담사는 말했다. "자가진단 체크를 포함한 모든 교육청 지침이 우리하고는 상관없어요. 아프면 등교하지 말라지만 돌봄은 그냥 다 와요. 맡길 곳이 없어 돌봄에 보냈을 텐데, 직장에서 일하는 학부모에게 연락해 '아이가 지금 콧물 좀 나니 데려가라.'고 말하기도 어렵고요. 분반 수업이니 격일 등교니 해도 어차피 돌봄에서 아이들은 다 섞여요. 한마

울고 있는 아이에게 말을 걸면

디로 주먹구구식이죠. 의미가 없어요." 한번은 돌봄교실 한 학생이 갑자기 고열이 나고 기침을 심하게 해서 부모에게 연락을 했다. 저학년 아이를 빈 공간에 혼자 격리해둘 수도 없고 다른 아이들 사이에 섞어놓을 수도 없었다. 할 수 없이 돌봄 전담사 곁에 앉혀놓고 학부모가 올 때까지 기다렸다. 돌봄 전담사가 몸이 아플 때는 어떻게 하는지 매뉴얼이 있느냐고 묻자 그녀는 답했다. "그런 거 없어요. 그냥 '학교에 물의를 일으키지 마라.'는 지침만 전달받았어요. 그냥 아무도 코로나19에 안 걸리기만을 바랄 뿐이죠."

특수학교에도 똑같은 학교 방역 지침이 내려왔다. 밀접 접촉 금지, 전원 마스크 착용, 화장실 혼자 가기 등 애초에 지킬 수 없는 것들이 대다수였다. 한 특수학교 교사는 말했다. "지금도 매일 제가 일일이 밥 떠먹이고 화장실 따라가서 용변 처리를 도와주고 있어요. 밀접 접촉이 안 일어날 수가 없어요. 감각이 예민해서 아예 마스크 착용이 안 되는 친구들도 있고요. 우리 학생들은 또 고위험군이기도 해서 매일 조마조마해요." 모두가 최선을 다하고 선의로 움직여도 안 되는 일들이 있었다. 학교에서 코로나19를 원천 차단하는 일이 그중 하나였다.

뛸 수 없는 체육 시간, 노래할 수 없는 음악 시간

'완벽한 방역'은 불가능하지만, '추구'해야 하는 가치다. 이 추구가 학교에서는 심각한 문제를 일으켰다. 학교에 가면 제대로 배워야 의미가 있는데, 방역을 추구하면서는 다양하고 풍부한 배움 활동을 함께 추구할 수가 없다. 배움은 국·영·수 지식 전달 수업에서도 일어나지만 등하굣길 친구와의 수다, 쉬는 시간 술래잡기, 점심시간 식사 지도, 방과후 운동장 놀이에서 더 강렬하게 일어날 수도 있다. 2020년 코로나19 팬데믹 이후 모두 금지된 활동이었다.

수업조차도 일방향으로 진행할 수밖에 없었다. 이준수 초등학교 교사는 말했다. "코로나 이전 초등학교 교실은 디귿자 책상 배열이 기본이었어요. 대부분 교과 활동도 모둠 활동으로 진행했고요. 모든 책상을 칠판 방향으로 돌려서 나란히 둘 때는 단원평가를 치를 때밖에 없었는데 이제 그 '시험 대형'으로밖에 수업을 진행하지 못하게 됐어요." 배움의 핵심 요소인 '피드백'도 비말 전파를 최소화하는 방식으로 제한됐다.

"어떤 선생님들은 대답하는 대신 '이해되면 손가락 하나, 이해가 안 되면 손가락 다섯 개'를 들라며 수신호 피드백을 생각하기도 하더라고요. 마스크로 표정도 반 이상 가려진 상태에서 본능적으로 튀어나오는 음성 반응과 대답까지 없다고 생각하면 도대체 대면 수업의 장점을 어디에서 찾아가야 할지 고민이 커요."

예체능 과목 학습은 사실상 접었다고 해도 무방했다. 체육 시간에는 더운 날씨에 마스크를 써도 숨차지 않으면서 운동이 되는 신체 활동을 찾아내야 했다. 이론 수업과 몇 가지 '표현' 활동만 살아남고 대부분의 '경쟁' 활동은 언감생심이었다. 음악 수업도 할 수 있는 게 없었다. 노래 금지, 리코더 금지, 공용 악기 사용 금지. 김지수 중학교 음악 교사는 말했다. "할 수 있는 건 감상 수업밖에 없어요. 수행평가도 음악 듣고 제목을 맞힌다든가 하는 식으로밖에 못 하고요. 정말 말도 안 되죠."

특히 초등학교 1학년을 바라보는 교사들의 마음이 복잡했다. 한 초등 교사의 말이다. "학교를 너무 재미없고 힘든 곳으로 생각하는 학생들이 많아질 것 같아요. 초등학교 1학년은 새로운 규칙과 공간에 적응하고 선생님, 친구들과 친해지면서 학교의 즐거움과 새로움을 배우는 황금 시간이잖아요. 교사가 아무리 교육 철학이 있어도 일단은 아이들을 '살려서' 하교시키는 게 일차 목표가 됐어요. 처음 학교에 발 디딘 아이들에게 하루 종일 '양팔, 양팔(간격)', '마스크 끼세요', '말하지 마세요' 이런 말만 반복해야 되니 자괴감이 들어요. '거리두기 잘 지키나.' 하고 바라보는 시선도 사실상 감시에 가까운 것 같고요. 이 모든 게 너무 비교육적이에요."

최대한 안전을 지키면서도 해볼 수 있는 것들을 조금씩 시도하면 안 될까? 학교 관계자들은 이런 질문에 손사래를 쳤다. "어휴, 큰일 날 소리 마세요. 그러다 문제가 발생하면 학교나 교사가 다 책임지게요?" 결국 '안전빵'이다. 한 초등 교사는 학교 회의에서 합의한 내용을 전해줬다. "온라인 수업, 등교 수업, 방역 세 가지를 함께 이뤄내야 하는 상황에서 세 마리 토끼를 다 잡을 수 없으니 하나만 열심히 하자고 했어요. 그게 방역이에요. 일단 우리 학교에 나온 아이들이 안 아픈 게 제일 중요한 거죠. 알찬 수업 같은 건 생각할 겨를이 없어요. 안전이 최우선이라고 교육부와 교육청에서 강조하기도 하고요."

주어진 자율성에도 '책임 소재' 걱정뿐

두 가지 중요한 가치가 충돌할 때 보통 꾀하는 것은 '조화'이다. 방역과 학습 두 가지 모두를 포기할 수 없다면 둘 다 조금씩 양보해서 적정 수준의 위험과 손해를 감내하는 방법이 최선이다.

2020년 1학기, 학교 등교 수업에 대해서는 그런 '적정 수준'에 대한 결정도 합의도 이루어진 바가 없었다. 정해진 것이라곤 하루에 등교하는 학생 수를 3분의 1 혹은 3분의 2 이하로 유지하라는 지침, 그리고 확진자가 한 명이라도 나오면 학교 문을 일정 기간 무조건 닫는다는 원칙 정도였다. 확진자가 계속 나오는 학교는 그럼 영영 문을 못 여나? 그러면 수업일수는 어떻게 채우지? 시험, 대입 전형은 어떻게 하고 다른 학교와의 형평성 문제는 어찌할 것인지? 수업일수를 조금 축소하고 수능 일정을 한 달가량 미루는 것으로는 앞으로의 불확실성에 대비할 수 없는 당시 상황에서, 학교가 유지하고 있던 원칙과 규정은 매우 한가로웠다.

어느 선이 방역과 학습의 적정 조화 수준인지 아무도 답을 내놓지 못하는 가운데 교육부는 몇 가지 대원칙 외에 세부 사항은 모두 시도 교육청과 일선 학교에서 자율로 결정하라고 넘겼다. 전무후무한 '권한 이양'이었다. 교육 자치를 두고 상급 기관과 이런저런 갈등을 벌여온 역사가 유구하지만 재난 시기에 날아든 자율은 교육청과 일선 학교들에게 '뜨거운 공'과 같았다. 교육청은 학교에 공을 넘겼고 학교는 학생과 학부모에게 공을 넘겼다. 모두가 '권한 이양'에 따른 '책임 이양'을 두려워한 결과였다.

결국 대부분의 등교 수업 방안은 학부모 설문조사로 이뤄졌다. 주2회 등교할지 3회 할지 매일 할지, 학년별로 나눌지 학급별로 나눌지 한 반 학생을 홀짝 번호로 쪼개 등교할지, 월·화·수 등교할지 수·목·금 등교할지 월·목·금 등교할지, 등교 시간을 저-중-고학년 순서로 할지 고-중-저학년 순서로 할지 학부모는 알리미 앱에서 쏟아지는 설문 문항에 허겁지겁 체크를 하고 학교는 다수결에 따라 운영 방침을 정했다.

많은 학교 구성원들이 절감했다. 학교는 개개인의 자율성과 책임을 바탕으로 한 민주적 의사결정 경험이 너무나도 일천했다. 대부분 학교 현장 속에서 '자율'은 야간자율학습에나 담겨 있는 수사에 불과했고, '책임'은 최대한 몸 사리며 피해가야 할 폭탄 같은 거였다. 이윤승 고등학교 교사는 말했다. "방역 전문가가 아닌데 판단하고 결정할 일이 쌓여 있으니 모두가 갈팡질팡해요. '이거 질병관리본부가 판단해야 하는 거 아니야? 우리가 결정해도 되나? 잘못되면 내 책임인가?' 결국 판단이 안 서면 '하던 대로 하자.' 혹은 '옆 학교에서는 어떻게 한대?'로 가는 거죠."

다른 고등학교 교사는 기자의 이해를 돕기 위해 학교의 상황을 언론사 데스킹 과정에 빗대 설명했다. "평소에 기사를 써오면 하나도 마음대로 못 나가게 꼬치꼬치 다 따지며 고치고 지적하는 데스크가 있었다고 생각해봐요. 그러던 데스크가 갑자기 일선 기자가 위험한 기삿거리를 하나 물어오자 '난 몰라, 네가 알아서 써, 난 데스킹 안 봐.' 이런 형국인 거죠. 기자가 용감하게 기사를 쓸 수 있겠어요?"

책임을 두려워하는 교원들을 안심시키려 교육계 수장들은 면책 선언을 내놓았다. 유은혜 사회부총리 겸 교육부 장관은 "고의와 중과실이 없다면 교사의 코로나19 관련 업무는 적극행정면책이 되도록 조치할 계획"이라고 밝혔다. 세종시 최교진 교육감은 관내 교직원들에게 편지를 보냈다. "매뉴얼이 미처 채우지 못하고 있는 공백을 교육 공동체의 자율적인 판단으로 채워주십시오. 과감하게 판단하고 신속하게 대처해주십시오. 그에 따른 책임은 교육청이, 아니 교육감이 지겠습니다. 교직원 여러분께서 방역의 주체가 되어주시면 교육감은 방역의 책임자가 되겠습니다."

하지만 교원들의 마음은 쉽사리 열리지 않았다. 한 고등학교 교사는 물었다. "'내가 다 책임지겠다.'는 말이 정치적 수사 이상의 의미가 있을까? 극단적으로 학생이 학교에서 코로나19에 걸려 사망했다고 했을 때, 학부모나 사회는 정말 교사와 학교에 책임을 묻지 않을까? 법적 책임에서도 정말 자유로울까?" 2020년 5월 "학교 내 확진자가 발생할 경우 해당 학교를 엄중 문책할 예정"임을 밝혔다가 논란을 일으킨 부산시교육청의 공문(추후 공문을 수정하고 학교들에 사과 메일을 보냈다) 사태 같은 일들을 보고 일선 교원들은 이런 심증을 확신으로 굳혔다.

민주주의를 경험한 학교들의 코로나19 대처법

학교들은 위기가 발생하자 두 갈래로 갈렸다. 서로 떠넘기고 눈치

울고 있는 아이에게 말을 걸면

보다 원래 하던 대로 혹은 남들 하는 대로 따라 하는 학교, 권한과 책임을 나눠 지고 자발적 참여에 따라 구성원 간 합리적인 의사결정을 이끌어낸 학교.

차이는 민주주의의 경험이었다. 코로나19 이전부터 민주적 의사결정 과정이 작동하던 학교들은 갑자기 늘어난 업무와 책임, 끊임없이 발생하는 돌발 변수에 비교적 유연하게 대처했다. 발생한 문제를 두고 비난 대상을 찾기보다 해결 방법에 집중했다. 서로가 자발적으로 할 일을 찾고, 내 일 네 일 나누지 않고, 시행착오가 생겨도 서로가 서로를 탓하지 않을 거라는 믿음이 있었다. 학교 내 민주주의가 알고 보니 감염병 위기를 버티는 학교의 기초 체력이었다.

세종시 소담초등학교가 좋은 사례다. 이 학교는 2016년부터 '민주주의 경험'을 쌓아왔다. 학생·학부모·교직원 세 주체가 한 달에 한 번씩 연석회의를 열어 현안을 공유하고 사업을 기획하고 예산을 편성했다. '쓰레기통을 좀 더 곳곳에 설치해달라', '왜 실내화 색깔이 꼭 하얀색이어야 하나.'라는 학생 의견도 논의되고 반영되었다. 교무실에서 함께 자장면을 시켜 먹다가 급히 결성된 '소담초 아버지회'도 학교의 일손과 고민을 나눠 맡았다. 학교는 문제 발생 시 책임 소재 때문에 대개 꽁꽁 닫아놓기 마련인 강당과 운동장을, 그것도 주말에, 벼룩시장과 음악회 같은 마을 공동체 행사에 열어주기도 했다.

이렇게 굴러가던 학교 민주주의가 있었기 때문에 코로나19 같은 위기도 비교적 빠르고 유연하게 대처해낼 수 있었다. 소담초 김현진 교사는 말했다. "어떤 의사결정을 해도 빈 구멍이 있는데 여러 지역, 학부모 공동체가 그걸 메우려고 애를 써줬어요. 학교에 '왜 이런 거 안 해줘?' '남들은 이렇다는데 왜 우리만 이래?'라기보다 '혹시 이 부분에서 우리가 도와줄 수 있는 게 뭘까?'라고 함께 고민해줬어요." 다른 많은 학교들에서 인력을 구하지 못해 발을 동동 굴렸던 방역, 긴급 돌봄, 원격 학습 지원 도우미도 지역·학부모 공동체의 자원으로 수월하게 메울 수 있었다.

소담초 학부모 임진희 씨는 말했다. "직접 회의에 참여하고 학교 내 방역이 이뤄지는 과정을 듣고 직접 보기도 하니까 오히려 마음이 놓였어요. '학교가 최선을 다하고 있구나, 학부모가 할 수 있는 일은 뭐가 있을까?' 이렇게 서로가 서로를 도와야겠다는 생각도 들었고요." 이런 신뢰 안에서 교사들은 자신감을 갖고 교수 활동을 펼쳐나갔다. 최대한 방역 수칙을 지키면서 할 수 있는 야외 나들이 수업을 궁리하고 감정 카드로 아이들의 내면을 다독여주는 프로젝트 수업도 기획해봤다. 온라인 수업을 잘 따라가기 힘든 학생들을 학교로 불러 개별 지도하기도 했다.

경남 산청군의 대안 특성화 고등학교인 간디학교도 기존에 작동하던 민주주의 구조 속에서 방역과 학습의 조화를 최대한 꾀했다. 운동장에서 거리를 두고 요가 수업을 진행하고, 축구·제빵 등 동아리 활동들도 무조건 막기보다는 할 수 있는 범위 안에서 가능토록 지원해주기로 했다. '이동 학습'이라 불리는 1학년 여행 수업을 없애는 대신 당일치기 지리산 종주 같은 대안 프로그램으로 바꿨다. 매년 진행하던 해외 봉사활동은 근처 어린이학교 벽화 그리기로라도 대체하면서 그 취지와 정신을 살려나갔다. 식구 총회, 월

울고 있는 아이에게 말을 걸면

요일 '주를 여는 시간' 같은 자리를 통해 학교 구성원 모두가 이런 결정과 판단에 참여하는 구조가 익숙하고 자연스럽다.

함께 고심하고 함께 책임지는 구조가 불신과 두려움을 없앤다. 간디학교 박종훈 교사는 말했다. "만약 학교 안에서 확진자가 발생하면, '유별나게 굴다 걸렸지.' 하며 밖에서 욕을 들을지언정 학교 구성원끼리는 서로 비난하지 않을 거라는 믿음이 있어요. 함께 결정하고 지탱하는 구조 속에서 문제가 생겨도 함께 헤쳐나갈 거라고 서로가 서로를 믿는거죠." 박 교사는 이를 "책임에 관해 외롭지 않을 거라는 확신"이라고 말했다.

학교의 존재 의미를 찾아서

학생이 아침에 눈을 떠 책가방을 메고 학교에 가게 만드는 동력은 각자가 매일 다 달랐다. 졸업장을 따려, 대학에 가야 하니까, 교과 수업이 재미있어서, 중간놀이 시간 친구와 딱지치기 하러, 음악 시간 합창 연습이 기대돼서, 점심시간에 좋아하는 친구와 나란히 앉아 밥 먹으려고, 방과후 바둑 수업이 즐거워서, 돌봄교실 간식이 맛있어서……. 이와 같은 수많은 이유 가운데, 코로나19 이후에도 살아남은 학교의 존재 의미는 몇 가지 되지 않는다. 출석, 시험, 입시, 진도 정도가 겨우 살아남았다.

여기에 한두 개씩이라도 더, 학생이 학교에 갈 이유를 추가해가는 과정이 코로나19 시대 공교육의 목표일 수 있다. '굳이 학교를 왜 가야 하나?'라는, 존재하고는 있었지만 보편적이지 않았던 질문이 이제 피할 수 없는 공교육의 핵심 의제가 되었다. 정면으로 그 질문을 맞닥트리고 치열하게 답을 찾아야 할 시간이다. 그 지난한 과정에서 방역과 학습, 안전과 배움의 적정 균형을 찾는 일 또한 피할 수 없다. 그래야 교육이 멈추지 않는다. 또한 그 일은 교육부, 교육청, 교사, 학부모, 학생과 동시에 학교 안팎 우리 모두의 책임이다.

울고 있는 아이에게 말을 걸면

1년의 교육 공백,
100년짜리 빚이 되다

팬데믹 이후 우리 사회는 아이들의 미래와 관련된 무언가를 선택했다. 아이들을 학교에 제대로 보내지 않았다. 밖에서 뛰어놀거나 친구들과 만나게 하지 않았다. 도서관, 박물관, 체육관, 지역아동센터, 청소년센터 같은 사회·복지·문화·체육 공공시설의 문을 닫고 계획된 프로그램들을 취소했다.

불가피한 선택이었다. 우리 사회의 최대 가치는 방역이었다. 코로나19는 신종 바이러스였고 우리 모두는 두려웠다. 확진자 수를 줄이기 위해서라면 무엇이든 했다. 학교 문을 닫는 선택 또한 그 가운데 하나였다. 그렇게 선택하지 않았다면 그에 따른 비용이 발생했을 것이다. 더 많은 확진자 수, 더 높은 어린이 감염률, 더 잦은 학교 내 감염 사례 같은 것들이다. 이런 비용은 매우 즉각적이고 가시적으로 우리 앞에 청구된다.

최악을 피하려 차악을 선택했다. 하지만 차악이라 판단한 선택에도 대가는 뒤따른다. 제한적인 등교 수업으로 학생들은 학습 손실을 경험했다. 또래 집단과 관계를 맺을 기회가 차단됐다. 신체를 단련하고 감수성을 증진하고 정서를 고양시킬 기반을 잃었다. 다양한 공동체 경험과 문화 자본을 쌓아줄 매개 공간과 사람이 사라졌다. 이 공백의 비용은 당장 눈에 보이지 않는다. 즉각 청구되지도 않는다. 천천히, 하지만 아주 오랫동안 갚아나가야 할 빚이다. 상환의 주체는 선택을 행한 현재의 어른들이 아닌, 자라나는 미래 세대다.

과거로 돌아갔을 때 다른 선택을 했어야 했느냐는 물음에 나는 답을 내지 않을 것이다. 우리의 선택이 과연 최악이 아닌 차악이 맞는지를 따지는 것도 중요하지만 그보다 급한 일들이 있다.

첫째, 이미 진 빚의 규모와 성격을 가늠해야 한다. 우리가 아이들에게 지워준 빚이 얼마짜리인지 어떤 종류의 것인지 알고는 있어야 한다. 둘째, 누구에게 그 빚이 더 전가되었는지 파악해야 한다. 재난의 피해는 불평등하게 분배되었다. 아이들에게도 예외가 아니었다. 더 많이 무너진 곳을 발견해서 복구의 우선순위를 매겨야 한다. 셋째, 상환을 도와야 한다. 아이들이 어떻게 하면 그 빚을 조금이라도 더 빠르고 덜 고통스럽게 탕감할 수 있을지 방법을 강구해주어야 한다. 동시에 빚을 더 불리지도 말아야 한다.

코로나19는 쉽게 종식되지 않을 것이다. 과거에 불가피했다고 판단한 그 선택이 현재에도 과연 타당한지 불가피성을 다시 평가하고, 다른 선택지들이 더 생겨나지 않았는지 대안을 모색해야 한다. 그것이 지금의 아이들이 훗날 '코로나 세대'라 불리는 불행한 집단이 되지 않게끔, 그들에게 큰 빚을 안겨준 어른들이 해야 할 최소한의 노력이다.

울고 있는 아이에게 말을 걸면

방역 논리 앞에 가로막힌 등굣길

한국인들은 코로나19 위기 상황에서 교육의 가치를 최우선 순위에 두지 않았다. 방역을 위해 등교 제한을 감수했고 입시 학년에 가까워질수록 그 원칙을 풀었다. 코로나19 발생 이후 축적된 과학적 데이터들에 따르면 이는 합리적인 선택이 아니었다. 전 세계 보편적인 흐름도 아니었다. 이 선택으로 감수한 비용은 국가적으로는 남은 세기 동안 GDP 1.5% 감소, 개인적으로는 평생 임금 3% 하락이라는 추정치가 나왔다. 학생들의 사회성 손실과 정서적 피해는 계산조차 불가능하고 원격 수업으로 대체하기도 힘들다.

2020년 11월에 코로나19 이후 한국 사회를 조망하는 대규모 사회 조사가 있었다. 설문 문항 중에는 '교육 위기'에 관한 질문들도 포함됐다.[1] 코로나19로 학생들이 학교에 제대로 가지 못하는 현 상황을 어떻게 생각하는지 물었다. 여론은 명백했다. 응답자들은 초중고의 등교 최소화를 원했다. 등교 제한으로 인한 교육 위기를 걱정하긴 했지만(84.4%), 자영업(93.9%)·청년 고용(92.1%)·실직(91.7%)·건강(91.5%)·기업 도산(88.7%) 같은 다른 위기를 걱정하는 응답자들이 더 많았다. 학생들의 전반적인 학력 저하(81.6%), 학습 격차(83.6%), 사회성 저하(78.5%) 등을 우려했으나 등교 학생들의 감염(95.1%), 감염 학생들이 가족과 이웃에 바이러스를 퍼트릴 위험(94.3%)을 더 걱정했다.

국민들은 "아이들의 미래에 피해를 주지만, 방역이 우선이므로 (등교 제한을) 감수해야 한다."는 결정을 내렸다. "아이들의 미래에 피해를 주기 때문에 철회되어야 한다."는 의견은 4.6%에 불과했다. 특히 어린 학생일수록 등교를 막아야 한다는 의견이 높았다. "가서는 안 된다."는 비율은 저학년일수록 높았다. "매일 가야 한다."는 의견은 고학년일수록 상승했다. 고3에 대해서는 매일 등교 의견이 36.3%에 이르고 등교 반대 의견이 9.3%에 불과했다. 방역이 교육의 가치를 눌렀지만, 입시의 가치 앞에서는 방역 논리도 힘을 쓰지 못했다.

과학은 "학교가 가장 안전한 곳"이라 말했다

그러나 과학은 우리의 선택과 정반대 방향을 가리켰다. 2020년 1년 동안 축적된 실증적 데이터에 따르면, 학교는 다른 곳들보다 코로나19 감염 위험으로부터 안전한 장소였다. 독일·오스트레일리아·아일랜드·이탈리아·미국 등 전 세계에서 학생 등교가 코로나19 확산과 관련이 없다는 연구 결과가 나왔다. 코로나 상황이 심각한 국가나 덜한 국가나 마찬가지였다.[2]

이탈리아 로마의 가톨릭 의과대학 제멜리 병원재단 연구진의 논문에 따르면, 이탈리아에서 지역사회 감염자 수가 다시 증가하던 2020년 9월 6만 5000개 이상의 학교가 다시 문을 열었는데 개학 4주 후 감염이 발생한 학교는 1212개에 그쳤다.[3] 이 학교들 가운데 93%에서 단 1명의 감염자가 보고됐고, 단 한 곳의 고등학교에서 10명 이상의 감염자가 발생했다. 오스트레일리아 머독 어린이연구소의 연구 보고서에 따르면, 빅토리아주에서 2차 유행이 시작되던 2020년 7월, 학교와 보육 기관에서 발생한 1635건의 감염 사례 중 3분의 2는 감염자가 한 명에 그쳤다. 사례 중 91%는 10명 미만이었다.[4] '정은경 논문'으로 알려져 유명해진, 한림대 의대 사회의학교실 연구팀이 발표한 논문도 비슷한 연구 결과를 나타냈다.[5]

아이들이 성인에 비해 코로나19 감염률과 치사율이 낮다는 사실 또한 꾸준히 입증되어왔다. 영국 UCL 그레이트 오몬드 스트리트 아동건강연구소의 러셀 바이너 교수가 코로나19 감염률에 대한 전 세계 선행 연구들을 메타 분석한 결과, 20세 미만 어린이와 청소년은 20세 이상 성인에 비해 코로나19 2차 감염 확률이 44% 낮게 나타났다.[6]

2020년의 과학 연구 결과들은 또한 저학년이 고학년보다 코로나19 감염률이 낮다고 일관되게 말했다. 앞서 소개한 메타 분석 연구에 따르면, 10~14세 어린이들이 그 이상 연령의 청소년보다 감염 확률이 낮다. 독일 로베르트 코흐 연구소의 연구팀도 6~10세 어린이들이 고학년 학생과 성인보다 덜 감염된다는 사실을 발견해냈다.[7] 미국 질병통제예방센터의 다른 연구에서도 5~11세 아동의 감염률이 12~17세의 절반 정도에 불과한 것으로 나타났다.[8]

왜 그럴까? 2021년 초까지 과학자들도 정확한 이유를 추정할 뿐이었다. 국제 학술지 《네이처》는 〈학교가 코로나19 핫스팟이 아닌 이유〉에서 어린이들이 코로나19 전파 가능성이 낮은 이유를 다루며 이런 소제목을 달았다. '미스터리한 메커니즘Mysterious mechanism.'[9] 어린이의 감염률이 낮은 이유로 다양한 추정이 나왔다. 혹자는 아이들의 폐가 작아 성인보다 감염성 에어로졸(대기 중에 부유하는 고체 또는 액체의 미립자)을 배출할 가능성이 낮기 때문으로 봤다. 어린이의 면역 T세포가 새로운 바이러스에 반응하는 능력이 더 크기 때문일 수도 있고, 어린이 코에 바이러스 수용체ACE2 수가 적은 덕분일 수도 있다.

아이들을 학교에 되돌리는 것이 국가의 의무

코로나19 팬데믹이 시작된 지 1년이 지난 시점에서, 과학적 방법론에 따른 연구의 결과들은 다음과 같았다.

"학교는 코로나19 감염의 핫스팟이 아니고, 아이들은 그 어떤 세대보다 코로나19로 인한 건강 위험이 작은 연령대이며, 저학년이 고학년보다 코로나19 바이러스를 덜 전파한다."[10]

이런 사실들에 따르자면 다른 시설은 다 문을 닫아도 학교 문은 가장 마지막까지 열려 있어야 한다. 다른 세대는 다 집에 머물러도 아동·청소년은 사회적 거리두기에서 비교적 자유로워야 한다. 고3보다 초1이나 유치원생이 더 자주 등교하는 것이 감염 관리 측면에서 더 합리적이다. 우리나라는 2020~2021년 이와 반대의 길을 걸었다. 많은 사람들이 처음이니 몰랐고 위험을 최소화하는 방식을 택할 수밖에 없다고 생각했다.

하지만 그 선택은 여러 스펙트럼 가운데 하나였을 뿐이다. 정답은 없었고 국가마다 다양한 지점을 선택했다. 가치의 우선순위가 달랐기 때문이다. 어떤 나라는 방역 우선주의를 선택했다. 또 다른 나라에서는 교육과 방역의 가치가 팽팽하게 줄다리기를 했다. 확진자 수 증가를 감수한 채 과감하게 학교 문을 여는 국가도 있었다. 우선 등교 순위도 우리나라의 선택이 국제 표준은 아니었다. 2020년 9월 OECD가 발간한 보고서 〈코로나19가 교육에 미친 영향〉에서 우리나라는 OECD 국가 중 그리스와 함께, 입시 시험을 위해 고학년을 먼저 등교시킨 유일한 나라였다.[11] 덴마크, 프랑스, 네덜란드, 노르웨이 등 대부분 국가들은 유치원과 초등학교 저학년이 최우선 등교 순위였다.

2020년 8월 독일은 여름방학을 끝내고 여러 주에서 전면적인 정상 등교를 시작했다. 3월 하순부터 휴업 및 원격 수업에 들어갔다가 4월 말부터 일주일에 1~2회 정도씩 부분 등교를 이어왔으나 그것으로 충분치 않다고 판단했다. 여론조사기관인 MDR 프라그트MDRfragt 가 전 국민을 대상으로 실시한 설문조사에서는 76%가 '여름방학 후 정상 등교'에 찬성했다.[12]

독일 병원위생협회와 독일 소아감염학회 등 4개 의학 전문 단체는 공동 연구보고서를 통해 "특히 10세 미만의 아동들은 감염률이 낮고 전염률도 명백히 낮게 나타나는 데 비해 사회적 측면에서 볼 때 학교 휴업의 결과는 심각하다. 학교와 유치원은 어떤 제한도 없이 다시 열려야 한다."라고 주장했다.[13] 각 주정부 교육장관 협의체도 "학교는 학생들에게 학습 공간일 뿐만 아니라 생활의 장소이며 다른 어떠한 장소도 학교를 대체할 수 없다. 그러므로 교육장관 협의체는 가능한 한 빠른 시일 내에 학생들이 다시 학교에 등교할

수 있도록 한다."라는 합의문을 발표했다.[14]

영국도 정부가 나서서 국민을 설득했다. 교원 노조 등의 반대에도 불구하고 보리스 존슨 영국 총리는 2020년 여름부터 대국민 성명을 통해 "자녀들을 학교에 보내달라."고 호소했다. 그는 "아이들을 학교에 되돌리는 것은 국가의 도덕적 의무"라고 말했다. "우리는 올해 초보다 코로나바이러스에 대해 더 많이 알고 있습니다. 의료 전문가들이 말했듯이, 학교 내 코로나19 감염 위험은 매우 적고, 학교 폐쇄는 아이의 발달과 건강에 감염 이상의 피해를 줍니다."

하루 전 영국 보건부 등 관련 당국 책임자들도 학교와 보육시설의 재개를 촉구하는 합의 성명을 발표했다.[15] 코로나19로 인한 학생들의 위험이 성인들보다 현저히 적은 과학적 근거와 그에 반해 확실시되는 학교 폐쇄의 장기적 피해를 설명하는 이 성명은 다음과 같은 문장으로 시작했다.

"지금의 팬데믹 상황은 무위험 옵션risk-free options이 없음을 의미합니다. 부모와 교사가 자녀를 위한 최선의 조치를 취하기 위해서는 위험의 균형을 이해하는 것이 중요합니다."

헨리에타 포어 유니세프 사무총장은 2021년 1월 12일 낸 성명 〈아이들은 학교 중단을 1년 더 감당할 수 없습니다〉에서 이렇게 말했다. "학교 폐쇄가 어린이들에게 미치는 악영향에 대한 압도적인 증거, 학교가 전염병의 원인이 아니라는 증거가 늘어나고 있는데도 불구하고 너무 많은 국가가 학교 폐쇄를 선택했습니다. (…) 폐쇄를 해제하기 시작할 때 학교가 가장 먼저 열려야 합니다. 아이들이 또한 해의 학교 휴교에 직면하게 된다면, 그 영향은 다음 세대에도 느껴질 것입니다."[16]

학교 중단이 아이들의 삶에 안겨준 빚

도대체 무엇이 해외 정책 결정자와 전문가들에게 팬데믹 속 등교 강행 같은 위험한 결정을 촉구하도록 만들었을까? 무엇이 두려웠을까? 학교 폐쇄가 지금 아이들의 삶 혹은 그다음 세대에까지 청구하는 비용은 도대체 얼마만 한 크기일까?

당장 주목되는 비용은 '학업 성취도 하락'이다. 재난 시기 장기 결석이 학생들의 학업 성취도에 부정적으로 작용한다는 사실은 이미 많은 연구 결과들로 뒷받침돼왔다. 2005년 미국 허리케인 카트리나, 2009년 이탈리아 대지진, 2011년 뉴질랜드 지진 당시 피해 지역 학생들이 학교 수업 결손을 겪은 뒤 다른 지역 학생들에 비해 학업 성취도 평가에서 낮은 점수를 받았다는 분석들이 나왔다. 2020년 미국 브라운 대학 연구팀에서는 결석, 여름방학, 학교 폐쇄 등으로 인한 수업 결손과 학생 학력 간 상관관계를 다룬 선행 연구들을 종합해 코로나19의 영향을 추정했다. 이에 따르면, 미국 3~8학년 초·중등 학생의 경우 정상적인 학사 일정을 마쳤을 때에 비해 읽기 성취 수준이 63~68%, 수학 성취 수준이 37~50%에 미치지 못할 것으로 분석되었다.[17]

이런 학습 손실을 금액으로 환산하면 얼마쯤 될까? 2020년 9월 OECD는 교육 공백의 손해를 경제적 비용으로 계산한 연구 결과를 하나 발표했다. 교육 경제학자인 에릭 하누섹과 루트거 보스만이 작성한 〈학습 손실의 경제적 영향〉이라는 연구 보고서다.[18] 이 보고서는 교육 공백으로 인해 전 세계 국가들의 국내총생산GDP이 남은 세기 동안 평균 1.5% 낮아질 것으로 예측했다. 한 세기 동안 계산된 GDP 손실의 합은 미국의 경우만 총 14조 2000억 달러(약 1경 5876조 원)에 이른다. 우리나라는 1조 5000억 달러(약 1677조 원)로 계산됐다. 학생 개개인의 손실은 임금 하락으로 나타냈다. 연구진은 1~12학년 학생들, 그러니까 현재 초·중·고 연령대 학생들은 코로나19로 인한 학습 손실 때문에 평생 동안 3%가량 소득이 낮아질 것이라고 추정했다.

이 계산식의 전제는 매우 낙관적인 조건이다. 코로나19로 인한 학습 손실이 평균적으로 한 학년에서 배워야 할 내용의 3분의 1에 대해서만 발생했으며 2020년 3분기에 모든 학교가 정상으로 돌아갈 것이라는 조건을 충족해야, 이 정도 비용으로 끝난다. 이미 현실은 그 범위를 훨씬 넘어섰다. 보고서는 서술했다. "학교 중단이 커질수록 이러한 손실은 비례해 증가한다."

학습 손실보다 더 무서운 사회성 손실

OECD 보고서에서도 계산하지 못한 비용이 있다. "아동의 사회적·정서적 발달의 손실로 인한 잠재적으로 중요한 다른 비용이 있지만 이들의 규모나 경제적 영향은 현재 알려져 있지 않다." 또래 집단과 교류하지 못하면서 잃어버린 사회성 발달 기회, 장기간 고립으로 인한 스트레스와 심리적 불안, 신체 활동 부족과 부실한 식단이 초래한 건강 위협 같은 것들이 아이들 미래에 미칠 영향은 아직까지 숫자로 측정할 수 없을 뿐 결코 작은 비용이 아니다. 그 공백이 장기적으로 미래 세대 개개인의 삶과 사회 전반에 어떻게 작용할지, 예상되는 문제 목록이라도 미리 만들어둘 필요가 있다.

오랜 기간 '남중 전문 교사'로 상담·교육 복지 업무에 종사해온 안정선 경희중학교 교사는 중학생들 사이의 고요와 평화를 바라보며 큰 불안감을 느꼈다. "원래 남중은 1학년 입학하면 서열 정리하느라 엄청나게 싸우거든요. 나쁘기만 한 것이 아니라 성장에서 필요한 과정이기도 해요. 싸우면서 왜 싸우면 안 되는지, 비열하게 싸워서 손가락질받으면 그게 왜 나쁜 건지 스스로 깨달아요. 혼도 나고 반성문도 쓰면서 2, 3학년이 되고, 점점 점잖아지면서 안 할 건 안 하고 그렇게 성장하는데, 지난 한 해 이 과정을 건너뛰었어요."

당장 학교에서 일어나는 '학교폭력'은 줄었다. 원격 수업 환경에선 애초에 치고받고 싸우기가 불가능하고 가끔 학교에 오는 날에도 서로 접촉을 줄여야 하니 마스크를 쓴 채 말도 안 섞고 얌전히 앉아만 있다가 하교했다. 대신 안 교사는 가정 안에서 가족을 향해 충동적이고 폭력적인 행동을 나타낸 학생들의 사례를 예전보다 훨씬 더 자주 접했다. "아이들의 마음속 갈등과 스트레스는 언젠가 어디선가 반드시 폭발할 거예요. 사춘기 때 못 하면 어른이 돼서 나타나고요. 답답한데 왜 그런지, 누굴 탓할지도 잘 몰라서 분노를 약자들에게 쏟아낼 확률도 높아요."

또 하나 불안한 징후는 처음에는 "심심해요." "외로워요." 하던 아이들이 하나둘 고립된 상황에 적응하고 만족하기까지 하는 모습이다. "아이들이 사람을 만나지 않고 집에서 디지털 기기를 끼고 혼자 지내는 생활을 합법적으로 해보게 된 거죠. 그러면서 '혼자 유튜브 보고 게임하고 지내는 것도 나쁘지 않네.' '굳이 친구를 사귀어야 하나?' 이런 생각이 고착돼가는 거죠."

소수연 한국청소년상담복지개발원 상담복지연구부장도 비슷한 문제를 인식했다. "아이들의 관계 맺기 욕구 자체가 떨어졌다는 이야기가 청소년 상담 현장에서 많이 들려와요." 친구를 만나다 보면 친해지고 싶고 개선하고 싶고 그래서 고민하고 노력하는 선순환을 거치면서 대인관계 능력을 키우는데, 지금의 사회적 거리두기 상황은 아이들이 그런 능력을 키울 수도 없고 굳이 키울 필요도 없는 환경이다. 이와 더불어 소 부장은 아이들의 이런 만성화된 우울과 욕구 저하를 외부에서 알아차리기조차 힘든 지금의 교육 환경을 우려했다. "아이들의 심리 상태와 변화를 확인할 만한 기회가 사라졌다는 것이 염려돼요. 학교에 가면 선생님이나 친구들 눈에 띄어서 '뭐 힘든 일 있어?'라고 물어볼 수라도 있을 텐데, 지금은 그런 것조차 거의 막혀버렸으니까요. 대면이 불가능한 상황 때문에 심리적·정서적 문제를 호소하는 아이들을 발굴하고 개입할 수 있는 체계가 약화되지 않을까 걱정이 됩니다."

울고 있는 아이에게 말을 걸면

원격 수업으로 메울 수 없는 가치들

이런 공백들은 원격 수업으로 채울 수 없다. EBS 교육방송과 e학습터의 학습 콘텐츠, 실시간 쌍방향 수업조차도 학생들의 사회성을 발달시키거나 정서적 교류를 만들어내기는 거의 불가능하다. 서울시교육청 교육연구정보원에서 발간한 보고서에 따르면 초등학생 학부모들이 코로나19 이후 자녀의 성장과 관련해 가장 걱정하는 부분 1위는 '사회성'(43.6%)이었다. '기초 학력'(30.5%)보다도 훨씬 더 높은 비중을 차지했다.[19]

학부모 대부분이 코로나19 이전과 비교했을 때 자녀의 미디어 노출 시간이 증가하고(86%), 자녀의 운동량이 줄어들었으며(83%), 학부모의 자녀 학습 돌봄에 대한 부담이 늘어났다고(84%) 응답했다. 원격으로 열린 학교는 학사 일정만 변동 없이 굴릴 뿐 아이들의 제대로 된 성장과 발달을 충분히 담당해내지 못했다. 코로나19 이후 전 세계 국가들이 겪은 교육 위기와 대응에 주목해온 안드레아스 슐라이허 OECD 교육국장은 "나는 원격 학습의 가치에 대해 그다지 낙관적이지 않다."고 말했다. "교육은 더 이상 학생들에게 무언가를 가르치는 것이 아닙니다. 점점 더 복잡하고 변덕스럽고 불확실한 세상을 탐색할 수 있는 나침반과 도구를 개발하도록 돕는 것입니다. 여기에서 기술이 중요한 역할을 할 수 있지만, 핵심은 사회적 상호작용입니다."[20]

교육 소프트웨어, 특히 취약 아동들을 위한 디지털 콘텐츠들을 개발해온 스타트업 기업 에누마의 김현주 디렉터는 해외 원격 학습 현장에서 어떤 역설을 목격했다. "돈 쓴 데와 실제 학습한 곳이 달랐어요. 정부는 온라인 플랫폼에 돈을 썼는데 정작 집에서 인터넷을 사용할 수 없는 아이들이 절반 가까웠고 이 아이들은 라디오나 텔레비전으로 공부를 했어요. 자기주도학습이 어렵고 특히 아직 기초 읽기와 쓰기를 익히지 못한 어린 학습자들이 라디오나 텔레비전 방송만으로 교과 내용을 학습하는 데에는 큰 어려움이 있었을 것으로 보입니다."

그는 "오프라인 학교에서의 공교육이 도달률 100%라면 온라인에서는 그에 훨씬 못 미칠 것이다. 환경과 디바이스(기기), 디지털 학습 콘텐츠(소프트웨어), 부모의 관심 정도에 따라 도달률이 제각기 다르다."라고 말했다. 핵심은 학생들의 상호작용을 얼마나 이끌어낼 수 있느냐다. "가만히 앉아서 보고만 있게 하는 원격 수업은 한계가 명백해요. 각각의 학습 연령과 학습 공간(환경)에 대한 고려 없이 어린 학습자들을 위한 디지털 교육이 너무 급하게 시작돼버렸어요."

가난한 아이들이 더 떠안는
교육 공백의 빚

교육 공백의 파고는 학생들에게 각기 다른 높이로 닥쳤다. 가난하고 취약한 환경의 학생일수록 피해가 컸고 원래 여건이 좋았던 학생은 의외의 혜택을 입기도 했다. 앞에서도 언급한 OECD 보고서 〈학습 손실의 경제적 영향〉은 현재 초·중·고 연령대 학생들이 코로나19로 인한 학습 손실 때문에 평생 동안 3%가량 소득이 낮아질 것이라고 추정했다. 이는 평균값이다. 누군가는 소득의 30%나 80%를 잃는 반면 어떤 이의 소득은 10% 늘어날 수도 있다. 분명한 사실은, 전체 케이크의 크기가 줄어든 상태에서 나누는 몫의 격차가 커질수록 아이들이 살아갈 세상은 양극화가 심하고 갈등이 높은 사회가 될 것이라는 점이다.

재난 세대 코호트 연구를 해온 이철희 서울대 경제학부 교수는 코로나19로 인한 교육 공백이 미치는 장기적 영향을 살펴볼 때, 세대 간 격차보다 세대 내 격차에 더 주목해야 한다고 생각하는 쪽이다. 이 교수는 이 격차가 크게 두 가지 경로로 발생할 수 있다고 설명했다. 첫 번째는 '더 큰 충격'이다. "학교가 똑같이 원격 수업으로 전환됐을 때 소득이 낮거나 돌봄 여건이 열악한 가정의 학생들이 더 큰 어려움을 겪었다." 두 번째는 '더 낮은 복원remediation 가능성'이다. "부모의 조력이나 학원·과외 등 보충 투자를 통해 부정적 효과를 완화하는 계층이 있었고 그렇지 못한 계층이 있었다." 코로나19가 발행한 가장 비싼 장기 할부 명세서를 받아든 집단은 정확히는 가난하고 취약한 아이들이었다.

교육 공백을 채운 것이 무엇인지 보면 그 공백의 영향을 더 정확히 가늠할 수 있다. 학교에 가서 수업을 듣고 친구를 만나는 대신 아이들은 어디에서 무얼 했을까. 어떤 영역이 팽창했고 어디에서 가장 쪼그라들었을까. 경기도교육연구원이 경기도 내 중학생들에게 최근 일주일 동안 방과(원격 수업) 후 어떤 활동을 하며 시간을 보냈는지 물었는데, 가장 높은 비중이 '스마트폰 가지고 노는 시간'(8.51시간)이었다.[21] '운동 및 신체활동 시간'(1.96시간)이나 '친구 만나서 노는 시간'(3.19시간)은 자투리에 불과했다.

이런 경향은 '공평'하게 나타나지 않았다. 한국청소년정책연구원의 어린이 청소년 미디어 이용실태 조사(초4~6학년 대상) 결과[22]에 따르면 경제 수준 하위권 가정의 어린이(36%)는 경제 수준 상위권 가정의 어린이(15.1%)에 비해 하루 4시간 이상 스마트폰을 이용하는 비율이 2배 이상 높았다. 게임 이용률도 높았다. 그에 반해 미디어 이용에 대해 적절하게 지도를 받는 비율은 낮았다. 읍면 지역 거주 아이들도 비슷한 결과를 보였다. 가난하거나 시골 지역에 살수록 디지털 노출도가 증가한 것이다.

울고 있는 아이에게 말을 걸면

스마트폰과 게임기 화면에 고개를 처박는 이유는 대부분 '다른 놀 거리가 없기 때문'이다. 코로나19로 아이들이 가장 많이 잃어버린 기회는 사실 학습 기회보다 다양한 놀이와 문화를 경험할 기회에 쏠려 있다. 원격 학습과 제한적인 등교는, 국영수 교과목 진도는 그나마 충실히 빼주었지만 학생들 삶을 풍부하게 해주는 여러 '문화 자본' 축적에는 기여하지 못했다. 그런 문화 자본은 기초적으로 소풍·운동회·수학여행·졸업식·입학식 같은 생애 이벤트일 수도 있고, 더 나아가서는 각 학교·학년별로 다양하게 실시하는 수영 교육, 자전거 실습, 영어 체험마을 탐방, 1인 1악기 수업, 진로 탐방 견학 같은 세부 활동일 수도 있다. 사교육 혹은 부모의 재력·정보력으로 채워지던 이것들 중 많은 부분이 학교 같은 공교육과 복지 영역에 들어와 아이들에게 최소한의 표준화된 문화 자본을 제공해왔다.

코로나19 이전에는 비싼 사교육을 시킬 여력이 없는 집 아이들도 방과후 학교 자유수강권 등을 통해 평일 오후 시간을 바둑·과학실험·클레이·바이올린·3D아트펜·리듬줄넘기 같은 특기 적성 교육으로 채울 수 있었다. 동네 곳곳의 도서관·미술관·박물관·체육시설·청소년센터·지역아동센터·대학부설교육원 등 여러 국공립·시립·구립 교육 복지 문화기관들도 양질의 아동·청소년 교육 프로그램들을 무료로 제공해왔다. 그러나 코로나19 이후 학교 문과 동시에 이곳들의 문도 닫혀버렸다. 피해는 이 자원 말고는 이용할 대체재가 없는 아이들에게 집중되었다.

문화 자본을 빼앗겼다. 가난한 아이만

고지현 기아대책 나눔문화팀 간사는 말했다. "아동복지 사업 현장에서 취약한 아동들의 기초 학습을 지원하는 프로그램은 활발히 진행된 편인 반면, 문화 지원사업은 대부분이 중단됐어요." 아동복지 단체 기아대책은 문화 정서 지원사업의 일환으로 클래식 악기 수업을 일선 지역 아동센터들에 제공해왔다. 악기를 사주고 강사비를 지원했다. 반응이 좋아서 10년간 이어져온 사업인데, 코로나19 이후 처음으로 중단되어버렸다. 외부 강사 출입이 통제되고 악기를 다루는 교육의 특성상 비대면 수업도 어려웠기 때문이다.

헝겊원숭이운동본부는 경기 군포시를 중심으로 아동·청소년 교육 복지 활동을 이어나가는 단체다. 대표 김보민 씨는 코로나19로 무산된 많은 프로그램 가운데 지역 내 취약 계층 아동들에게 제공되는 며칠간의 캠프 여행을 가장 아쉬워했다. 방역을 생각하면 엄두도 내지 말아야 할 활동이지만 그 기회의 상실로 수년 동안 국내 여행 한번 가보지 못할 아이들이 너무 많다. 김 대표는 할머니와 둘이 살던 초등학교 5학년 아이를 바닷가에 데려갔던 예전 어느 여행을 기억한다.

"바닷물을 손가락으로 찍어서 맛을 보더니 '앗, 진짜 짜다.' 이러는 거예요. 그 나이에 난생처음 바다에 간 거죠. 그런 친구들은 캠프를 갔다 돌아오는 길에 이렇게 말해요. '선생님, 저 행복해요. 나중에 이렇게 여행 많이 다니며 행복하게 살고 싶어요.' 행복해본 경험이 있는 아이들이 나중에도 행복한 삶을 꿈꿀 수가 있어요."

코로나19에도 불구하고 누릴 수 있는 아이들은 개별 가정에서 악기 수업, 사설 과학캠프, 스포츠클럽 같은 경험들을 은근히 다 누렸다. 여름과 겨울 방학 동안 워터파크도 가고 놀이공원도 다녔다. 고급 호텔과 풀빌라, 스키장 예약이 꽉꽉 들어찼다. 개별 가정에서 이런 '행복한 경험'을 누리지 못하는 아이들은 코로나19 이전까지 학교나 아동·청소년 복지시설 같은 교육·복지 기관들에서 미약하게나마 그것들을 채울 수 있었다. 그런데 그 기회마저 몽땅 사라졌다.

코로나19 상황은 위기에 처한 아이들이 나락으로 떨어지기 쉬운 벼랑 끝 같은 시간이기도 했다. 지자체에서 운영하는 아동심리상담 센터에서 위기 아동을 대상으로 심리 상담과 치료를 진행해온 한 정신보건사회복지사는 '제대로 손도 못 써보고 종결돼버린 사례'들이 너무 많아 속상했다. 특히 2020년에는 사회적 거리두기에 따른 공공기관 휴관 조치에 묶여 센터 문을 한 해 3분의 1밖에 열지 못했다. 문을 열어도 비대면 상담이 많아 실질적인 개입과 치료가 어려웠다. 코로나19 이전에 겨우 공공자원과 연결돼 치료 등 지원을 받기 시작한 아이들이 센터가 문을 닫으면서 가정폭력에 더 노출되거나 가정이 해체돼 시설로 보내지는 경우들을 바라만 볼 수밖에 없었다.

제일 속상할 때는 악조건 속에서도 근근이 버텨나가던 아이가 어느 순간 끈을 놓아버리는 모습을 목격할 때였다. 빈곤, 방임과 정서적 문제를 겪고 있긴 했지만 공공이 제공하는 여러 교육 복지 서비스에 많이 연계돼 있고 그걸 잘 활용하면서 버텨가던 아이가 있었다. 지자체나 교육청에서 제공하는 멘토링 사업, 도서관이나 주민센터에서 진행된 특기·적성 프로그램, 인근 대학교에서 개설된 교육 캠프 등을 통해 성적도 어느 정도 유지하고 자존감도 챙기던 아이였다. "학교와 공공시설의 이런 서비스들이 중단된 뒤로 급격히 상태가 안 좋아졌어요. 온라인 수업도 전혀 안 듣고 PC방에 머물면서 새벽 2~3시까지 게임만 한다고 하더라고요."

공공이 방역의 최일선이어서 발목이 묶인 역설이었다. "공공이 데드라인이어야 하는데 공공이 먼저 닫아버린 거죠. 문 닫지 말고 시간 간격을 두고 대면 상담과 치료를 진행하자고 제안했지만 '감염 발생 시 누가 책임을 질 거냐.'라는 문제 때문에 아무도 나서지 못했어요."

아예 포기해버리는 아이들

경기 의정부시에서 이동형 청소년 쉼터 '포텐'을 운영하는 전종수 소장도 비슷한 이야기를 했다. "거리를 헤매는 청소년들이 지난 한 해 코로나19에 따른 방역 지침과 거리두기 기조 때문에 특히 더 갈 곳과 도움받을 손이 부족했어요." 추운 겨울밤 갈 곳 없이 거리를 헤매던 열다섯 살 청소년이 코로나19 검사 결과가 나올 때까지 대기할 곳이 필요했는데 아무 보호시설에서도 그 아이를 받겠다고 나서지 못했다. 지적장애를 겪는 미혼모 청소년이 출산 후 지원을 받아 산후조리원에 입소했는데, 몸이 아파 외부 병원을 이용했다가 코로나19 위험을 핑계로 조기 퇴원을 요구받는 일도 있었다.

2014년 전 소장과 처음 인연을 맺어 다독이고 북돋우면서 마음을 다잡고 열심히 살게 된 '거리의 청소년'이 있었다. 전 소장은 오랜만에 그의 전화를 받았다. 새벽 아르바이트를 끝내고 돌아오다 빙판길에 넘어져 어깨를 크게 다쳤는데 도와주는 곳이 없어서 망설이다가 전 소장을 떠올렸다는 것이다. 거리에 차려진 이동형 쉼터 '포텐'을 통해 상담과 지원을 요청한 위기 청소년 수는 2019년 7198명에서 2020년 2745명으로 떨어졌다. 위기 청소년 수가 줄어든 결과가 아니다. 그들을 도와줄 수 있는 어른들과 연결될 수 있는 기회의 수가 줄어들었기 때문이다.

전 소장은 "아이들은 위기에 처했을 때 처음 외부에 도움을 청해보다가 그것들이 닫히고 막혀 있는 걸 몇 번 경험하고 나면 이후론 아예 포기해버린다."라고 말했다. "거리두기 상황에서도 감염이 발생했을 때 무조건 현장에 책임을 전가하지 말고 취약한 아동·청소년을 도울 수 있는 지속 가능한 서비스 체계를 빨리 만들어야 합니다. 더 이상 골든타임을 놓쳐서는 안 돼요."

교육 복구의 시작은
'마이너스 베이스'에서

많은 이들이 학교가 하루빨리 예전의 모습을 되찾기를 고대하고 있다. 하지만 아이들이 다시 돌아갈 학교는 예전 모습 그대로이면 안 된다. 미래 세대는 코로나19 상황에서 교육 공백으로 엄청난 손실을 입었다. 그 손실이 오늘 당장 멈춘다고 해도 미래 세대는 이미 큰 빚을 떠안은 상태다. 빚은 취약하고 힘든 아이들에게 더욱 집중되어 있다.

그래서 '교육의 복구'는 '제로 베이스'가 아니라 '마이너스 베이스'에서 다시 시작해야 한다. 안드레아스 슐라이허 OECD 교육국장은 "어떤 사람들은 학교가 재개되면 학생들이 따라잡을 것이라고 주장하지만, 그런 일은 쉽게 일어나지 않을 것"이라며 "(코로나19로 인한 교육 공백으로) 추정되는 손실은 개선을 위한 특별한 노력을 정당화할 만큼 충분히 크다."라고 말했다.

개선을 위한 특별한 노력의 첫걸음이 바로 '복구 로드맵'이다. 어느 부문에서, 누가, 어떤 손실을 입었는지 파악하고 복구의 우선순위를 세워야 한다. 이에 예산을 아낌없이, 오랫동안 투입해야 한다. 1년의 공백이 아이들에게 100년의 고통을 주지 않도록, 말 그대로 어른들의 '특별한 노력'이 필요하다.

아이들의 무너진 정서·체력 복구 로드맵

무엇부터 해야 할까? 영국 아동위원회는 2021년 1월 26일 '학교 재개를 위한 로드맵'을 발표하면서 교실로 돌아오는 아이들에게 '전례 없는' 지원을 투입해야 한다고 주장했다. 복구 로드맵에 필요한 첫 번째는 최대 출력turbo-charged의 따라잡기 프로그램. 특히 팬데믹 기간에 학습 타격을 가장 많이 받은 아이들에 대한 개별 지도 같은 부문에 추가 예산을 투입해야 한다. 두 번째는 가난하고 취약한 학생이 또래 간 격차를 줄일 수 있게 해주는 장기 계획이다. 세 번째, 학생들의 학습 손실을 시험 등의 수단으로 정확히 진단해야 한다. 네 번째로 필요한 지원은, 모든 학생이 필요하면 전문적인 정신건강 관련 서비스를 받을 수 있도록 추가 예산을 편성하는 것이다. 영국 아동위원회는 "지금 계획을 세워야 복구 가능성이 높아지고 학교, 교사, 학부모와 자녀 간 신뢰도 향상될 것이다."라고 말했다.

2021년 1월 대한민국 교육부는 초·중·고 학사 및 교육과정 운영 지원 방안을 발표했다. 초등 저학년을 중심으로 등교 수업을 확대하는 방안이 포함됐다. 교육부가 내건 정책 목표는 '학교 일상의 회복'이었다. 누적된 학습 결손, 정서 결핍, 체력 저하 등의 문제를 해소하기 위해 시도 교육청별로 자율적인 새 학년 준비 프로그램을 운영한다고 밝혔다. 3월에 '국가기초학력지원센터'를 설치하고 소규모 대면 보충지도를 활성화하며, 학생들을 위한 정신건강 상담을 지속적으로 지원하고 학생건강체력평가를 실시하여 맞춤형 건강증진 프로그램을 제공하겠다고 발표했다.

교육 현장에서 느끼기에 가장 시급한 영역은 학생들의 심리 정서 지원이다. 서울 경희중학교에서 학생 상담 업무를 맡고 있는 안정선 교사는 "전면 등교가 재개되든 부분적으로만 시행되든, 심리 정서 부분에 대해서는 학생들 전부 한 번씩은 자기 점검을 받을 수 있게끔 해주는 정책이 반드시 필요하다."라고 말했다. 영상 하나 틀어주고, 유인물 한 장 나눠주고 끝내는 요식적인 프로그램이 아니라 전문 상담기관에서 경험할 수 있는 제대로 된 프로그램이어야 한다. 초1부터 고3까지 다를 바 없이 획일적인 프로그램 말고, 연령별·지역별로 처한 어려움에 맞는 맞춤식 프로그램을 제공해야 한다는 것이다.

"예를 들면 중1이었던 아이들은 드문드문 이어진 대면 등교로 관계성 훈련이 제대로 안 되었을 거예요. 그러니 그 아이들이 중2가 되었을 때 적어도 한 명이 4회기 이상 참여하는 집단 상담 프로그램을 시행하는 거죠. 지역별·학교별로도 요구가 다를 수 있으니 다양한 상담 프로그램 10개 정도를 만들어놓고 선택이 가능하도록요. 학교마다 맞는 프로그램을 신청하고 예산을 배분해야 해요."

문제는 이런 프로그램을 실행할 학교 인프라다. 예산이 주어진다 해도 기존 학교 체계 안에서는 학생 상담 프로그램을 내실 있게

울고 있는 아이에게 말을 걸면

운영할 인력, 시간, 공간을 빼내기가 너무나 빡빡하다.

"알아서 프로그램 굴리라고 예산만 내려보낸다고 해결되지 않아요. 교육청과 교육부 차원에서 TF 같은 거라도 꾸려서 학생들의 정서 회복 로드맵이 충실히 이행될 수 있도록 학교 현장을 지원해야 해요."

코로나 시대 학생들 간 격차가 가장 크게 벌어진 곳은 국영수 과목보다 문화 자본 축적을 도와주는 예체능 영역일 수 있다. 초등학생들에게 '원격·등교 수업 병행 시, 등교 수업 때 가장 받고 싶은 수업'을 물었을 때 압도적인 1위가 예체능 과목(51.6%)이었다. 교사들이 등교 수업 시 가장 적절한 과목으로 꼽은 '국영수'(52.7%)와 대비된다. 특히 체육 과목에 대한 욕구가 컸다. 학부모 65.9%도 '원격 수업으로는 자녀 학습에 효과가 전혀 없다고 생각되는 과목' 1순위로 체육을 꼽았다.[23]

학생들에게 학교 체육 시간은 어떤 의미일까? 다양하고 재미있는 체육 수업을 꾸리기로 유명한 성기백 서울 동구로초 교사는 말했다. "애들한테 체육 수업이요? 학교생활의 기쁨 그 자체죠." 몇 학년 담임을 맡든, 아침에 학생들이 선생님을 만나면 묻는 첫 번째 질문이 이거였다. "쌤, 오늘 체육 시간에 뭐 해요?" 비 오거나 미세먼지가 심해서 오늘 체육 못 한다고 하면 단체로 어깨가 축 처졌다. 그 '기쁨의' 시간이 뭉텅 사라졌는데, 이 문제에 신경 써주는 사람이 그리 많지도 않다. "학력 격차 이야기는 엄청 나오는데 아무도 체력 격차 이야기를 안 해요. 자라나는 아이들에게 체육은 생존과도 같은 과목인데 말이죠. 인간이 움직이지 않으면 뇌가 쪼그라들어요. 원래도 대부분 아이들에게 학교 체육 말고는 별다른 신체 활동이 없었는데 코로나19 기간에 그마저 무너져버렸어요."

성 교사는 코로나로 인한 교육 손실을 복구하는 로드맵에 이 '체력 격차'를 해소하는 방안이 꼭 포함돼야 한다고 말한다. "잘사는 집 아이들은 스포츠클럽이니 축구클럽 같은 사교육으로 알아서 체육 활동을 다 하고 있어요. 사정이 여의치 않은 집 아이들의 경우, 학력 격차뿐 아니라 체육 격차 문제도 심각해요. 학력 격차 해소를 위해 인건비나 프로그램비를 각 학교에 내려보내듯, 체력 격차 해소를 위한 '체육 꾸러미' 예산이라도 지원해줬으면 좋겠어요. 1인당 1만 원이든 2만 원이든 지원해서 배드민턴 채든 탁구채든 체육 교구를 사서 아이들에게 나눠주면 집에서 혼자 50개 치기 연습이라도 하고 학교에 와서 점검받는 식으로 블렌디드 교육(온·오프라인 수업 병행)을 할 수 있어요. 공교육이 제 기능을 하려면 이런 걸해야 해요."

교육의 '보편 복지' 이번만큼은 '급한 곳부터'

'무엇을 먼저 지원할 것인가.'만큼 중요한 것이 '누구를 먼저 지원할 것인가.'이다. 교육 공백을 채워줄 대상 역시 우선순위를 정할 수밖에 없다. 지난 10여 년간 교육에서 보편복지 정책이 확대돼왔지만, 이번 위기에 대해서만은 어느 정도 선별 지원이 고려돼야 한다는 목소리가 나온다. 이철희 서울대 경제학부 교수는 "자원이 한

정돼 있는 상태에서 우선순위를 둔다고 한다면 좀 더 피해가 많았던 계층, 학습 결손이 심하고 주변의 도움을 받지 못한 취약 계층 아동의 회복에 집중 투자할 필요가 있다."라고 말했다.

보편적 지원은 또한 진짜 절박한 상태의 아이들에게 가닿지 못하는 맹점이 있다. 시도 교육청을 비롯한 교육 지원 기관들은 지금도 계속 다양한 학습 지원 프로그램, 상담 프로그램, 특기 적성 놀이 프로그램을 만들어 인터넷 홈페이지나 학교 e알리미 등의 앱을 통해 공지하고 있다. 그러나 신청자는 대부분 이미 '자녀 교육에 열성적이고 시간 여유가 충분한 학부모'라는 자원을 가진 학생들일 가능성이 높다. 대부분 비대면, 그것도 평일 낮에 진행되는 이런 프로그램들을 생업에 바빠 이런저런 홍보 공지를 확인할 시간조차 없는 학부모 가정의 아이가 활용하기란 사실상 불가능하다.

소수연 한국청소년상담복지개발원 상담복지연구부장은 말했다. "부모의 지도나 지원 없이 아동·청소년이 스스로 직접 상담이나 교육 서비스에 참여하기는 매우 어려워요. 생업으로 자녀에게 관심을 기울이기 힘든 부모들을 대신해 아동·청소년의 교육·복지 서비스 공백을 메워줄 세심한 관심과 노력이 필요합니다."

정말 장밋빛으로 꿈꿔보면, 이런 '집중 투자'가 역전의 기회를 만들어낼 가능성도 아예 없지는 않다. 안정선 경희중 교사는 원격 수업을 하면서 이전에 눈에 잘 띄지 않던 학생들이 교사 눈에 들어오는 현상을 경험했다.

"전에는 공부를 잘하거나 심하게 말썽을 부리는 양극단의 아이들에게 에너지가 많이 갔다면, 코로나 이후에는 평범하지만 제대로 수업을 못 따라오는 아이들에게 집중적으로 문자를 보내고 전화를 하고 개별로 불러 보충 지도를 하게 되더라고요. 코로나가 아니었다면 그냥저냥 눈에 안 띄고 관심도 못 받고 지나갈 아이들이 1~2년 동안 개인 과외 같은 교사들의 집중 지도를 받는다면 초등 저학년 때부터 누적돼온 기초 학력 부진을 보완하는 기회가 될 수도 있겠다 싶어요."

그런 측면에서 본다면 교육 회복 로드맵의 가장 중요한 키는 학교에서 직접 학생들을 만나는 개별 교사가 쥐고 있다고 봐도 무방하다. 정해진 수업 시간에 학생 수십 명 앞에서 정해진 진도를 충실히 가르치고 나면 교사의 역할을 다하던 시절은 이제 끝났다.

이정연 경기도교육연구원 연구위원은 말했다. "예전에는 교사들이 이 시간, 내 눈앞에 앉아 있는 이 아이들만 열심히 가르치면 된다고 생각했다면, 코로나19 시기 원격 수업을 거치면서 학생이 내 눈앞에 없지만 어떤 환경에서 어떻게 학습하는가를 학생 개별적으로 살필 수밖에 없다는 사실을 인식하게 되었을 거예요." 비대면 수업 환경에서 많은 학생들이 자기주도학습 경험을 쌓아가면서 교사는 '학습 주도자'에서 '학습 촉진자'로 역할을 바꿔가야 할 필요성도 커졌다.

학교의 여러 관성들도 도전을 받게 됐다. '학교에서 으레 하니까 하던 것'들이 여전히 사라지지 않고 관습상 유지되는 풍경들이 코로나 위기 속에서 종종 눈에 띄었다. 학생들 사이 거리두기를 하라면서도 등교 시 복장 단속 같은 교문 지도나 핸드폰 일시 수거·반납 등은 이뤄졌다. 오프라인 등교를 금지한 상태에서 꼭 특정일

특정 장소에 가서 교복을 주문하라고 하는 학교도 있었다. 이처럼 학생들끼리나 교사와의 접촉이 빈번하게 발생하는 규제들이 코로나19 이후에도 여전히 유지되는 곳들이 많았다.

　다른 분야도 그렇듯 교육 부문에서도 감염병이 만들어냈다기보다는 들춰냈다고 봐야 하는 문제들이 많다. 그런 측면에서 코로나19로 인한 교육 공백을 메울 복구 로드맵은 결국 한국 교육의 고질적 모순과 병폐를 해소하는 미래 로드맵과 다르지 않다. 김진경 국가교육회의 의장은 '지식 전수 중심'으로서의 학교는 코로나19 이전에도 2대 8로 나뉜 양극화된 공간이었다고 진단한다. 좋은 환경에서 충분한 '케어'를 받는 학생 10%, 수동적이지만 간당간당하게 따라가던 학생 10%에 비해 나머지 80%는 이미 학교에서 미래의 삶을 꾸려갈 수 있는 역량을 제대로 얻어가지 못하는 상황이었다는 것이다. 김 의장은 코로나19 이후 간당간당하게 쫓아가던 중간층 10%의 학생들이 비대면 학습 상황에서 급격히 무너지면서 2대 8이 1대 9의 구도로 옮겨갔을 뿐이라고 본다.

　그래서 해법은 기존의 2대 8로 돌아가는 것이 아니다. 김 의장은 그간 학교에서 학생들의 성패를 가르던 기준인 '지식 중심의 학력'을 '실제 삶에 필요한 자기 정체성 형성 및 미래 역량'으로 바꾸어 아이들에게 길러주어야 한다고 말했다. "이를 위해 영유아기에는 돌봄 문제를 공적으로 강화해주고, 초등·중학교 단계에서는 기본 학습 역량을 보장해주며, 고등학교 이후에는 다양한 욕구와 적성에 따라 맞춤형 발전 경로를 보장해주고, 대학 이후에는 학습자 중심 체제, 평생학습 플랫폼 대학 등을 구축해주는 일이 필요합니다."

코로나19가 교육에 미친 영향과 복구의 우선순위에 대해서 모두의 의견이 같지는 않다. 다만 분명한 것은, 우리는 과거의 학교로 돌아갈 수 없다는 점이다. 그리고 그래서도 안 된다. 코로나19 교육 공백을 복구하는 일은 그러한 인식의 토대 위에서 첫걸음을 뗄 수 있을 것이다.

팬데믹 시대 교육 불평등,
절망과 희망의 근거들

2020년 1학기는 공교육 역사상 초유의 시간이었다. 초·중·고교 개학이 4차례 연기됐고 온라인 수업으로 겨우 학사 일정을 맞춰가다가 6월이 되어서야 제한된 횟수로나마 오프라인 등교가 시작되었다. 2020년 2학기도 크게 다르지 않았다. 8월 중순 수도권에서 시작된 코로나19 2차 대유행 탓에 고3을 제외한 초·중·고 학생 대부분이 집에서 텔레비전이나 태블릿 PC 화면을 바라보며 새 학기 수업에 들어갔다. 2021년은 조금 나아졌지만 역시 비슷한 문제가 반복됐다. 그렇게 2년이 흘러갔다.

어떻게든 굴러가야만 하는 우리나라 공교육 학사 일정은 인류사 최초의 전 세계적 팬데믹 혼란의 예외를 인정해주지 않아서, 이 2년이 아무리 허망하게 흘러갔더라도 그 공백의 시간을 되돌릴 기회는 오지 않는다.

'일시 멈춤'이 안 되는 학사 일정에 허덕여 쫓아가면서도 놓치면 안 되는 일이 있다. 사상 초유의 시간들을 평가하는 일이다. 온라인 학교라는 것이 얼마나 학교다웠는지, 태블릿 PC와 스마트폰이 과연 학습의 매개체 구실을 제대로 해냈는지를 알아봐야 한다. 갑자기 집에 온종일 머물면서 학생들은 어떤 일상을 보냈는지, 그를 돌보는 보호자들에겐 그것이 어떤 시간이었을지, 학생을 만나지 않는 교사들은 무엇을 했고 어떤 어려움을 겪었는지도 돌아봐야 한다. 이러한 교육 부문의 변화들이 각각에게 미친 영향은 어땠는지, 누군가에게는 특히 더 가혹한 위기가 아니었는지 물어야 하고, 달라진 학교와 사회를 바라보는 교육 주체들의 생각은 어떻게 바뀌었는지를 살펴야 한다. 그래야 금방 끝나지 않을 '사상 초유의 시간' 속에서도 대한민국 공교육이 무너지지 않는다.

경기도교육연구원이 수행한 조사 연구 〈코로나19와 교육〉은 실증적 통계를 바탕으로 코로나19 이후 한국 공교육 현장의 변화를 초기의 일부나마 증명한다. 연구팀은 2020년 7월 경기도 내 초·중·고 800개 학교의 학생·학부모·교사에게 온라인 설문지를 돌렸다. 학생에게는 수면·식사부터 온라인 학습, 사교육, 교우 생활, 정서 부분까지 코로나19 이후 겪은 변화를 90개 문항으로 물었다. 학부모에게는 온라인 학습 지원과 자녀 돌봄 등에 관한 문항 40개, 교사에게는 온·오프라인 수업 운영, 학생 생활 지도 등에 관한 문항 77개를 제시했다. 초·중·고 학생 2만 1064명, 학부모 3만 1042명, 교사 3860명, 총 5만 5966명이 조사에 참여했다. 전국을 아우르지 못하는 한계는 있지만, 코로나19 이후 우리나라 교육 현장의 변화를 살피는 대규모 실증 연구라는 점에서 참고할 가치가 있다.

조사 결과 '코로나19로 달라진 학생들의 삶'은 머릿속으로 예상

울고 있는 아이에게 말을 걸면

했던 모든 암울한 전망들이 다 들어맞았다. 코로나19로 학생들 삶의 질이 전반적으로 떨어졌다. 학업 부담은 줄지 않았고 학생들의 사회성 발달 기회가 차단됐다. 특히 취약 계층일수록 그 정도가 심했다. 재난 속에서 실제로 교육 불평등이 심화되었다. 그렇다고 절망적인 신호만 있지는 않다. 커다란 변화를 겪으면서 학생들은 자신을 둘러싼 학교와 사회를 다시 돌아봤다. 학교와 사회의 근본적 변화를 그 누구보다 더 절실하게 예상하며, 또 요구한다. 여기 그 절망과 희망의 증거들이 있다.

친구 못 만나고 공부만 더 하게 된 아이들

다음 쪽의 '표 5-1'은 코로나19 이후 초중고 학생들 삶의 변화를 시각화한 그래프다. 가운데 부분의 옅은 회색 막대는 큰 변화가 없었다는 응답 비율이고, 좌우 막대는 각각 변화를 겪었다는 응답 비율이다. 회색 부분도 어느 정도 차지하니 코로나19가 학생들에게 별 영향을 주지 않은 건 아닐까? 연구 책임자인 이정연 경기도교육연구원 연구위원은 이 통계를 읽는 방법을 알려줬다. "(늘었건 줄었건) '변화했다'는 비율이 50~60% 혹은 그 이상이라는 점에 분명 의미가 있어요. 학생들 절반 이상이 코로나19로 일상이 흔들렸다는 거죠." 막대의 비율을 통해 변화의 정도를 측정했다면, 이번에는 변화의 방향을 보아야 한다. 왼쪽 막대(초록색)의 비율이 높을수록 해당 부문의 경험과 시간이 늘고, 오른쪽 막대(짙은 회색)의 비율이 높을

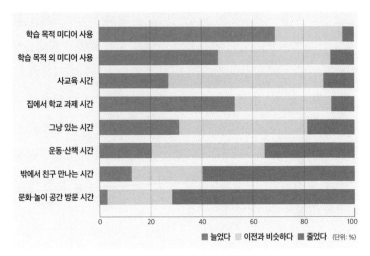

표 5-1. 코로나19 이후 생활 시간 변화

수록 그 경험과 시간이 줄었다는 뜻이다.

그 독해법에 따르면 코로나19 이후 학생들의 삶은 여러 부문에서 꽤 드라마틱한 변화를 겪었다. 학생들은 공부를 위해서든 놀기 위해서든 미디어 사용 시간이 늘었다. 사교육 시간, 학교 과제 시간도 늘었다. 동시에 아무 하는 일 없이 그냥 있는 시간도 늘었다. 반면 운동·산책 시간, 밖에서 친구 만나는 시간, 문화·놀이 공간 방문 시간은 확 줄었다. 거칠게 요약하면 코로나19 시기에 학생들은 다양한 경험을 할 수 있는 바깥세상과 단절된 채 집에서 혼자 공부를 하거나 미디어에 장시간 노출되거나 무료하게 시간을 때웠다.

가장 두드러지게 늘어난 시간은 TV, PC, 스마트폰, 태블릿 등 미디어 기기를 사용하는 시간이다. 전체 학생의 68.8%, 46.7%가 '학습 목적'과 '학습 외 목적'으로 미디어 이용 시간이 증가했다. '감소'라고 답한 비율은 4.6%와 9.5%밖에 안 된다. 온라인으로 학교 수업을 하니 당연한 결과라 볼 수도 있다. 하지만 미디어 이용 시간이 '학습 목적'이든 '학습 외 목적'이든 하루 평균 4시간 이상인 비율이 각각 22.2%, 23%이다. 학생 4분의 1 정도는 하루 8시간 이상 미디어 기기 화면을 들여다보고 살았다는 해석이 가능하다. 특히 초등학교 저학년의 미디어 노출 증가가 심각하다. '학습 목적'으로 74.8%, '학습 외 목적'으로 61.6%의 초등학교 저학년생들이 '코로나19 이전보다 더 오랫동안 미디어 기기를 사용했다'고 답했다. 그 증가 폭이 전 학년층 가운데 가장 높았다.

미디어 노출 시간과 더불어 늘어난 것은 학생들의 학업 부담이다. 학교는 문을 닫았는데 사교육 시간은 도리어 늘었다. 코로나19 이전과 비교한 학원 및 과외 수업 시간을 물었을 때 29.6%가 '늘었다'고 답했다('줄었다' 14.9%, '이전과 비슷하다' 55.5%). 집에서 숙제, 수행평가, 지필평가 준비 등을 하는 공부 시간도 53.1%가 '늘었다'('줄었다' 9.3%, '이전과 비슷하다' 37.5%)고 답했다. 동시에 '아무 하는 일 없이 그냥 있는 시간'도 증가했다. 전체 학년의 31.2%가 '늘었다'('줄었다' 18.7%)고 답했다. 이번에도 초등학교 저학년에서 그 비율이 가장 높았다(39.3%). 학생들은 양극단의 한 학기를 보냈다. 늘어난 과제와 사교육 부담에 허덕이거나, 시간 공백 속에서 방치되거나.

학습 시간, 미디어 이용 시간, 아무것도 하지 않는 시간이 늘었다면 분명 줄어든 시간도 있을 터다. 무엇일까? 조사 결과 학생들 삶에서 가장 두드러지게 감소한 시간은 운동·산책 시간, 문화·놀이 공간을 방문하는 시간, 그리고 밖에서 친구들과 만나는 시간 등이다. 전체 학생의 18.9%가 하루에 운동·산책을 하는 시간이 전혀 없었고, 42.8%는 1시간 미만 동안만 몸을 움직였다. 35.2%가 하루에 한 번도 친구들을 만나지 않았고, 23.3%가 1시간 미만 동안만 친구들을 만났다. 이런 신체 활동과 사회생활 시간 감소 또한 초등학교 저학년에서 가장 심각하게 나타났다. 운동·산책 시간, 친구와 만나는 시간, 친한 사람과 대화하는 시간, 문화·놀이 공간 방문 시간 모두 전 학년층 가운데 '줄었다'는 비율이 가장 높았다. 예를 들어 초등학교 저학년 39.1%는 코로나19 이후 하루 평균 한 번도 친구들과 만나지 못했다(1시간 미만 29.5%, 1~2시간 18%, 2~3시간 8.3%, 3~4시간 3%, 4시간 이상 2.1%). 하루 중 친한 사람과 대화하는 시간도 아예 없거나(14.2%), 1시간 미만(52.1%)이 대부분이었다.

김선숙 아동권리보장원 아동정책평가센터장은 사회관계 단절이 초등 저학년과 같은 유년기 아동들에게 특히 더 부정적인 영향을 미칠 것이라고 우려했다.

"어릴수록 사회관계라는 것은 양과 관련돼 있어요. 성인기에는 한 명이라도 친한 사람이 있으면 되고 관계의 질이 중요하지만, 아동기는 충분한 양 속에서 경험하고 선택해가면서 관계의 질을 구축해나가는 아주 중요한 시기예요. 그나마 고학년 청소년은 나름대로 관계를 맺어온 경험들이 어느 정도는 축적돼 있지만 지금 초등 저학년은 양적으로 부대끼는 과정을 놓치는 바람에 관계 속에서 인지와 사회성 등 발달 과업을 이뤄낼 기회를 아예 빼앗겨버렸어요."

아이들 스스로도 그 박탈감을 느끼고 있었다. 코로나19 이후 학교생활 중 가장 힘든 부분을 물었을 때 초등학교 저학년은 1순위로

	초등 저학년	초등 고학년	중학교	고등학교
1순위	친구 관계 28.3	친구 관계 24.8	평가 및 과제 31.7	평가 및 과제 29.4
2순위	평가 및 과제 23.8	평가 및 과제 24.6	학교 일정 따라잡기 15.8	학교 일정 따라잡기 25.4

(단위: %)

표 5-2. 코로나19 확산 이후 학교 생활 중 가장 힘든 부분

'친구 관계'를 꼽았다('표 5-2'). 고학년으로 갈수록 '평가 및 과제하기' '학교 일정 따라잡기'의 어려움을 호소하는 비율이 높았다. '감염병 예방수칙 준수'도 주요 고충으로 새로 등장했다. 중·고등학생들이 높게 꼽은 '평가 및 과제'나 '학교 일정 따라잡기' 고충의 비율은 교육이 어떠한 측면에서는 코로나19 이후에도 여전하다는 사실을 보여준다. 있던 문제들은 사라지거나 약해지지 않고 새로운 문제만 추가됐다. 이정연 연구위원은 말했다. "코로나 전이든 후든, 온라인이든 대면이든 기존 교육이 갖고 있던 입시와 평가의 문제들이 깨지거나 없어지지 않고 그대로 존재하는 거죠. 거기에 친구 관계라든지 방역의 문제들이 더해졌고요."

학생들 격차를 보정해주던 학교의 기능이 사라졌다

"재난은 약한 곳부터 부서트린다." 이 명제가 교육 부문에서도 증명

됐다. 모두가 교육의 변화를 겪었지만 그것들로부터 받은 영향과 후유증의 정도는 결코 동일하지 않았다. 취약 계층 학생일수록 더 깊고 길게 겪었다. 집이 가난할수록 온라인 수업에 더 못 따라가고, 시간을 허비하고, 마음의 상처를 크게 입었다. 코로나19 이후 학생들의 생활과 인식의 변화 응답을 가정 형편 상·중·하 계층별로 나눠 교차 분석해보았을 때 확인되는 내용들이다.

온라인 개학을 시작하며 우리 사회가 가장 걱정한 부분은 '디지털 기기 소유 여부'에 따른 격차였다. PC나 스마트폰, 태블릿이 있어야 수업 참여가 가능한데 기기가 없는 학생들은 학습권 자체가 가로막히지 않겠느냐는 우려였다. 교육부가 급히 예산을 배정해 각 학교에 내려보내고 학교들은 수요 조사를 벌여 기기들을 구입해 학생들에게 나눠줬다. 그 덕분인지 전체 82%의 학생들이 '학교 온라인 수업에 참여하기 위해 언제든 사용할 수 있는 디지털 기기를 갖고 있다.'고 답했다. 이 정도면 충분할까? 이정연 연구위원은 '갖고 있지 않다.'고 응답한 18%도 결코 작은 수치가 아니라고 분석했다. "온라인 수업을 위한 디지털 기기가 없다는 것은 교실에 나온 학생들에게 책상과 의자가 없다는 말과 같아요. 82%가 언뜻 생각하면 높은 수치 같죠? 하지만 한 반 학생이 20명이라고 할 때 3~4명은 아예 수업에 참여조차 할 수 없는 상황인 거예요."

그나마 기기 소유 여부는 계층별 격차가 크지 않다. 가정 형편 상층 81.6%, 하층 79.7%로 차이가 미미하다. 격차는 기기 소유 여부보다 수업 '환경'에서 더 벌어졌다. 코로나19 이전에는 집이 가난하든 부유하든 적어도 공교육 수업만은 같은 교실 안에서, 비교적

울고 있는 아이에게 말을 걸면

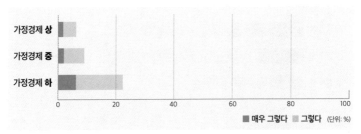

표 5-3. "나는 온라인 수업에 집중하기 어려운 장소에서 공부한다."

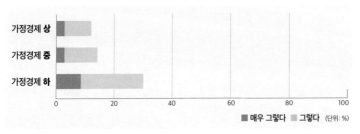

표 5-4. "온라인 수업할 때 사용하는 기기가 낡아 어려움을 겪은 적이 있다."

동일한 환경 속에서 받을 수 있었다. 코로나19 이후로는 각자의 '가정 배경'이 곧 '수업 환경'이 되었다. 가난한 집 학생일수록 온라인 수업에 집중하기 어려운 장소에서 학습하거나, 기기가 낡거나, 인터넷 속도가 느려 학습에 방해를 받은 경우가 많았다는 비율이 높았다(표 '5-3', '5-4'). 조용하고 쾌적한 개인 공부방을 가진 학생과, 에어컨 없는 좁은 집에서 형제자매와 부대끼며 교과서 진도를 나가야 하는 학생의 출발선은 코로나19 이전보다 점점 더 멀어지고 있다.

'온라인 수업 내용이 잘 이해되지 않고 불편하다.'는 비율도 저소득층 학생이 높다. 하층 학생들은 온라인 수업을 듣다가 어렵거나 궁금한 점이 생겨도 선생님이나 보호자에게 도움을 받기보다 혼

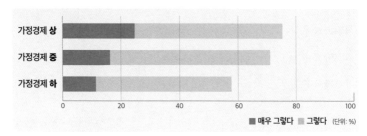

표 5-5. "나의 보호자는 온라인 학습 및 과제에 관심을 가진다."

자 해결하거나 그냥 넘어가는 경우가 많았고, 집에서 숙제·수행평가·지필평가 준비 등을 하는 시간은 중층·상층 학생에 비해 지나치게 많거나 적었다. 그만큼 학습 효율성이 떨어진다는 이야기다.

코로나19 이전에는 학교 선생님이 매일 알림장 내용을 불러주고 준비물과 숙제를 까먹으면 잔소리도 해줬지만, 코로나19 이후에는 가정 내 보호자 말고는 아무도 학생을 챙겨줄 사람이 없다. 그래서 보호자가 자녀의 학습과 과제에 신경 쓰고 말고의 차이는 예전보다 훨씬 더 큰 교육 격차를 만든다. '나의 보호자는 학교 일정과 공지사항을 확인하고 챙겨준다.'는 비율조차 계층 간 차이가 벌어진다('표 5-5'). 경기 지역의 한 초등학교 교사는 말했다. "형편이 어렵고 부모가 여유가 없는 가정의 경우 시시때때로 바뀌는 등교 일정을 잘 숙지하지 못해요. 그래서 자녀를 미등교일에 등교시키거나, 등교일에 등교시키지 못하는 경우도 허다해요."

코로나19 상황에서 교육 격차를 줄이기 위한 여러 복지 사업이 시행되고는 있지만, 대면 기회가 줄어든 시기에 그런 혜택이 있다는 '공지'는 정녕 필요한 이들에게 좀처럼 잘 가닿지 않는다. 한정

울고 있는 아이에게 말을 걸면

희 씨는 서울 한 초등학교에서 취약 계층 학생들을 발굴하고 지원하는 '지역사회 교육전문가(교육 복지사)'로 일한다. 그는 교내 교육 복지 대상 학생들에게 1인당 3만 원어치 방역 물품을 제공하는 프로그램을 꾸려 'e알리미(학교 알림장 앱)'를 통해 신청을 받았다. 대상 학생 학부모 다수가 공지를 확인하지 않았다. "e알리미 공지를 확인해주세요."라고 문자메시지를 보냈고 그마저 회신이 없는 가정에는 일일이 전화를 돌렸다. 정희 씨는 "모바일 데이터 소진으로 공지를 확인하지 않거나, 아예 앱 활용법 자체를 모르는 학부모가 적지 않다."라고 말했다. 그나마 교육 복지사가 재직하는 소수의 학교는 이렇게라도 신경을 써주지만, 대다수는 '공지' 이상을 해주기도 어렵다.

더 엉망으로 먹고 자고, 더 우울하고, 더 외롭다

코로나19가 벌린 격차는 학습 외 부분에서도 확인된다. 학습뿐 아니라 수면, 식사, 사회관계, 정서적 측면 모두에서 학생들 사이 계층별 불평등이 심화됐다. '코로나19 이전과 비교해 잠자는 시간의 변화'를 물었을 때 '이전과 비슷하다'는 응답은 상중하 가운데 하층이 가장 적고, '줄었다'거나 '늘었다'는 비중은 가장 많았다. 더 많이 자거나 더 적게 자거나, 가난한 집 학생일수록 수면 습관의 변화를 더 많이 겪은 것이다.

식습관의 격차는 더 심각하다. 학교에 등교하지 않는 평일 점심을 먹는지 물었을 때 '항상 먹는다'는 비율이 상층은 65.4%인 반면 하층은 41.1%에 불과했다. 코로나19 이전이라면 가정 환경이 어떻든 학교에서 동일하게 급식을 먹었기 때문에 발생하지 않던 격차다. '코로나19 이후 편의점 음식, 패스트푸드를 더 먹는다.'는 비율도 하층 학생일수록 높았다. 반면 상층 학생은 코로나19 이후 편의점 음식, 패스트푸드 비중은 줄고 집밥(한식) 비중은 느는 경향을 보였다. 학습뿐 아니라 생활 습관과 식습관의 격차도 보정해주던 학교의 기능이 사라진 탓에 나타난 현상들이다.

가정 형편이 어려운 학생일수록 코로나19 이후 미디어 노출 시간이나 '아무 하는 일 없이 보내는 시간'도 늘어났다. 그 시간들이 하루 4시간 이상이라는 학생 비율도 계층별 차이가 뚜렷하다. 반대로 밖에서 친구를 만나거나 운동·산책을 하는 시간은 가난한 학생일수록 코로나19 이전보다 감소했다. 이렇게 코로나19는 학교 시간표에 맞춰 동일하게 흘러가던 학생들의 학기 중 평일 시간을 갑작스레 각자의 재량에 맡겼다. 시간을 효율적으로 배분하고 활용하는 역량은 계층별로 갈렸고, 시간 배분의 결과는 또 한번 계층 격차를 벌렸다.

'누구와 시간을 보내는가.'가 이 격차에 기여한다. 평일 등교수업이 없는 날 어디에서 낮 시간을 보내는지 물었을 때, 계층에 상관없이 85% 이상이 '집'이라고 답했다. 차이는 그 시간에 '함께 있는 사람'에서 벌어진다. 상층 학생은 부모님과 함께 있는 경우가 반 이상(52%)이고 혼자 있는 경우는 15%에 불과하지만, 하층 학생은 부모님과 함께 있는 비율(35%)이 상층에 비해 훨씬 적고 혼자 있는

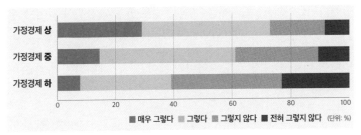

표 5-6. "나는 요즘 행복하다고 느낀다."

비율(28.6%)이 훨씬 높다. 이 격차는 '정서의 격차'를 만든다.

　최정원 국립정신건강센터 소아정신과 과장은 최근 진료실에서 그 격차를 목격했다. "코로나 상황에서도 부모가 재택근무를 할 수 있거나 안정적인 수입이 유지되는 가정은 자녀의 심리 상태가 오히려 호전되는 경우를 많이 봤어요. 부모가 아이와 시간을 많이 보내고 대화가 많아지면서 생긴 일이죠. 반면 생계 문제 때문에 긴급 돌봄에 보내야 하거나 부모가 자녀와 함께 보내는 시간이 더 적어지는 가정은 반대로 아이의 심리 상태가 더 불안해졌어요. 이렇게 극명하게 갈리고 있어요."

　실제 학생들에게 '요즘 행복한가.'라고 물어봤을 때, 계층에 따라 응답이 크게 달랐다('표 5-6'). 상층 학생은 72.5%가 행복하다고 했는데 하층 학생은 거의 반토막이다. 39%만 행복하다고 했다. 짜증이 나거나, 코로나19 이후 미래가 불안하거나, 학교에 가지 않는 날 혼자 남겨진 것 같은 기분이 드는 부정적 감정도 하층 학생이 훨씬 강했다. 당연한 걸까?

　김선숙 아동정책평가센터장은 이런 결과들이 예사롭지 않다고 말했다. "성인과 달리 아이들은 어느 정도 물질적 결핍만 없어도 행복하다고 답하는 경향이 있어요. 그래서 계층 간 행복도 차이의 변별력이 대개 이렇게 크게 나타나지 않아요." 김 센터장은 우리 사회가 이 결과를 무겁게 받아들여야 한다고 말했다.

"상층에 비해 하층 학생들의 부정적 정서가 2배 가까이 높게 나온 걸 보면, 놀 거리도 없고 돌봐주는 사람도 없고 대화 나눌 사람도 없이 미디어에만 계속 노출되는 코로나19 이후의 상황이 반영된 게 아닌가 싶어요. 사회적 거리두기가 정신건강에 미치는 영향이 아동, 특히 취약 계층 아동에게 심각하다는 사실을 우리 사회가 깊이 인식하고 빨리 대책을 마련해야 합니다."

김중미 아동문학 작가는 인천 만석동에서 돌봄이 필요한 학생들을 위해 공부방 '기찻길옆작은학교'를 운영해왔다. 그는 학교든 지역아동센터든 방역을 위해 문을 닫는 일이 속출하는 상황에서 가장 걱정되는 것이 취약 계층 학생들의 '마음 건강'이라고 말했다. 김 작가가 아이들로부터 들은 말들은 이런 것들이다. "너무 무기력하고 우울해져서 아무것도 하기 싫어요." "숨이 안 쉬어지는 느낌이 들어요." 사회적 거리두기가 2.5단계로 격상된다는 소식을 전하자 공부방의 초등 저학년 학생들은 울음을 터트렸다. 여기저기 다 문을 닫아 갈 곳이 없어질까 봐 두려운 마음에서였다. 김 작가는 말했다. "고립에 대한 불안, 충격이 아이들 사이에 너무 커요. 이런 아이들의 심리 상태에 우리 사회가 조금 더 관심을 기울여야 해요."

　　　　　　　　　　　　울고 있는 아이에게 말을 걸면

교육의 '뉴노멀' 요구하는 코로나 세대

기존의 것들이 사라진 자리에서 학생들은 절망의 신호를 보내는 동시에, 새로운 교육을 만들어낼 수 있는 희망의 싹도 틔우고 있다. 학생들은 나름대로 교육의 '뉴노멀'을 정립하는 중이다. 코로나19 이후 교사·학부모에 비해 훨씬 더 교육의 변화에 유연하고, 교육 복지에 대한 요구가 강하며, 사회 전반에 관심이 높아졌다는 사실이 통계로 확인된다.

먼저 '코로나19가 종식된다 해도 학교에서는 온라인 수업이 유지될 것이다.'에 응답한 비율을 보자. '그렇다'고 답한 학생 비율은 44.4%로 교사(31.9%)에 비해 훨씬 높다. '온라인 수업을 하더라도 선생님과 만나는 시간은 반드시 필요하다', 즉 대면 수업의 필수성에 동의하는 비율(74.7%)도 교사(96.5%)에 비해 확연히 떨어진다. 또 학생 86.8%는 말했다. "감염병에 대비해 학교와 교육 정책이 근본적으로 변해야 한다." 앞으로 교육의 모습이 코로나19 이전과 결코 같을 수 없고 그래서도 안 된다는 사실을 보여준다.

교육 복지에 대한 요구도 기성세대보다 강하다. '장기화되는 코로나19에 대비해 국민에게 재난지원금을 추가로 지급해야 한다', '재난 상황에서는 등교와 상관없이 학생들에게 마스크 무상 제공, 식재료 제공 등 필수적인 지원을 해야 한다', '학생들에게 온라인 수업을 할 수 있는 정보통신 기기가 제공되어야 한다.' 등에 학생 80% 이상이 동의했다. 교사나 학부모보다 일관되게 높은 비율로 교육 복지 강화 쪽에 손을 들었다.

사회를 바라보는 학생들의 시각은 어떨까? 코로나19에 대한 경각심이 다소 느슨해진 시기에 벌인 설문조사임에도 불구하고 학생 84%가 '다중이용시설 자제나 마스크 착용 등 방역수칙은 지금보다 더 강화되어야 한다.'고 답했다. 학생들은 코로나19 이후 감염병, 기후 변화, 자연 생태계, 병원 및 의료, 건강 문제, 사회 문제에도 관심이 많아졌다. 학생 20.5%는 코로나19로 인해 진로나 장래희망 직업이 변했다고 답했다. 예전과 다른, 이전에 겪어보지 못한, 이른바 '코로나 세대'의 출현이다.

교육에 관한 새로운 세대의 생각과 요구를 우리 사회는 어떻게 받아들이고 응답해야 할까. 이수광 경기도교육연구원장은 말했다. "이처럼 유연한 교육에 대한 학생들의 관념과 인식 체계를 제도가 끌어안음과 동시에 불평등 문제를 어떻게 공적으로 해결할 것인가에 어른들이 고민을 집중해야 합니다." 동시에 이 원장은 학생들의 높은 교육 복지 감수성을 보며 '시민교육의 창이 열렸다.'고 느낀다. "국가나 사회가 계약 관계에 있는 시민을 위해 좀 더 적극성을 발휘해야 한다는 감각이 어른들보다 훨씬 높은 것 같아요. 새로운 시민교육의 창이 활짝 열린 상황에서 정부·사회·학교가 어떻게 할 것인가 과제가 던져졌습니다."

다음 세대를 위한
공교육 '새로고침'

나는 우리 사회가 아이들에게 미안해하는 모습을 1년에 딱 한 번씩 본다. 수능 날이다. 그날만은 아이들이 안쓰럽고 짠하고 불쌍하고 애틋해 어른들이 어찌할 바를 몰라 한다. 엿과 찹쌀떡을 선물하고 비행기 이륙을 늦추고 출근 시간도 늦추고 교문 앞에 나가 따뜻한 차와 핫팩을 나눠주고 경찰차, 경찰 오토바이, 응급차, 무료 택시 등 모두모두 아낌없이 할 수 있는 건 다 내어준다.

나는 그날이 우리 사회가 일종의 '속죄 살풀이'를 하는 날이라고 생각한다. 놀고 싶은 거 하고 싶은 거 다 못 하게 막아놓고 어른들이 만들어놓은 틀과 체제 안에서 숨막히게 살아가는 한국 아이들에게 내심 쌓아온 미안함을, 그날 하루의 종교의례 같은 행동들을 통해 씻어내린다. 딱 그날 하루만. 그렇게 한번 개운하게 털어 내리고 사회는 다시 본모습으로 돌아가서 다음 수능 날이 다가오기 전까지 매일 아이들에게 모멸차고 쌀쌀맞은 표정을 짓는다.

2020년 수능 날은 그 살풀이가 극대화된 날이었다. 모두가 '백

일기도하는 심정으로' 무사 수능을 기원하고 기원했다. 온 행정력을 동원하고 온 정성을 기울였다. 덕분에 불가능할 것 같던 코로나 속 수능이 실제로 별 탈 없이 마무리되었다. 앞으로 국가에 또 코로나19와 비슷한 재난이 닥쳐도 2020년과 마찬가지로 수능 날에 맞춰 모든 교육 일정이 굴러가고 그 목표 아래 정성과 행정력이 모이고 결국은 또 별 탈 없이 치러질 것이다.

그런데도 아이들은 너무도 너그러워서

그 어떤 때와도 달랐던 2020년의 학교, 그리고 여느 때와 다름없었던 2020년의 수능 날을 바라보면서 '1년의 교육 공백, 100년의 빚' 기획을 만들어나갔다. 그저 코로나19 속 등교 확대를 주장하기 위한 의도가 아니었다. 과학적 근거를 토대로 아이들을 적절히 학교에 돌려보내고, 특히 어렵고 힘든 아이들을 위해 학교를 비롯한 여러 공공 교육·문화 인프라에는 좀 더 유연하게 사회적 거리두기 규정을 적용하면 좋겠다는 바람 역시 들어가 있었지만, 진짜 의도는 따로 있었다.

아이들을 향한 부채감을 심어주고 싶었다. 아이들이 떠안게 될 크고 무거운 빚을 어른들이 지웠다는 미안함과 죄책감. 아이들이 고통을 겪었고 앞으로도 겪게 될 테니, 어른들도 그 부채감의 고통에 함께 괴로워라도 했으면 좋겠다는 꿍꿍이가 있었다. "우리가 아이들에게 무슨 짓을 했는지 아십니까? 그게 아이들의 미래에 어떤

울고 있는 아이에게 말을 걸면

영향을 미칠지 알고라고 있읍시다."라고 일갈하고 싶었다. 왜 이런 부정적인 속내를 가지게 되었냐면, 힘있는 어른 중 아무도, 정말 단 한 사람도, 코로나19 속 아이들의 인내와 헌신에 대해 사과하는 사람이 없었기 때문이다.

대통령이나 총리는 종종 말했다. "코로나19에 피해를 입은 중소 상공인, 자영업자들을 생각하면 마음이 무겁습니다." 총리는 자영 업자들의 고통을 언급하며 눈물을 보이기도 했다. 좋은 말이고 필요한 메시지다. 재난의 피해는 불공평하게 배분되었고 그 가운데 영세 자영업자를 비롯한 사회적 약자들이 가장 큰 타격을 받았다.

그런데 나는, 아이들도 생각났다. 코로나 속 그 누구보다 더 큰 피해를 입었지만 그 상황을 참고 인내하고 헌신한 존재가 아동·청소년이라고, 나는 생각했다. 누가 누구보다 더 힘들고 덜 힘들다는 경중을 따지자는 이야기가 아니다. 다만 자영업자와 중소상공인의 손실은 당장 눈에 보이는 반면 아이들의 고통은 손에 잡히지 않는 추상적인 것들이다. 그래서 그 심각성에 비해 별로 주목을 못 받았고 치하받지 못하고 위로받지 못했다.

특히나 원래부터 가난하고 힘없는 아이들은 코로나 이후 그들이 겪는 고통과 어려움을 모니터링하고 세상에 발언하고 함께 고민해줄 보호자조차 변변히 없었다. 원래 상황이 괜찮은 아이들은 교육과 공동체 경험의 공백 속에서도 각자도생, 알아서 살 길을 찾아갔다. 그렇지 못한 아이들은 그야말로 고립무원, 사고무친이었다. 그런데도 아이들은 너무도 너그러워서, 인터뷰하거나 이야기를 나눠보면 "코로나 너무 미워요." "빨리 코로나를 물리쳤으면 좋겠어요.""코로나 때문에 이렇게 힘들지만, 우리가 열심히 마스크 쓰고 친구들과 거리두기를 하면 빨리 극복할 수 있을 거예요." 이렇게 코로나만 열심히 미워할 뿐 주어진 상황에 순응해주었다.

그저 힘있는 사람이 딱 한 번만, 아이들에게 머리를 숙여 말하는 모습을 보고 싶었다.

"여러분 마음껏 밖에서 뛰어놀게 해주지 못해 미안합니다. 여러분의 예쁜 코와 입을 마스크로 가린 채 답답하게 숨을 쉬게 해서 미안합니다. 친구들에게 가까이 다가가지 말라고, 이야기도 나누지 말라고 해서 미안합니다. 집에만 있으라고 해서 미안합니다. 학교 문을 닫아서 미안합니다. 여러분이 좋아하는 쉬는 시간과 중간놀이 시간을 없애서 미안합니다. 기다리던 수학여행과 소풍과 운동회를 취소해서 미안합니다. 놀이터, 도서관, 복지관, 체험 센터, 상담소, 수련관, 체육관 문을 닫아서 갈 곳이 없게 만들어서 미안합니다. 특히 어렵고 힘든 상황의 아동·청소년 여러분께 더 크고 무거운 짐을 지워줘서 더 미안합니다. 여러분의 소중한 1년을 빼앗아서 미안합니다. 여러분의 인내와 헌신은 코로나를 극복하는 데에 매우 큰 힘이 되고 있습니다. 정말 미안합니다. 그리고 고맙습니다."

수능 날 하루 살풀이로 털어버리지 말고, 이 부채감을 갚아나기기 위해 우리 어른들이 매일매일 아주 오랫동안 지속적으로 노력했으면 좋겠다. 초유의 팬데믹 속 수능도 가능하게 한 민족 아닌가. 그 '백일치성 드리듯' 하는 정성과 노력을 아이들이 얻은 교육 공백의 빚을 조금씩 탕감해주는 데 조금 나누어 줄 순 없을까.

울고 있는 아이에게 말을 걸면

아이들을 위한 공교육 '새로고침'을 생각한다

바이러스가 온 세상을 떠돌아다닌다 해도 우리가 쉽게 포기하지 않을 것들. 이건 정해진 답이 있는 게 아니어서 나라마다 사회마다 가족마다 개인마다 다르다. 어떤 민족은 감염자 수가 폭증해도 같은 강물을 떠다 마시며 종교의례를 행했고, 어느 나라는 다른 공장 문은 다 닫아도 '필수 업종' 육류 가공 공장은 매일 컨베이어 벨트를 돌렸다. 어느 사회는 다른 곳은 다 닫아도 미술관과 박물관 문은 열었고, 어떤 나라는 고등학생, 대학생은 원격 수업을 해도 유치원생, 초등학생은 매일 등교를 시켰다. 그게 중요하다는 사회적 합의가 있기 때문이다.

우리나라도 팬데믹 속에서 많은 것들을 지켜냈다. 선거를 치렀고, 돈의 흐름이 막히지 않도록 최선을 다했다. 지원금을 주고, 소비쿠폰을 풀고, 자영업자들의 영업 시간을 최대한 보장하기 위해 노력했다. 그리고 또 한 가지, 고3의 입시 체제도 흔들지 않았다. 코로나 확산 초기부터 교육부 발표를 통해 우리 사회의 합의가 선언됐다. "수능은 예정대로 치른다. (그러기 위해) 고3은 매일 등교한다."

"고3이 코로나도 안 걸리는 천하무적이냐."라는 말에 답이 있다. 수능, 입시(라는 현재 우리 사회 체제를 유지시키는 핵심 절차)는 '방역'이라는 팬데믹 시기 대한민국 최고의 가치도 누를 수 있는 천하무적 사회적 합의였다. 생각해보자. 가족의 임종, 장례를 지키는 일까지 막을 수 있는 '방역 우선주의'가 수능을 앞둔 고3 앞에서는 힘을 못 썼다. 교육부의 '2020 대입 관리 방안'에는 코로나19 상황이 3단계로 격상돼도 고3 수능은 '집합 금지'에서 예외로 적용하겠다는 내용이 포함되었다. 심지어 확진 학생도 수능을 치를 수 있었다.

"지금 이 시국에"라는 말이 가로막지 못하는 이 몇 가지들은 사실 우리가 매우 강하게 합의해놓은, 끝까지 지키고자 하는 가치들이었다. 그 목록들을 톺아보면 알 수 있다. 우리에겐 민주주의가 소중하다. 우리는 GDP와 가계 소득 통계를 중시하며, 지금의 대학 입시 체제를 포기할 수 없다.

이 가치의 우선순위가 틀렸다는 말이 아니다. 정말 중요한 가치들이 맞다. 방역을 무시하자는 뜻도 아니다. 그저, 우리가 실제로는 객관적인 감염 위험이나 과학적 데이터가 아닌 나 개인과 사회의 가치 판단을 통해 이 팬데믹 시기를 살아가고 있다는 사실을 다시 한번 환기하고 싶을 뿐이다. 감염이 두려워서 다니던 헬스장은 끊었지만, 감염이 두려워도 가끔 친구들과 호프집에 모여 맥주는 마신다. 방역을 위해 '집콕'을 권하면서도 경기 활성화를 위해 외식 쿠폰을 풀기도 한다.

그렇다면 또 다른 부분의 사회적 합의는 불가능한 걸까. 6개월, 길게 1년까지 보고 우리가 이런 '예외'들을 최소한으로 설정해놓았다면. 감염병 국면이 2년, 3년, 4년 5년 갈 때는. 그때도 지금과 같을 것인가? 간간히, 조심스럽게, '새로고침'이 필요하진 않을까.

개인마다 그 '새로고침'하고자 하는 영역들이 다를 것이다. 우리나라는 교회 예배, 집회, 여름휴가, 추석 성묘 같은 사안에서 사회적 합의가 이미 삐걱거렸고 서구 국가들은 마스크 착용 여부에 관해서 그랬다. 이를 둘러싼 논쟁들은 또한 매우 정치적이고 민감해서 함부로 말을 꺼내기조차 조심스러운 지점이 많다.

이처럼 각자의 가치 판단이 다른 가운데, 가장 먼저 모일 수 있고 또 시급한 것이 나는 개인적으로 '공교육'이라고 생각한다. 선행 진도를 빨리 빼고, 곱셈·방정식·전치사·관계대명사를 빨리 배워서 명문대에 한걸음 더 가까이 가는 그런 교육 말고. 교문이 열리고, 아침 공기를 맡으며 친구들과 인사하고, 선생님을 만나고, 책을 읽고, 생각을 나누고, 발표도 하고, 그림 그리고, 어제 집에서 있었던 속상한 일을 단짝 친구와 속닥이고, 운동장에서 뛰고, 급식을 먹고, 서로 눈을 마주보며 웃고, 싸웠다가 화해하고, 다시 내일 만날 것을 기약하며 헤어지는 그 시간들. 등교하지 않는 학생이 있으면 그의 가정 환경을 파악하고, 옷이 꾀죄죄하고 몸에 상처가 난 학생을 보고 그의 위험을 발견하며, 이런저런 사회 복지 정책을 연계할 수 있는 기회의 공간.

이렇게 학습이 있고 사회관계망이 있고 돌봄이 있는 공간이 학교이고, 그래서 공교육의 본격 재개가 그 무엇보다 방역과 저울질해볼 수 있는 가치가 아닐까. 마을도서관, 지역아동센터, 청소년센터, 보육정보센터 등등 아동·청소년의 공간이 '공교육'의 범주에 들어갈 수 있다고 본다. 이런 공간들이 체계적인 방역 환경을 마련하고 좀 더 적극적으로 문을 열어서 PC방, 학원, 동전노래방 같은 더 좁고 더 밀폐되고 더 위험한 곳에서 서성이는 아이들이 갈 곳이 생겼으면 좋겠다.

"이 시국에 무슨 교육까지 어떻게 신경 씁니까? 참으로 한가한 소리 하시네." 코로나19 시대의 교육 불평등을 다룬 기사에 달린 한

독자의 댓글이었다. 한가한가? 교육을 '남들보다 좀 더 잘살기 위한' 투자의 도구, 더 돋보이기 위한 사치재로 이해한다면 그럴 수 있다. (그런데 정작 그 투자의 도구, 입시로서의 교육, 혹은 사교육은 이미 사회적 합의를 거쳐 팬데믹 속에서도 예전 그대로 굴러가도록 용인되어 있다.) 우리는 그렇게 교육을 좁게 인식하고 있는지도 모른다.

학교 문을 닫으면(혹은 주 1회, 월 1주 정도만 열면) 자라나는 아이들은 배우지 못하고 먹지 못하고 돌봄받지 못하며 목숨을 잃기도 한다. 그런 사례들을 코로나19 시기 취재 과정에서 직접 목격했다. 아이들은 어른이 되고 사회에 나가 생존하고 뿌리내릴 수 있는 보편적인 배움의 기회를 뺏기고, 각자의 가정 배경만으로 뚫고 나가는 각자도생의 길을 걸어야 했다. 이게 그저 아이들만의 사정인가? 아이는, 그리고 교육은 국가와 민족의 미래라고 누누이 강조해오던 우리 아닌가?

전쟁통에 천막을 쳐서라도 아이들을 가르쳐왔다는 옛이야기에 나부터도 '우리 민족 참 어지간히 학구열, 출세욕이 세구나.'라고 생각했었다. 그런데 지금 생각해보면, 그것은 출세와 성공만을 위한 열의가 아니었다. '생존'과 '삶' 그 자체를 위한 자리였다. 그 천막 아래 부모 잃은 전쟁고아가 앉아 있었을지도 모르겠다. 동생을 업은 채 주린 배를 움켜잡고 근처를 서성이다가 친구도 사귀고, 구호단체에서 나눠주는 초콜릿 한 조각을 얻어먹었을지도 모른다. 거기서 글자를 깨쳐 전후 시대를 생존해나갈 최소한의 밑천을 마련했을 수도 있다. 그렇게 재난 속에서도 아이들의 공간이 유지되고, 보장되고, 굴러가는 게 우리 사회의 미래를 위해서라도 '정말 정말 정말' 중요하다고 나는 생각한다.

우리가 카페 사장님의 폐업을 막기 위해 QR코드로 출입 인증을 하고 커피를 테이크아웃하는 방법들을 시도해보았던 것처럼, 하객들을 1인 1테이블에 앉혀 갈비탕 개별 도시락을 먹이면서라도 팬데믹 속 결혼식을 치러냈던 것처럼, 학생들이 학교에 최대한 자주 갈 수 있기 위해 많은 사회 구성원이 머리를 모으고 방법들을 찾아볼 순 없을까?

내가 공교육을 방역과 저울질해볼 만한 가치로 판단하듯, 다른 사람들은 또 다른 가치의 중요성을 제시해볼 수 있다고 생각한다. 그렇게 조금씩 이야기를 꺼내보는 것이 결코 방역을 위협하는 비윤리적 행동은 아닐 것이다. 그러니 조심스럽게 이야기해보자. 우리는 지속 가능한 팬데믹 사회를 살아내기 위해, 무엇을 '새로고침'할 수 있을까?

뿌루퉁해진 목소리로 대답하는 숙자를 가만히 지켜보던 선생님이,
"학교 올 때 준비는 누가 해주니?" 하고 물었다. "제가요." "밥은?" "제
가요." (…) "숙자가 할 일이 너무 많아서 아팠나보구나." 숙자는 선생
님의 그 한마디 말에 눈물이 핑 돌았다.

— 김중미, 《괭이부리말 아이들》, '숙자와 담임선생님의 비밀' 중

코로나19가 우리 삶을 할퀴고 지나가던 2020년 어느 날, 저 구절을
읽고 한참을 울었다. 《괭이부리말 아이들》은 1997년 IMF가 지나간
뒤 나온 책이다. 담임선생님이 요 며칠 새 표정이 어두워진 자기 반
학생에게 이것저것 안부를 묻는 평범한 내용이 왜 그렇게 마음을
저몄을까.

취재 과정에서 만난 아이들의 얼굴이 떠올랐다. "밥은 어떻게
먹니?" "집에 누가 계시니?" "혼자 다니는 거야?" 질문을 던지면 다
들 어리둥절하다는 표정을 지었다. "그런 질문 처음 들어봐요." "아

무도 안 물어보던데요." 고개를 끄덕이며 들어주면 아이들은 봇물 터지듯 이야기를 시작했다. "이모, 이모, 그러니까요……." "기자님, 있잖아요……."

"물어보면 책임져야 하잖아. 그래서 아예 안 물어봐." 교사로 일하는 한 친구가 말했다. 그는 아이들의 삶에 가까이 다가가려 노력하던 좋은 어른들 중 한 사람이었다. 아이들을 불행한 환경에서 구해내려고 개입하기를 여러 번, 그러나 번번이 상처와 좌절을 맛본 뒤로는 일부러 묻지 않는다고 했다. "나도 내 삶이 있으니까."

그래, 맞다. 과연 누가 《괭이부리말 아이들》 소설 속 김명희 선생님이나 작가 김중미 선생님처럼 아이들의 삶 위에 자신의 삶을 완전히 포개어 살 수 있을까. 완전히 책임질 수 없으면 괜히 건드리지나 말아야 하는 건 아닐까.

기자는 애매한 직업이다. 포털 사이트 기자 소개란을 채우는 문구를 오래 고민하다가 "세상의 모든 약한 목소리에 마음을 둡니다."라고 적었다. 진심이긴 했지만 지금도 저 문장에 자신이 없다. '마음을 둬서 뭐? 어떻게 할 건데?' 뒤통수를 때리는 이 질문에 마땅한 답을 내지 못한 채 매번 묻기만 했다. 약한 목소리를 내는 사람들에게. 특히 아이들에게. 그들 속에 완전히 들어가지는 못하고 주변을 서성였다. 묻고 기록하기만 하면서 종종 자괴감이 들었다. '이것이 무언가를 바꾸어내기는 할까. 아이들에게 도움이 될까. 아이들의 이야기를 팔아서 그냥 내 성취감만 채우는 건 아닐까.'

그러나 쉬이 그만두지 못한 이유는, 묻기만 하는 어른들조차 점점 적어지고 있어서였다. 책임지지 못하니까, 마음만 불편해지니까,

울고 있는 아이에게 말을 걸면

어차피 상황을 바꾸지 못할 테니 그저 멀찍이 거리를 두다가 아예 등 돌려버리는 어른들이 예전보다 더 많아졌다. 보여도 보이지 않는 척, 들려도 들리지 않는 척하는 게 당연한 일이 되어버렸다. 가식적이진 않지만 차가운 세상이다. 궁금한데도 계속 묻지 않다 보면 언젠가는 아무도 궁금해하지 않게 된다. 그러면 정말 약한 사람들은 단 한 번도 말할 기회를 얻지 못한다. 그런 장면들을 몇 번 목격하면서 나는 묻기라도 하는 쪽을 택했다.

> 예전에는 세상을 바꾸지도 못하고 그저 울기만 하는 것은 아무짝에도 쓸모없는 짓이라고 생각했다. 그러나 지금은 그렇게 생각하지 않는다. 내가 누군가 때문에 눈물을 흘리게 되면 그 누군가와 동무가 된다.
>
> — 김중미, 《괭이부리말 아이들》 머리말 중

'묻기만 하는 자'의 부끄러움에 파묻혀 있을 때, 이 구절에 용기를 얻었다. 물어보고, 들어주고, 함께 울어주는 일은 분명 아이들에게 힘이 될 것이다. 그걸 믿는 데에서부터 다시 한 걸음씩 나아가보려고 한다. 이 책이 그 시도의 일부이다.

독자들도 함께 궁금해하고, 이야기를 듣고, 울어주셨으면 좋겠다. 그러면 울고 있는 아이들의 동무가 또 한 명 늘어날 것이다. 거기서부터 변화가 시작될 것이다.

아이들의 목소리에 귀를 기울이면

아래 문장들은 초록우산 어린이재단이 2021년 10월부터 12월까지 3개월간 전국 17개 시도의 만 18세 이하 아동·청소년에게서 수집한 목소리다. 이는 《대한민국 아동이 제안하는 제20대 대선 아동정책 공약집》에 담겨 대선 후보(더불어민주당 이재명 후보, 국민의힘 윤석열 후보, 정의당 심상정 후보)들에게 전달되었다. 이 책에는 초록우산 어린이재단의 허락을 받아 총 4478명 중 100명의 목소리를 수록했다. 각 목소리들 뒤에는 이름, 2021년 기준 만 나이, 거주 지역을 표기했다. 이제 어른들이 응답해줄 시간이다.

[교육＊학교] "행복하게 공부하고 싶어요."

코로나로 인해 우리는 학교 쉬는 시간이 거의 없습니다. 잃어버린 2년이 20년같이 느껴집니다. ＊하○현 11, 부산

학교에 놀이터는 있는데 노는 시간은 왜 없나요? ＊박○현 9, 서울

코로나 때문에 학교에서 수학여행은 물론 아무것도 못 하고 있습니다. 더 많은 경험을 할 수 있게 도와주세요. 맨날 온라인 수업을 들으려고 하니 집중이 안 돼요. 방역을 꼭 지키면서 체험을 할 수 있게 해주세요. ＊홍○진 13, 충남

등교 시간을 9시까지 늘려주세요. 학교와 집 사이에 거리가 먼 학생들은 버스를 타려고 아침 일찍 일어나야 하고 등교 시간까지 등교를 하려면 아침밥을 먹을 수 없고 잠을 오래 못 자 학교에서 조는 아이들도 있습니다. 그러니 등교 시간을 넉넉히 9시까지로 늘려주세요. *강O솔 13, 제주

참여형 수업을 늘리면 더 이해가 잘 될 것 같고 수업이 지루하지 않고 더 재미있어질 것 같습니다. 또한 모둠 활동을 하면 친구들과 소통을 할 수 있고 리더십도 기를 수 있고 의견 대립 등의 문제를 해결하는 능력도 기를 수 있습니다. *유O송 12, 대전

저는 부모님과 상의하에 학원을 다니지 않아요. 그 시간에 더 다양한 경험을 하고 싶어서요. 그런데 학교 수업을 들을 때는 학원을 다녀야 하나 고민하게 돼요. 학교에서 배우지 않은 내용을 학원에서 배웠다고 생각하고 간단하게 넘어가거나 수업을 하지 않는 경우가 엄청 많아요. 물론 시험 볼 때도 예외는 아니죠. 이제는 학교에서 배운 걸로 시험 보고 싶어요. *마O범 13, 제주

학원에 있는 시간을 줄여주세요. 사교육보다는 친구들과 다 같이 있는 학교에서도 충분히 공부가 되게 공교육을 늘려주세요. *김O수 12, 부산

학교 진도가 빠르고 어려워서 힘들어요. 또 너무 무섭고 차별하는 선생님이 있어서 학생들에게 쉽게 알려주고 착한 선생님이 될 수 있도록 교육해주세요. *윤O하 10, 전북

제 급식에서 썩은 과일이 나온 적이 있고 저희 언니 급식에는 안 익은 고기가 나왔었어요. 우리가 먹는 음식의 상태를 꼭 봐주세요. *이O기 10, 광주

책상과 의자의 높이가 너무 낮아서 허리와 목이 아파서 불편해요. 그래서 학생들이 마음대로 자신의 키에 맞춰 높이를 조절할 수 있는 책걸상으로 교체해주시면 좋겠습니다. *김O진 12, 부산

아이들의 목소리에 귀를 기울이면

코로나19 때문에 칸막이를 설치하니까 책상이 너무 좁아요. 교과서와 필통 하나를 놓으면 다른 걸 놓을 자리가 없어요. 그리고 키에 따라 높이고 줄이는 의자가 있었으면 좋겠어요. *이O린 12, 부산

고등학교 내신은 서로 경쟁해야 하는 상대평가입니다. 하지만 학교라는 곳의 목적은 함께 공부를 배우는 곳, 같이 성장해나갈 동료를 만드는 곳이라고 생각합니다. 비록 사회는 경쟁터이더라도 작은 사회인 학교는 경쟁터보다는 편안한 곳이 될 수 있게 해주세요. 또한 현재의 학교는 교도소와 비슷합니다. 좁은 공간에서 규율 속에 같은 옷을 입고 같은 밥을 먹고 같은 공간에서 생활하는 모습이 스트레스입니다. 교실을 상상력을 키울 수 있는 자유로운 공간으로 만들어주세요. *구O영 14, 서울

아이들은 진로에 대한 고민이 많아요. 그런데 고민을 해결해줄 곳이 없어요. 학교에서 진로, 진학에 대한 교육이 더 다양했으면 좋겠고 시간도 확대됐으면 좋겠어요. *조O지 9, 충남

학교에서 친구들이랑 실수도 하고 실패도 많이 하면서 자라는 연습을 해야 하는데 실수나 실패에 대한 편견을 갖거나 줄세우기식으로 가르친다면 나중에 어른이 되어서 정직함보다 거짓으로라도 성과를 내려는 어른으로 자랄 것 같아요. *김O경 17, 전북

고등학교에서는 모의고사를 1년에 4번 보면서 오직 대학만을 위한 공부를 하는데, 친구를 그저 경쟁자로 보는 입시 위주의 교육 제도는 개편 및 개선되어야 합니다. *박O서 15, 제주

모든 어른들(선생님, 학부모)이 공부만 열심히 하기를 바랍니다. 이러한 사회의 압박을 줄여주시고 공부 외에 자신들의 꿈에 대해 좀 더 알아보고 다가갈 수 있는 활동들을 많이 경험할 수 있게 해주세요. *최O은 17, 경남

울고 있는 아이에게 말을 걸면

저희도 하고 싶은 것이 많고 꾸밀 자유가 있는데 학교에서 그런 걸 안 좋은 시선으로 보고 저희에게 벌점을 주고 뭐라고 하는 것이 정말 마음이 불편하고 기분이 좋지 않습니다. 서울 지역만 두발 자유가 되어 있어서 우리 지역도 두발 자유가 되었으면 좋겠습니다. *정O빈 14, 대전

학창시절 친구들과 추억을 남기는 사진을 찍고 싶지만 하루 종일 폰을 걷어서 추억을 만들 수 없습니다. 쉬는 시간에는 핸드폰 사용을 허가해주셨으면 합니다. *홍O성 13, 제주

교복은 학교생활을 하는 데 너무 불편합니다. 여학생들은 치마라서 더 불편하고 바지를 입으려면 추가로 구매해야 합니다. 그래서 사복도 아닌 학교 체육복 입고 등하교하는 것을 허락해주세요. *전O윤 17, 경남

[폭력＊범죄] "아동을 향한 폭력을 멈춰주세요."

최근 저희 학교에서 학교 폭력 사례가 있었습니다. 여러 친구들이 한 친구를 따돌리는 일도 있었습니다. 제발 학교 폭력 없고 모든 학생이 행복하게 지낼 수 있는 학교를 만들 수 있는 대책을 찾아주세요. *박O준 11, 경남

아동들이 위기에 처했을 때 자기 자신을 지킬 수 있는 교육을 해주셨으면 좋겠어요. 그리고 청소년들이 사고를 치면 다시 범죄를 저지르지 않도록, 사회에 도움이 되도록 철저하게 교육해주세요. *박O혜 8, 대구

학교 폭력을 자세히 조사하고 가해자의 지위와 권력에 보복당할까 두려워 떨지 않게 해주세요. 학교나 선생님들이 별거 아니라며 넘어가는 경우가 많았습니다. 고통받는 친구들이 너무 많습니다. *박O현 15, 서울

학교 폭력을 멈추려면 교육을 잘 들어야 하지만 학교에서 하는 학교 폭력 예방 교육은 너무 따분해서 듣기가 힘듭니다. 교육을 저희의 눈높이에 맞출 필요가 있습니다. 학생들이 집중해서 들을 수 있도록 교육 콘텐츠를 개발해주세요. 또한 학교 폭력을 경험한 아이들이 편하게 거부감 없이 도움을 요청할 수 있는 여건도 필요하다고 생각합니다. * 김O교 15, 제주

2020년도에 가장 화제가 되었던 뉴스들은 아동학대 사건, 성폭행 사건들이 주가 되었어요. 제가 태어나서 아동학대 사건이 이렇게 크게 이슈가 되었던 적은 없던 것 같아요. 나라의 국민이 또 다른 국민에게 피해를 준다면 이건 엄중하게 처벌받아야 한다고 생각해요. 학대로 피해 본 아이들에게는 쉼터를 지원해주고 아동학대의 가해자(부모)와는 거리를 두어야 할 필요가 있어요. 사람들도 아동학대가 심각하다는 것은 알고 있지만, 어떤 제도가 남은 아이들을 도와주고 있는지는 잘 모르고 있어요. 사람들에게 이런 제도가 만들어져 있다는 것을 알리고, 이런 아이들을 도와주어야 합니다. * 장O수 13, 제주

아동학대 처벌법을 강화해주시고 아동이 학대를 당했을 때 즉각 조치해주세요. 대한민국은 법이 너무 약합니다. 제발 아동 범죄와 관련된 벌을 강화해주십시오. 아동이 살기 좋은 나라가 되기 위해 아동에 대한 관심이 가장 중요합니다. 절대 무관심해서는 안 되고 학대받은 아동의 분리와 같은 즉각 조치가 바로 될 수 있도록 아동센터, 경찰청 등은 이를 개선해주셨으면 합니다. * 김O영 18, 대구

최근 아동 성착취물 동영상 등이 많이 유포되고 있다. 법을 꼼꼼하게 제정하여 유포되지 않도록 하고 어기면 큰 형벌을 받도록 해야 한다. 그리고 피해 아동이 정상적인 생활을 할 수 있도록 특수 치료를 더 강화하면 좋겠다. * 박O원 18, 대구

아동학대 사건이 나오지 않게 아이 생후 12개월 정도는 지속적으로 아이가 안전한지 나라에서 확인해주세요. 그리고 N번방 사건이 다시 나오지 않게 관련 어플에 음란물 등을 올릴 수 없게 법과 모니터링을 강화해주세요. * 이O연 13, 제주

울고 있는 아이에게 말을 걸면

나날이 심각해지고 있는 아동 성폭력에 관한 법을 강화시켜줬으면 좋겠습니다. 이걸 쓰는 동안에도 두려움이 끊이지 않네요. 매체에서 성 음란물과 접하는 것이 없게 해주시고 더 철저하게 성폭력에 관한 법을 강화시켜주세요. * 백O윤 13, 제주

아동 대상 범죄는 신고를 한다고 해도 처벌 수위도 강하지 않고 조사조차 제대로 이루어지지 않기 때문에 더욱 강하게 처벌이 이루어져야 한다고 생각한다. 아동이란 성인이 되기 전 아이들을 말한다. 즉 작고 약한 존재이다. 아동을 학대한다는 것은 아동이 인권을 침해당하는 것이기에 지금보다 더욱 강력한 처벌이 이루어져야 한다. * 김O서 17, 대구

가끔 뉴스를 보면 범죄자가 이사를 가는 것이 아니라 피해자가 도망가듯 이사 가는 것을 자주 보았는데 피해자 말고 가해자가 이사 갔으면 좋겠어요. 피해자 보호 대책을 만들어주세요. * 김O결 15, 경남

고의가 아니라거나 심신 미약으로 인한 처벌 약화가 없으면 좋겠어요. 밖에 다니기가 무서워요. 성폭력, 성희롱, 아동학대, 노인학대가 아직도 빈번하고 처벌도 약해요. 또 폭력이 있어도 가족 일이라는 이유로 경찰이 개입을 하지 않는 일도 있다던데 이건 개선해야 해요. 누구든 폭력하면 안 된다고 교육하고 모든 범죄에 대한 법을 강화하면 좋겠어요. * 권O원 17, 대구

범죄 위협이 있는 곳에 CCTV와 시끄럽게 울리는 경보기를 설치해주세요. 또 인터넷 매체와 신문같이 국민들에게 많이 노출되는 매체에 폭력 범죄 예방 공익 광고를 업로드하여 경각심을 일으키도록 해주세요. * 김O아 13, 부산

저에게도 폭력과 범죄가 일어날까 봐 두렵고 무섭습니다. 많은 사람들이 두려워하죠. 안전하게 살고 싶습니다. 가로등을 많이 설치하면 좋겠고 CCTV도 곳곳에 설치하면 좋겠습니다. * 황O정 10, 경남

언제 어디서든 폭력 범죄가 일어날 수 있습니다. 그런데 주변에 경찰관들이 없습니다. 폭력 범죄를 예방하기 위해서 순찰하고 예방할 수 있는 분이 많이 계시면 좋겠습니다. * 김O민 12, 대구

[기후＊환경] "지구가 아프지 않게 해주세요."

저는 평범한 학생입니다 하지만 제 삶이 점점 평범해지지 않고 있어요. 왜냐하면 환경 문제 때문입니다. 플라스틱을 마음껏 써도 어른들 세대에는 피해가 없지만 저희 세대에는 큰 피해를 입힙니다. 환경 문제에 대한 법을 강화시켜 주시고 일회용품 사용도 줄이는 법과 캠페인을 시행해주시면 좋겠습니다. 제 의견을 들어주셔서 감사합니다. * 이O민 11, 대구

일회용품을 쓰고 아무 곳에나 버리면 환경이 오염됩니다. 지구는 일회용품이 아닙니다. 그것뿐만 아니라 음식물 쓰레기도 많이 배출되고 있습니다. 그래서 이런 문제를 해결하고 기후 환경을 보호하기 위한 공약을 내주세요. * 황O인 10, 대구

지구가 점점 오염되고 지구 온난화로 남극이나 북극에 얼음이 점차 사라져가고 있습니다. 지구 온난화를 막기 위해서 국가에서 쓰레기를 버리면 안 된다는 법을 강화하고 사람들에게 쓰레기를 버리면 문제점이 많다는 것을 알렸으면 좋겠습니다.
* 박O혁 12, 부산

최근 기업에서 오염된 폐수를 강에 무허가로 방류해 인근 주민들이 큰 피해를 입었다는 뉴스를 봤는데 기업들에게는 얼마 안 되는 벌금을 물리는 것으로 끝날 때가 많은 것 같아요. 대기업들의 경우에는 무허가 산업 폐기물을 방류했을 때의 벌금 액수를 더 늘리고 피해를 입은 주민들에게 적절한 피해 보상을 반드시 하도록 정책을 개선하면 좋겠습니다. * 이O서 15, 경기

울고 있는 아이에게 말을 걸면

TV에서 보면 지구는 푸른색에 멋진 행성인데 미래에는 푸른색의 지구가 아닌 쓰레기가 보이고 검은색 행성이 될 것 같아서 걱정이에요. 쓰레기를 버리게 되면 일정 시간이 지나서 자연스럽게 부식이 되는 기술을 개발해주세요. 지구가 아프지 않게 해주세요. *정O혜 11, 전북

기업의 환경오염 물질 배출, 일회용품 생산량 같은 환경을 오염시키는 요소를 억제시켜야 합니다. 이에 따른 기업의 경제적 이익 감소는 기업에게 다른 혜택(친환경 신재생 에너지 설치 지원)들로 돌려주거나 다른 방안으로 마련해야 합니다. *정O주 17, 경남

공장에서 나오는 매연을 줄일 수 있는 법적 규제가 더 많아지고 매연을 줄이는 기술 연구에 신경을 많이 써주세요. *송O태 9, 충남

가스, 석유, 자동차를 쓰면 세금을 더 내게 하고 수소 자동차나 전기 자동차만 쓸 수 있는 환경으로 바꿔주세요. *이O준 12, 경북

탐구 과목으로라도 초등학생 때부터 환경 과목을 가르쳐 현재 환경이 어떤지, 탄소 중립을 잘 실천하고 있는지, 어떻게 하면 기후위기에서 벗어날 수 있는지 학습할 수 있는 과목이 만들어지면 좋겠습니다. *조O운 17, 경남

학교에서 기후위기에 관련된 교육을 받은 적 있는데 이론 위주로 해서 얼마나 심각한지 실감이 안 났습니다. 그래서 체험 위주로 하면 좋을 것 같습니다. 그러면 더 이해가 잘 가고 기후 위기를 막기 위한 실천을 더 많이 할 수 있을 것 같습니다. *박O은 13, 경기

지구 온난화를 늦추기 위해 채식의 날 만들기, 나무 심기, 전기 아껴 쓰기, 일회용품 줄이기 등등의 캠페인과 정책을 만들어 국민들도 동참할 수 있게 해주세요. *김O진 11, 경남

한국이 개발로 인해서 단시간에 선진국이 되어 우리가 지금은 잘 살고 있지만 개발을 하다 보면 환경이 훼손돼요. 꽉 막힌 콘크리트 아파트, 높은 건물 말고 지구가 편히 숨을 쉴 수 있는 숲을 많이 만들어주세요. *김○현 13, 제주

학교생활을 하다 보면 학생들이 분리 배출을 귀찮아하거나 대충 버리는 등 방법을 제대로 몰라서 잘 하지 못하는 것 같습니다. 그래서 학교에서 분리 배출의 중요성과 분리 배출하는 방법을 알려주는 교육이 마련되었으면 좋겠습니다. *서○비 17, 서울

[놀이＊여가] "놀 수 있는 권리를 보장해주세요."

요즘 놀이 시설이 별로 없고 위험한데 어린이들이 안심하고 마음껏 뛰어놀 수 있으려면 어른들이 아이들의 말에 귀를 기울여서 많은 놀이 시설을 제공해야한다.
*서○림 18, 제주

대도시에 비해 시골에는 놀이 공간 및 시설이 없어서 또래 친구들과 친근감을 쌓을 수 있는 기회가 정말 없어요. 대도시뿐만 아니라 시골 촌락에도 우리가 살아가고 있으니 제발 우리도 신경 써주세요. *박○진 16, 충남

어른들이 앉아 있는 벤치는 그늘이 있는데 저희가 노는 놀이 시설은 그늘이 거의 없어요. 그래서 여름에는 땀이 많이 나서 밖에서 놀기가 꺼려져요. *박○채 11, 서울

미끄럼틀 고정판이 부서져서 흔들리고 그네 끈이 끊어질 거 같아요. 위험한 놀이터를 고쳐주세요. *이○주 11, 대전

아동의 여가 활동에 대한 권리를 지켜주세요. 놀지도 못하고 생활하다 보면 우울증에 걸릴 것 같아요. 또 아이들의 의견을 존중해주세요. *박○경 12, 경북

울고 있는 아이에게 말을 걸면

놀이터에서 다치는 아이들이 많아지고 있어요. 노숙자분이 놀이터에 와서 제 친구를 때린 적도 있었고요. 놀이터가 위험하지 않고 안전해졌으면 좋겠어요. *조○은 12, 대전

우리 지역에는 놀이터는 있지만 놀이기구가 몇 개 없어서 타고 싶으면 다른 친구들과 경쟁을 해야 해요. 그리고 많이 낡기도 했어요. 놀이터에 새 놀이기구를 늘려 주세요. *김○온 11, 전남

청소년들도 놀 곳과 놀 거리가 필요한데 저학년이 노는 놀이터 외에는 놀 곳이 없어요. 가끔 버스나 지하철을 타고 멀리 가서 놀기는 하지만 돈도 많이 들고 가는 길도 힘들어요. *황○은 13, 경기

기계같이 공부만 하고 쉬지 못하는 삶을 4년을 더 버텨야 한다니 겁이 납니다. 조금이라도 괜찮으니 1년에 한두 번 휴식의 날 같은 대체공휴일을 만들어서 해맑은 순수한 청소년으로서 휴식을 취하고 놀고 싶습니다. 우리는 기계가 아니에요. *김○민 14, 경기

아이들을 위한 '아요일'을 만들어서 그날에는 아동이 마음껏 쉴 수 있게 해주세요. *박○원 9, 충남

스케줄 때문에 못 놀아요. 그럴 때마다 너무 서운하고 억울해요. 놀이 시간, 여가 시간을 더 갖게 해주세요. *박○ 12, 서울

주말을 좀 늘려주세요. 잘 시간이 부족하고 친구들 만날 시간이 부족합니다. 더 많이 쉬고 놀 수 있는 시간이 많아졌으면 좋겠다. *김○수 13, 경북

남의 놀이터에 가서 뛰어놀던 아이가 남의 놀이터에서 놀았다고 혼이 났다. 놀이터는 전부 평등하고 공용이면 좋겠다. *홍○석 12, 대구

아이들의 목소리에 귀를 기울이면   349

따릉이는 성인용만 있잖아요. 자전거가 없는 어린이들이 탈 수 있도록 세발, 네발 자전거 따릉이를 만들어주세요. * 부○울 11, 서울

가정 형편이 어려워도 비용 부담 없이 여가 생활을 누릴 수 있도록 무료 여가 시설이 많았으면 좋겠어요. * 박○훈 18, 서울

요즘 엄마가 유명한 카페라며 데려가는 곳마다 노키즈존이 너무 많아요. 예전에는 이런 걱정 없었던 것 같은데 요즘 들어 어린이들이 시끄럽고 뛰어다닌다며 노키즈존이 너무 많이 생겼어요. 어린이들에게 공공장소에서 시끄럽게 하면안 된다고 자세히 교육도 해주고 부모님들이 잘 보호하면 되는데 못 들어오게 하는 건 슬퍼요. 지금 어른들도 배려를 받으며 자랐을 텐데 잊고 지내는 사람이 너무 많네요. * 박○윤 12, 대구

우리 주변에는 다른 아이들처럼 놀고 싶지만 그렇지 못한 아이들도 많습니다. 몸이 불편한 아이들을 위한 놀이 공간도 더 만들어주실 것을 건의 드립니다. 함께 어울려 놀면서 서로를 좀 더 이해할 수 있는 시간을 만들어준다면 아이들의 소외감이나 선입견에 대한 문제도 조금 완화할 수 있지 않을까요? * 김○링 17, 전북

[교통안전] "안전하게 걸을 수 있는 거리를 만들어주세요."

신호등이 없는 횡단보도를 건널 때 주행하던 차를 보지 못해 크게 다칠 수 있습니다. 그러니 통학로 횡단보도에는 꼭 신호등을 설치해야 한다는 법을 만들어주셨으면 좋겠습니다. * 임○우 13, 제주

인도를 넓게, 많이 설치해주세요. 차도와 인도를 구별하는 노란 선이 있지만 차가 그 선을 넘기도 하고 인도가 없어 도로와 길을 구분하지 못하는 일이 생기기 때문입니다. * 박○빈 12, 경남

등굣길, 하굣길에서 발생하는 교통사고를 예방하기 위해 속도 감지기, 스쿨존 펜스, 신호등 등 교통안전 시설 설치를 확충해주세요. *김O주 15, 대전

아이들이 신호등을 잘 볼 수 있게 바닥 신호등을 만들어주세요. *최O영 8, 부산

신호등 초록불 시간이 짧아서 위험하게 뛰어가야 해요. 초록불 시간을 늘려주시면 걸어가는 시간이 늘어나 안전하게 갈 수 있습니다. *박O준 11, 경북

옐로카펫은 대부분 초등학교에만 설치되어 있습니다. 중고등학교에도 우리의 보행 안전을 위해 옐로카펫을 설치해주세요. *김O현 11, 경기

신호등이 없는 횡단보도에서 교통사고가 날 뻔한 적이 꽤 있었어요. 신호등을 꼭 설치해주세요. *강O소 11, 전남

아침에 등교할 땐 건너갈 수 있게 도와주시는 분들이 있는데 하교할 땐 없으니까 신호등이 없는 곳은 건너기 어려워요. 하교할 때도 교통안전지킴이 선생님이 필요해요. *김O은 13, 제주

제가 저번에 학교 근처에서 신호등이 초록불이었는데도 달려오는 트럭에 사고가 날 뻔했어요. 운전자가 교통 법규 잘 지켜서 사고 안 나게 관리해주세요. *박O준 11, 경남

어린이들이 다니는 곳까지 오토바이가 빠르게 다녀서 위험하다. 오토바이가 다닐 수 있는 곳을 제한하거나 오토바이 속도를 줄였으면 좋겠다. *최O온 12, 부산

대중교통을 이용해 통학해야 하는 데 버스 배차 시간이 너무 길어서 통학하기 힘들어요. 시골에 사는 아동들도 맘 편히 학교를 다닐 수 있도록 도와주세요. *김O림 13, 경기

아이들의 목소리에 귀를 기울이면

통학로에서 쌩쌩 달리는 신호위반 차량, 음주운전 차량 등 어린이와 시민들의 생명을 위협하는 운전자들이 너무 많습니다. 모든 차량에 센서를 부착해 음주운전을 하려고 하거나 신호위반을 하면 바로 센서가 감지를 해서 경찰서에 연락을 가게 하고 큰 처벌을 해주세요. *신O현 11, 부산

통학로에 불법 주차를 한 차량들이 굉장히많습니다. 길을 건너갈 때 지나오는 차가 보이지 않아 굉장히 조심스러워지고 무서워집니다. 저처럼 중학생도 잘 보이지 않는데 더 어린 아이들은 혼자서 길을 건널 때 더욱 위험할 거라 생각됩니다. 불법 주정차 감독을 강화하고 공용 주자장도 확대해주세요. *임O현 14, 경기

시내버스를 탈 때 발판이 너무 높아 버스에 오르기가 너무 힘들어요. 아이들의 안전을 위해 시내버스에도 어린이 발판이 설치되어져야 합니다. *이O민 8, 경남

아동·청소년들이 자주 다니는 학교 근처에 담배 피우는 아저씨가 많다. 간접 흡연해야 해서 염려가 된다. 금연구역 늘리기, 담배 판매 줄이기 등의 제도를 강화시켜야 한다. *신O은 13, 제주

학교 앞 문방구 앞에서 담배를 피우고 불도 안 끄고 버린 사람이 있었습니다. 학교 근처에 담배꽁초도 너무 많아요. 학교 근처에서는 담배를 못 피우게 해주세요.
*김O홍 11, 대구

학교 앞 편의점이나 문방구 등등 통학로 근처에서 절대로 담배를 팔지 않도록 해주세요. 담배를 피우면 건강에 해롭고 다른 사람들에게 피해를 주기 때문이에요.
*신O하 11, 서울

울고 있는 아이에게 말을 걸면

[복지] "함께 행복하기 위한 복지가 필요해요."

기저귀, 젖병, 옷, 분유 등 아동에게 필요한 필수 용품을 지원하는 등 지원금을 확대하여 아이 키우기 위한 경제적 부담을 줄이기 위해 노력해주세요. *손O준 12, 광주

저출생을 줄이기 위해 출산휴가 확대 보상금 및 육아용품 지급 등 임산부에게 많은 혜택과 복지를 제공한다. *박O영 14, 전남

초등학교에 다니는 학생들이 병원 갈 때 나라에서 병원비를 내주었으면 좋겠습니다. 아이들이 살기 좋은 나라가 되어야 아이들 낳기 좋은 환경이 되지 않을까요?
*김O형 12, 경북

학교가 멀어서 매일 대중교통을 타고 등교하는데요, 학교가 먼 것도 서러운데 교통비가 많이 들어서 부담이 됩니다. 모든 학생과 아동들의 교통비를 지원해주시면 좋겠습니다. *정O아 17, 대구

공동생활 가정 '그룹홈'에서 살고 있는 중학생입니다 저희 같은 아동들을 위해 지원을 더 해주셨으면 좋겠습니다. 현재 저희는 한 방에서 2~3명씩 살고 있습니다. 개인의 공간이 없으니 한 곳에서 각자의 일을 해야 하는데 쉽지 않습니다. 사생활 같은 것은 당연히 없지요. 도와주세요. *이O재 15, 서울

피복비가 부족해서 계절마다 입을 수 있는 옷이 한두 벌밖에 없어요. 그리고 육아원 용돈도 올려주시면 좋겠어요. 또 한 방을 4명이 쓴다는 건 너무 너무한 것 같아요.
*박O영 13, 충남

폐지 줍는 어르신들과 혼자 사시다가 돌아가시는 어르신들이 많이 있습니다. 이제부터는 이런 분들을 정부에서 직접 나와서 보살펴주고 지원을 많이 해서 더는 이렇게 어려운 어르신이 없기를 바라는 마음입니다. *박O준 15, 제주

혼자가 된 아이들에게 더 많은 복지를 만들어주세요. 더 좋은 환경에서 살 수 있게 복지시설을 더 좋게 만들어주시고 급식도 더 건강하게 만들어주세요. 그리고 그 아이가 독립할 수 있을 때까지 경제적 여건을 만들어주세요. *김O준 13, 제주

요즘 물가가 올라 아동급식 카드의 잔액으로는 배부르게 먹기가 힘들어요. 아동급식 카드로는 컵라면 정도밖에 못 사먹어서 건강이 나빠지고 있습니다. 아동급식 카드의 잔액을 늘려주셨으면 좋겠어요. *박O욱 12, 제주

형편이 어려운 가정의 친구들이 학원비 걱정 없이 학원 다닐 수 있도록 해주세요. 저희 집도 엄마랑 동생이랑 셋이 사는 한부모 가정인데요, 엄마가 혼자 가르치시기가 너무 힘들어 보여요. 저소득 가정 학생들의 학원비를 국가가 후원해주는 방법을 부탁드려요. *안O서 18, 서울

매일 열심히 일하시는 택배기사 아저씨들에게 휴식 시간을 주시고 맛있는 간식들을 먹고 힘들지 않게 해주세요. 계속 무리하게 일하다가 돌아가셨다는 얘기를 들어서 마음이 아팠어요. *이O린 11, 서울

지금 이 순간도 어딘가에서 노동자들이 노동을 하고 있을 것입니다. 그러니 그렇게 아무도 모르는 곳에서 노동하고 있을 노동자분들의 복지와 권리를 지켜주세요. 노동자분들은 월급도 제대로 받지 못하고 있어요. 심지어 외국인 노동자분들은 그분들의 권리도 없어져가고 있어요. 도와주세요. 부탁드려요. *최O성 12, 부산

시각장애인의 안전을 위해 신호등에서 초록불로 바뀌면 소리가 나면 좋겠다.
*신O우 12, 대구

울고 있는 아이에게 말을 걸면

[참여] "우리에게도 물어봐주세요."

아동의 경우 성인보다 참정권이 제한되어 있고 정책 결정 시 배제되는 부분이 있습니다. 아동이 본인의 시각에서 본인들을 위한 실질적인 정책을 요구, 제시할 수 있도록 아동 전용 국민청원을 운영해주십시오. *윤O환 15, 세종

'아동은 정치 같은 분야에 참여하지 못한다'라는 생각이 줄어들 수 있도록 해주시고 아동의 의견을 무시하지 않도록 여러 가지 정책과 법을 만들어주세요. *이O소 12, 대구

청소년이 직접 국회에서 말할 수 있는 자리를 마련하여 입법 절차에 의해 청소년이 생각한 정책이나 법안이 성립되도록 하는 길을 만들어주세요. 진정성을 전달하기 위해선 우리의 입으로 직접 말해야 한다고 생각합니다. 우리의 생각이 정책이나 법안에 들어가도록 해주시길 바랍니다. *이O우 16, 경남

세상에는 어른만 사는 것이 아니라 우리 어린이도 살고 있기 때문에 우리도 투표를 할 수 있었으면 좋겠습니다. 아동의 입장이 되어 아동을 위한 정책을 만든 사람에게 투표권을 행사하여 아동의 권리를 보장받을 수 있었으면 좋겠습니다. 미래를 책임질 우리 아동들이 목소리를 낼 수 있도록 관심을 가져주세요. *성O림 10, 경북

고등학생부터는 대통령 선거 참여하고 싶어요. 고등학생 또한 국민인데 국민을 대표하는 대통령을 뽑지 못하는 게 말이 안 되는 것 같아요. 고등학생도 투표가 가능해졌으면 좋겠어요. *김O연 16, 경남

'아이는 정치에 대해서 잘 몰라.' '참여해서 방해만 될 뿐이야.' '아동 말고 어른이 해야 돼.' 이런 편견을 버려주세요. 아동들은 어른들보다 생각이 맑고 순수해 어른보다 더 좋은 공약을 낼 수 있습니다. 아이들을 믿어주세요. 아이들도 투표를 할 수 있게 해주세요. 정치에 참여할 수 있게 해주세요. *최O석 12, 서울

유엔아동권리협약
UN Convention on the Rights of the Child

유엔아동권리협약이 담고 있는 4가지 기본권

생존권   적절한 생활수준을 누릴 권리, 안전한 주거지에서 살아갈 권리, 충분한 영양을 섭취하고 기본적인 보건 서비스를 받을 권리 등, 기본적인 삶을 누리는 데 필요한 권리.

보호권   모든 형태의 학대와 방임, 차별, 폭력, 고문, 징집, 부당한 형사처벌, 과도한 노동, 약물과 성폭력 등 어린이에게 유해한 것으로부터 보호받을 권리.

발달권   잠재 능력을 최대한 발휘하는 데 필요한 권리. 교육받을 권리, 여가를 즐길 권리, 문화생활을 하고 정보를 얻을 권리, 생각과 양심과 종교의 자유를 누릴 권리.

참여권   자신의 생활에 영향을 주는 일에 대하여 의견을 말할 수 있어야 하며, 그 의견을 말하고 존중받을 권리. 표현의 자유, 양심과 종교의 자유, 의견을 말할 권리, 평화로운 방법으로 모임을 자유롭게 열 수 있는 권리, 사생활을 보호받을 권리, 유익한 정보를 얻을 권리 등.

유엔아동권리협약 전문

제1조   아동의 범위는 특별히 따로 법으로 정하지 않는 한 18세 미만까지로 한다.

제2조   모든 아동은 인종이나 성별, 종교, 사회적 신분 등에 따른 어떤 종류의 차별로부터도 보호받아야 한다.

제3조   당사국 정부는 아동의 이익을 최우선으로 고려하여 정책을 수립하고 시행해야 한다.

제4조   당사국 정부는 본 협약이 인정한 아동의 권리 실현을 위해 적절한 행정적, 입법적 조치를 취하여야 한다.

제5조   당사국 정부는 아동의 부모 또는 보호자가 아동의 능력 발달에 맞도록 적절한 감독과 지도를 행할 책임을 가지고 있음을 존중해야 한다.

제6조   모든 아동은 생명을 존중받을 권리를 가지고 있으며, 당사국 정부는 아동의 생존과 발달을 최대한 보장해야 한다.

제7조   모든 아동은 이름과 국적을 가질 권리를 지니며, 부모가 누군지 알고, 부모로부터 양육받을 권리를 지닌다.

제8조   당사국 정부는 이름과 국적, 가족관계 등 아동의 신분 보장을 위해 필요한 사항들을 법률로써 보장해야 한다.

제9조   모든 아동은 아동의 이익이 침해당하는 경우가 아닌 한 부모와 함께 살 권리를 지니며, 부모와 떨어져 살 경우 부모를 만날 권리를 가진다.

제10조   당사국 정부는 아동 또는 부모가 서로 간의 면접을 위해 출국이나 입국을 신청할 때 이를 신속히 받아들여 부모와 자녀 간에 관계를 유지할 수 있도록 보장하여야 한다.

제11조   당사국 정부는 아동의 불법 해외 이송 및 강제 해외 체류를 막기 위해 협정 체결 등의 조치를 취해야 한다.

제12조   당사국 정부는 모든 아동이 자신에게 영향을 미치는 사건에 대해 의견을 말할 권리를 보장하여야 하며, 아동의 견해에 정당한 비중을 두도록 해야 한다.

제13조   모든 아동은 표현의 자유를 지니며, 국경과 관계없이 모든 종류의 정보와 사상을 접하고, 전달한 권리를 가진다.

제14조 모든 아동은 사상과 양심, 종교의 자유를 가진다.

제15조 모든 아동은 평화로운 결사와 집회의 자유를 가진다.

제16조 모든 아동은 가족이나 가정, 통신 등 사생활에 있어 위법적인 간섭을 받지 않을 권리와 명예에 대하여 위법적인 공격을 받지 않을 권리를 지닌다.

제17조 모든 아동은 국내와 국외로부터 필요한 정보를 얻을 수 있어야 하며, 대중 매체는 아동에게 유해한 정보를 지양하고 이익이 되는 정보만을 제공해야 한다.

제18조 부모는 아동 양육에 공동 책임을 져야 하며, 당사국 정부는 부모가 이러한 책임을 다하도록 지원해주어야 한다.

제19조 모든 아동은 폭력과 학대, 유기로부터 보호받아야 하며, 당사국 정부는 아동학대를 막고, 학대로 고통받는 아동을 보호하기 위한 조치를 취해야 한다.

제20조 당사국 정부는 가족이 없는 아동에게 양부모나 보호 시설 등을 제공해서 특별히 보호해야 하며, 시설을 선택할 때에는 아동의 인종이나 종교, 문화적인 배경을 충분히 고려해야 한다.

제21조 입양 제도를 인정할 경우 당사국은 입양을 결정함에 있어 아동의 이익을 최우선적으로 고려해야 하며, 권위 있는 관계 당국에 의해서만 입양이 이루어지도록 보장해야 한다.

제22조 당사국 정부는 난민 아동이 특별한 보호를 받을 수 있도록 적절한 조치를 취하여야 한다.

제23조 당사국은 장애 아동이 인격을 존중받고 자립하여 사회 참여를 할 수 있도록 특별한 보호와 교육을 제공하여야 한다.

제24조 당사국 정부는 아동이 최상의 건강 수준을 누릴 수 있도록 아동에게 적절한 보건 서비스를 제공해야만 한다.

제25조 당사국 정부는 보호나 치료의 목적으로 관계 당국에 의해 양육 지정된 아동의 양육 상태를 정기적으로 심사하여야 한다.

제26조 모든 아동은 사회 보험을 포함, 사회 보장 제도의 혜택을 받을 권리를 가진다.

제27조 모든 아동은 신체적, 정신적, 사회적 발달에 적합한 생활수준을 누릴 권

울고 있는 아이에게 말을 걸면

리를 가진다. 부모는 아동의 발달에 필요한 생활 여건을 확보하는 1차
적 책임을 지며 당사국 정부는 부모가 책임을 완수하도록 보장하여야
한다.

제28조 당사국 정부는 모든 아동이 균등한 교육의 기회를 가지고 있음을 인정
하고 초등 교육을 의무화해야 하는 한편 중등 교육과 고등 교육의 발전
을 위해 적절한 조치를 취하여야 한다.

제29조 교육은 아동의 인격 및 재능, 정신적, 신체적 능력을 최대한 개발하는
방향으로 행해져야 하며, 아동들이 모든 관계에 있어 이해와 평화, 관
용, 평등, 우정의 정신에 입각해 책임 있는 삶을 준비해 나가도록 행해
져야 한다

제30조 소수 민족의 아동은 그들 자신의 문화와 종교를 누리고, 고유의 언어를
사용할 권리를 가진다.

제31조 모든 아동은 적절한 휴식과 여가 생활을 즐기며, 문화 예술 활동에 참여
할 권리를 가진다.

제32조 모든 아동은 경제적으로 착취당해서는 안 되며, 건강과 발달을 위협하
고 교육에 지장을 주는 유해한 노동으로부터 보호받아야 한다.

제33조 당사국 정부는 마약 등의 약물로부터 아동을 보호하여야 하며, 약물의
생산과 거래에 아동이 이용되는 것을 막기 위하여 모든 적절한 조치를
취하여야 한다.

제34조 당사국 정부는 모든 형태의 성착취와 성폭력으로부터 아동을 보호할 의
무를 지며, 의무 이행을 위하여 아동을 성적으로 이용하는 모든 행위를
방지하기 위한 조치를 취하여야 한다.

제35조 당사국 정부는 아동을 대상으로 한 모든 형태의 약취 유인이나 매매, 거
래를 방지하기 위한 조치를 취하여야 한다.

제36조 당사국 정부는 아동복지에 해가 되는 모든 형태의 착취로부터 아동을
보호하여야 한다.

제37조 모든 아동은 고문이나 잔혹 행위, 위법적인 체포나 구금, 사형이나 종신
형 등의 형벌로부터 보호받아야 한다. 당사국은 구금된 아동을 성인 수
감자와 격리시켜야 하며, 가족과 접촉할 권리, 신속하고 적절한 법적 판

결을 받을 권리를 보장해주어야 한다.

제38조 15세 미만의 아동은 군대에 징집되어서는 안 되며, 분쟁 지역의 아동은 특별한 보호를 받아야 한다.

제39조 당사국 정부는 무력 분쟁과 고문, 학대, 폭력 등을 경험한 아동의 신체적, 정신적 회복 및 사회 복귀를 촉진하기 위한 모든 조치를 취해야 한다.

제40조 당사국 정부는 형법상 유죄로 인정받은 모든 아동이 사회에 복귀하여 건설적인 역할을 담당하도록 하기 위하여 인권과 타인의 자유에 대해 존중하는 생각을 키워주고 공정한 재판을 받도록 보장해주어야 한다.

1장 학대하는 부모, 살아남지 못한 아이

1 보건복지부, 〈2020 아동학대 주요통계〉.

2 박세경 외, 〈사회복지 보호서비스 인력의 수급실태와 운영제도 연구〉, 한국보건사회연구원, 2020.

3 위의 글.

4 강미정, 〈국내 아동학대 예산과 인프라 부족 현황과 제언〉, 세이브더칠드런 주최 '아동학대 예산과 인프라 확충을 위한 간담회' 발표문, 2021. 9. 15.

5 정익중, 〈아동학대 관련제도와 정책을 통해 본 아동권리〉, 제1회 아동권리포럼 '아동권리 시각으로 아동학대를 보다' 긴급토론회 발표문, 2021.

6 Lord Laming, *The Victoria Climbé Inquiry-Report Of An Inquiry*, January 2003.

7 Duncan Campbell, Sam Jones and David Brindle, "50 injuries, 60 visits-failures that led to the death of Baby P", *The Guardian*, 12 Nov 2008.

8 변진경, 〈우리는 어떻게 하면 아이가 덜 죽는지를 안다〉, 《시사IN》 564호, 2018. 7.

9 WHO, "The WHO mortality database", 2013. www.who.int/data/data-collection-tools/who-mortality-database

10 변진경, 〈신고가 학대받는 아동을 구한다〉, 《시사IN》 564호, 2018. 7.

11 https://endcorporalpunishment.org/

12 Barbro Hindberg, *Ending Corporal Punishment*, Ministry of Health and Social Affairs, Sweden, 2001.

13 Government Offices of Sweden and Save the Children Sweden, *Never Violence–Thirty-five Years on from Sweden's Abolition of Corporal Punishment*, 2014.

14 Pernilla Leviner, "The Ban On Corporal Punishment Of Child", *Alternative Law Journal*, 2013.

15 변진경, 〈나는 맞고 자랐지만 아무 문제없이 잘 컸다고?〉, 《시사IN》 566호, 2018. 7.

16 Staffan Janson, "The Swedish Experience-cooperation between the society and the individual", *Non Violent Childhoods Stockholm*, 2017. 5.

17 Elizabeth T. Gershoff, "More Harm Than Good: A Summary of Scientific Research on the Intended and Unintended Effects of Corporal Punishment on Children", *73 Law and Contemporary Problems* 31-56, Spring 2010.

18 https://www.barnombudsmannen.se/

19 Barn Ombusmannen, *Utanforskap, vald och karlek till orten*, 2018.

20 https://www.bris.se/

2장 먹어도 먹는 게 아닌 '아동 흙밥'

1 e-나라지표 '연도별 아동급식 지원 현황'. https://www.index.go.kr/potal/main/EachDtlPageDetail.do?idx_cd=2707

2 정정호, 〈아동이 있는 빈곤 가구의 식품 미보장 경험에 대한 질적 연구〉, 《사회복지연구》 43권 2호, 한국사회복지연구회, 2012.

3 한국보건사회연구원, 〈2018년 아동종합실태조사〉.

4 오상우 외, 〈취약계층 영양불균형 및 비만 예방관리 방안〉, 보건복지부, 2017.

5 경희대학교 SK청년비상 빅리더팀, 〈꿈나무카드 분석보고서〉, 2017.

6 정영태, 〈대구지역 결식우려아동에 대한 급식지원 개선방안 연구〉, 대구여성가족재단, 2018.

7 위의 글.

8 한국보건사회연구원, 〈2018년 아동종합실태조사〉.

9 오상우 외, 위의 글.

10 보건복지부, 〈2021년 결식 아동급식(지방이양) 업무 표준 매뉴얼〉.

11 정정호, 위의 글.

12 맘마미아 푸드트럭 '밥먹고 놀자'는 2021년 10월 16일 '군포 아동청소년전용식당

1호점 밥먹고 놀자(밥놀식당)'으로 발전했다. https://www.sisain.co.kr/45920

실제 이 계획이 실현돼 2022년 1월 현재 전국 920여 개 식당 사장님이 참여한 '선한 영향력' 네크워크가 가동 중이다. www.선한영향력가게.com

전경자 외, 〈2013~2016 어린이건강권사업 보고서〉, 시민건강연구소, 2018.

한국보건사회연구원, 〈2018년 아동종합실태조사〉.

질병관리청, 〈2019/2020 청소년건강행태조사〉.

한국보건사회연구원, 〈2018년 아동종합실태조사〉.

위의 글.

위의 글.

구혜자, 〈한국 청소년의 식생활·스트레스가 알레르기질환 진단 경험에 미치는 영향〉, 《보건교육건강증진학회지》 34권 2호, 한국보건교육건강증진학회, 2017.

오지원 외, 〈우리나라 청소년의 가당음료 섭취가 수면 시간, 주관적 스트레스와 우울감에 미치는 영향〉, 《대한임상건강증진학회지》 19권 3호, 대한임상건강증진학회, 2019.

김중수 외, 〈청소년의 아침 결식에 따른 정신건강의 관련성〉, 《가정의학》 8권 6호, 대한가정의학회, 2018.

Caroline G. Dunn, Ph.D. et al., "Feeding Low-Income Children during the COVID-19 Pandemic", *The New England Journal of Medicine*, 2020.

3장 목숨 건 등굣길

한국교통안전공단, 〈무신호 횡단보도 운전자 일시정지 의무 준수 실태 조사〉, 2021.

은석, 이혜림, 〈도시 서울의 공간불평등 검토: 어린이 놀 공간의 차이를 중심으로〉, 청년허브 공모연구, 2019.

이정원, 여창우, 〈특가법 어린이보호구역치사상에 관한 판결분석과 교통조사 실무대응〉, 《형사법의 신동향》 70호, 대검찰청, 2021.

이상돈, 이승하, 〈어린이 눈높이에서 바라본 통학로 교통안전: AI 딥러닝 영상 분석 기반으로〉, 서울디지털재단, 2020.

5   고주애 외, 〈아동의 생활환경 안전연구〉, 초록우산 어린이재단 아동복지연구소, 2016.

6   윤지원 외, 〈아동보호 개념으로의 아동안전 정책 방향 연구〉, 《한국위기관리논집》10권 11호, 위기관리 이론과실천, 2014.

7   이덕환 외, 〈비신호 횡단보도에서의 어린이 횡단행태 분석 연구〉, 《대한교통학회지》31권 3호, 대한교통학회, 2013.

8   질병관리청, 〈응급실 손상환자 심층조사 2015~2018〉, 2020년 6월 발표 자료.

9   박헌국, 〈보행자 교통사고에서의 역과손상의 특징〉, 경북대학교 수사과학대학원, 2009.

10   〈'이미 소달구지 수준' 안전속도 5030에 뿔난 운전자들〉, 《머니투데이》, 2021. 8. 17.
      〈'소달구지 타는 게 낫다'…'안전속도 5030' 첫날 반응은〉, 《쿠키뉴스》, 2021. 4. 17.

4장 인권 사각지대에 놓인 아이들

1   김아미, 〈초등학생의 유튜브 경험 및 인식에 대한 탐색적 연구〉, 《한국어린이미디어학회 학술대회 자료집》, 한국어린이미디어학회, 2018.

2   강희주 외, 〈유튜브 출연 아동의 놀이권 보장 현황〉, 《아동과 권리》25권 4호, 2021.

3   2008년 세계 금융 위기 이후 등장한 용어로 전 세계적 위기 상황이 야기한 '새로운 경제 질서' 또는 '새로운 일상'을 뜻한다. 코로나19 팬데믹이 촉발한 '뉴노멀'은 비대면, 비접촉(언택트untact) 등으로 특징지어진다.

4   신영미 외, 〈코로나19, 취약가정 아동·청소년의 생활실태 조사〉, 《희망친구 기아대책 이슈페이퍼》Vol. 01, 2020.

5   신연희 외, 〈수용자 자녀 인권상황 실태 조사〉, 국가인권위원회, 2017.

6   이 글에 나오는 사례는 위의 자료를 포함해, 최경옥·이경림의 〈수용자 가족의 경험에 관한 현상학적 연구〉(2017), '한·일 수용자 자녀 및 가족 지원에 관한 실태와 과제 정책 세미나 토론자료(2015), '한·미·일 아동인권관점에서 본 수감자 자녀지원 필요성에 관한 국제 심포지엄 자료'(2016)에서 인용했다.

7   인도적 체류 허가는 난민 신청자 중에 난민 요건을 갖추지 못했지만, 강제 추방할

경우 생명의 위협 등을 받을 수 있어 한시적으로 머물게 해주는 제도다.

8   신은주 외, 〈난민 아동 지원 성과 평가 및 지원 방안에 관한 연구〉, 세이브더칠드
    런 연구보고서, 2018.

9   노충래 외, 〈국내 난민 아동 한국사회 적응 실태 조사〉, 초록우산 어린이재단 연
    구보고서, 2017.

5장 팬데믹 교육 공백, 100년의 빚

1   〈코로나19가 드러낸 '한국인의 세계'〉, 《시사IN》·KBS 공동 기획 웹 조사, 2020.

2   이 책에 소개된 연구 결과들은 2020년 상황을 반영한 것이다. 2021년 델타·오미
    크론 변이가 출현한 이후에는 소아 청소년 전파와 감염 양상이 많이 달라졌다. 그
    럼에도 어린이의 낮은 중증 진행률과 치명률에는 큰 차이가 없었다.

3   Danilo Buonsenso, et al., "SARS-CoV-2 infections in Italian schools: preliminary
    findings after one month of school opening during the second wave of the
    pandemic", *Frontiers in Pediatrics* 14, January 2021.

4   Russell FM., et al., "COVID-19 in Victorian Schools: An analysis of child-care
    and school outbreak data and evidence-based recommendations for opening
    schools and keeping them open", *Melbourne, Australia: Murdoch Children's Research
    Institute and the University of Melbourne*, 25, September, 2020.

5   정은경 외, "Children with COVID-19 after Reopening of Schools, South Korea",
    Pediatric Infection and Vaccine Vol.27 No.3, 대한소아감염학회, 2020.

6   Viner RM, Mytton OT, Bonell C, et al., "Susceptibility to SARS-CoV-2 Infection
    Among Children and Adolescents Compared With Adults: A Systematic Review
    and Meta-analysis", *JAMA Pediatr*, 2021.

7   Otte im Kampe Eveline, et al., "Surveillance of COVID-19 school outbreaks,
    Germany, March to August 2020", *Eurosurveillance*, 2020.

8   Rebecca T. Leeb, et al., "COVID-19 Trends Among School-Aged Children— United
    States, March 1-September 19, 2020", *Morbidity and Mortality Weekly Report*, 2020.

9   Dyani Lewis, "Why schools probably aren't COVID hotspots", *Nature*, 29 October

2020.

10 델타·오미크론 변이가 출현한 이후에는 소아 청소년 전파와 감염 양상이 많이 달라졌다. 그럼에도 어린이의 낮은 중증 진행률과 치명률에는 큰 차이가 없었다.

11 Andreas Schleicher, *The Impact of COVID-19 on Education: Insights From Education at a Glance 2020*, OECD, 2020.

12 https://www.mdr.de/nachrichten/mitmachen/mdrfragt/umfrage-ergebnis-corona-schulen-zustimmung-normalbetrieb-100.html

13 https://dgpi.de/stellungnahme-schulen-und-kitas-sollen-wieder-geoeffnet-werden

14 https://bildungsklick.de/schule/detail/kmk-beschluss-zur-wiederaufnahme-des-schulbetriebs

15 https://www.gov.uk/government/news/statement-from-the-uk-chief-medical-officers-on-schools-and-childcare-reopening

16 https://www.unicef.org/press-releases/children-cannot-afford-another-year-school-disruption

17 João Pedro Azevedo, et al., "Simulating the Potential Impacts of COVID-19 School Closures on Schooling and Learning Outcomes: A Set of Global Estimates", *The World Bank Research Observer*, Vol. 36, Issue 1, February 2021.

18 Eric A. Hanushek, Ludger Woessmann, *The Economic Impacts of Learning Losses*, OECD, 2020.

19 임수현 외, 〈코로나19로 인한 학교 수업 방식의 변화가 교사 수업, 학생 학습, 학부모의 자녀 돌봄에 미친 영향: 초등학교를 중심으로〉, 서울특별시교육청 교육연구정보원 현안연구 보고서, 2020.

20 변진경, 〈"쇼핑센터는 열고 학교는 폐쇄… 우선순위를 매기는 파괴적인 신호"〉, 《시사IN》 702호, 2021. 3.

21 조윤정 외, 〈중학생의 생활과 문화 연구〉, 경기도교육연구원, 2020.

22 배상률 외, 〈청소년 미디어 이용 실태 및 대상별 정책대응방안 연구 I: 초등학생 - 기초분석보고서〉, 한국청소년정책연구원, 2020.

23 임수현 외, 위의 글.

강미정, 〈국내 아동학대 예산과 인프라 부족 현황과 제언〉, 세이브더칠드런 주최 '아동학대 예산과 인프라 확충을 위한 간담회' 발표문, 2021.

강희주 외, 〈유튜브 출연 아동의 놀이권 보장 현황〉, 《아동과 권리》 25권 4호, 2021.

경희대학교 SK청년비상 빅리더팀, 〈꿈나무카드 분석보고서〉, 2017.

고주애 외, 〈아동의 생활환경 안전연구〉, 초록우산 어린이재단 아동복지연구소, 2016.

구혜자, 〈한국 청소년의 식생활·스트레스가 알레르기질환 진단 경험에 미치는 영향〉, 《보건교육건강증진학회지》 34권 2호, 한국보건교육건강증진학회, 2017.

김아미, 〈초등학생의 유튜브 경험 및 인식에 대한 탐색적 연구〉, 《한국어린이미디어학회 학술대회 자료집》, 한국어린이미디어학회, 2018.

김영지 외, 〈2020년 아동·청소년 인권 실태 조사〉, 한국청소년정책연구원, 2020.

김중수 외, 〈청소년의 아침 결식에 따른 정신건강의 관련성〉, 《가정의학》 8권 6호, 대한가정의학회, 2018.

김희경, 《이상한 정상가족》, 동아시아, 2017.

노충래 외, 〈국내 난민 아동 한국사회 적응 실태 조사〉, 초록우산 어린이재단 연구보고서, 2017.

대구·포천 입양아동 학대 사망사건 진상조사와 제도개선위원회, 〈은비 보고서〉, 2017.

박선영, 〈수감자 자녀 인권 관점으로 본 대한민국의 형사사법 절차〉, 《한·미·일 아동 인권관점에서 본 수감자 자녀지원 필요성에 관한 국제 심포지엄》, 아동복지실천회 세움, 2016.

박세경 외, 〈사회복지 보호서비스 인력의 수급실태와 운영제도 연구〉, 한국보건사회연구원, 2020.

박헌국, 〈보행자 교통사고에서의 역과손상의 특징〉, 경북대학교 수사과학대학원, 2009.

배상률 외, 〈청소년 미디어 이용 실태 및 대상별 정책대응방안 연구 I: 초등학생-기초 분석보고서〉, 한국청소년정책연구원, 2020.

변진경, 《청년 흙밥 보고서》, 들녘, 2018.

신연희, 〈부모가 교도소에 있는 아이들 지원 필요성과 지원방안〉, 《한·일 수용자 자녀 및 가족 지원에 관한 실태와 과제 정책 세미나 토론자료》, 아동복지실천회 세움, 2015.

신연희 외, 〈수용자 자녀 인권상황 실태 조사〉, 국가인권위원회, 2017.

신영미 외, 〈코로나19, 취약가정 아동·청소년의 생활실태 조사〉, 《희망친구 기아대책 이슈페이퍼》 Vol. 01, 2020.

신은주 외, 〈난민 아동 지원 성과 평가 및 지원 방안에 관한 연구〉, 세이브더칠드런 연구보고서, 2018.

오상우 외, 〈취약계층 영양불균형 및 비만 예방관리 방안〉, 보건복지부, 2017.

오지원 외, 〈우리나라 청소년의 가당음료 섭취가 수면 시간, 주관적 스트레스와 우울 감에 미치는 영향〉, 《대한임상건강증진학회지》 19권 3호, 대한임상건강증진학 회, 2019.

울주 아동학대 사망사건 진상조사와 제도개선위원회, 〈이서현 보고서〉, 2014.

윤지원 외, 〈아동보호 개념으로의 아동안전 정책 방향 연구〉, 《한국위기관리논집》 10권 11호, 위기관리 이론과실천, 2014.

은석, 이혜림, 〈도시 서울의 공간불평등 검토: 어린이 놀 공간의 차이를 중심으로〉, 청 년허브 공모연구, 2019.

이덕환 외, 〈비신호 횡단보도에서의 어린이 횡단행태 분석 연구〉, 《대한교통학회지》 31권 3호, 대한교통학회, 2013.

이상돈, 이승하, 〈어린이 눈높이에서 바라본 통학로 교통안전: AI 딥러닝 영상 분석 기 반으로〉, 서울디지털재단, 2020.

이정원, 여창우, 〈특가법 어린이보호구역치사상에 관한 판결분석과 교통조사 실무대 응〉, 《형사법의 신동향》 70호, 대검찰청, 2021.

임수현 외, 〈코로나19로 인한 학교 수업 방식의 변화가 교사 수업, 학생 학습, 학부모

의 자녀 돌봄에 미친 영향: 초등학교를 중심으로〉, 서울특별시교육청 교육연구정
　보원 현안연구 보고서, 2020.

전경자 외, 〈2013~2016 어린이건강권사업 보고서〉, 시민건강연구소, 2018.

정영태, 〈대구지역 결식우려아동에 대한 급식지원 개선방안 연구〉, 대구여성가족재
　단, 2018.

정은경 외, "Children with COVID-19 after Reopening of Schools, South Korea",
　Pediatric Infection and Vaccine Vol. 27 No. 3, 대한소아감염학회, 2020.

정익중, 〈아동학대 관련제도와 정책을 통해 본 아동권리〉, 제1회 아동권리포럼 '아동
　권리 시각으로 아동학대를 보다' 긴급토론회 발표문, 2021.

정정호, 〈아동이 있는 빈곤 가구의 식품 미보장 경험에 대한 질적 연구〉, 《사회복지연
　구》 43권 2호, 한국사회복지연구회, 2012.

조윤정 외, 〈중학생의 생활과 문화 연구〉, 경기도교육연구원, 2020.

지우석 외, 〈민식이법으로도 미흡한 어린이 보호구역 안전〉, 《이슈&진단》 403호, 경
　기연구원, 2020.

질병관리청, 〈응급실 손상환자 심층조사 2015~2018〉, 2020년 6월 발표 자료.

질병관리청, 〈2019/2020 청소년건강행태조사〉.

최경옥, 이경림, 〈수용자 가족의 경험에 관한 현상학적 연구〉, 《한국사회복지학》 Vol.
　69, No. 2, 2017.

〈코로나19가 드러낸 '한국인의 세계'〉, 《시사IN》·KBS 공동 기획 웹 조사, 2020.

한국교통안전공단, 〈무신호 횡단보도 운전자 일시정지 의무 준수 실태 조사〉, 2021.

한국보건사회연구원, 〈2018년 아동종합실태조사〉.

Andreas Schleicher, *The Impact of COVID-19 on Education: Insights From Education at a
　Glance 2020*, OECD, 2020.

Barbro Hindberg, *Ending Corporal Punishment*, Ministry of Health and Social Affairs,
　Sweden, 2001.

Barn Ombusmannen, *Utanforskap, vald och karlek till orten*, 2018.

Caroline G. Dunn, Ph. D. et al., "Feeding Low-Income Children during the COVID-19
　Pandemic", *The New England Journal of Medicine*, 2020.

Danilo Buonsenso, et al., "SARS-CoV-2 infections in Italian schools: preliminary findings after one month of school opening during the second wave of the pandemic", *Frontiers in Pediatrics* 14, January 2021.

Duncan Campbell, Sam Jones and David Brindle, "50 injuries, 60 visits-failures that led to the death of Baby P", *The Guardian*, 12 Nov 2008.

Dyani Lewis, "Why schools probably aren't COVID hotspots", *Nature*, 29 October 2020.

Elizabeth T. Gershoff, "More Harm Than Good: A Summary of Scientific Research on the Intended and Unintended Effects of Corporal Punishment on Children", *73 Law and Contemporary Problems* 31-56, Spring 2010.

Eric A. Hanushek, Ludger Woessmann, *The Economic Impacts of Learning Losses*, OECD, 2020.

Government Offices of Sweden and Save the Children Sweden, *Never Violence – Thirty Years on from Sweden's Abolition of Corporal Punishment*, 2009.

Government Offices of Sweden and Save the Children Sweden, *Never Violence – Thirty-five Years on from Sweden's Abolition of Corporal Punishment*, 2014.

Joan E. Durrant, "The Swedish Ban on Corporal Punishment: Its History and Effects", *Family Violence Against Children*, De Gruyter, 1996.

João Pedro Azevedo, et al., "Simulating the Potential Impacts of COVID-19 School Closures on Schooling and Learning Outcomes: A Set of Global Estimates", The *World Bank Research Observer*, Vol. 36, Issue 1, February 2021.

Lord Laming, *The Victoria Climbé Inquiry-Report Of An Inquiry*, January 2003.

Otte im Kampe Eveline, et al., "Surveillance of COVID-19 school outbreaks, Germany, March to August 2020", *Eurosurveillance*, 2020.

Pernilla Leviner, "The Ban On Corporal Punishment Of Child", *Alternative Law Journal*, 2013.

Ray Jones, *The Story of Baby P: Setting the record straight*, Policy Press, 2014.

Rebecca T. Leeb, et al., "COVID-19 Trends Among School-Aged Children—United States, March 1-September 19, 2020", *Morbidity and Mortality Weekly Report*, 2020.

Russell FM., et al., "COVID-19 in Victorian Schools: An analysis of child-care and school outbreak data and evidence-based recommendations for opening schools and keeping them open", *Melbourne, Australia: Murdoch Children's Research Institute and the University of Melbourne*, 25, September, 2020.

Sharon Shoesmith, *Learning from Baby P*, Jessica Kingsley Publishers, 2016.

Staffan Janson, "The Swedish Experience-cooperation between the society and the individual", *Non Violent Childhoods Stockholm*, 2017.

Viner RM, Mytton OT, Bonell C, et al., "Susceptibility to SARS-CoV-2 Infection Among Children and Adolescents Compared With Adults: A Systematic Review and Meta-analysis", *JAMA Pediatr*, 2021.

WHO, "The WHO mortality database", 2013. www.who.int/data/data-collection-tools/who-mortality-database

책과 함께 보면 좋은 자료

- 사단법인 '선한영향력' 네트워크: **www.선한영향력가게.com**
- 세이브더칠드런 '대한민국 아동학대, 8년의 기록' 아카이브: **www.sc.or.kr/archive**
- 스웨덴 아동 옴부즈맨: **www.barnombudsmannen.se**
- 스웨덴 아동권리 NGO 브리스: **www.bris.se**
- 《시사IN》 '목숨 건 등굣길' 인터랙티브 웹페이지: **beyondschoolzone.sisain.co.kr**
- 아동 체벌 금지 글로벌 이니셔티브: **www.endcorporalpunishment.org**

울고 있는 아이에게 말을 걸면

2022년 5월 1일 초판 1쇄 발행
2023년 12월 20일 초판 3쇄 발행

지은이   변진경

펴낸이   정상태
펴낸곳   도서출판 아를
등록   제406-2019-000044호 (2019년 5월 2일)
주소   10881 경기도 파주시 문발로 139, 407호
전화   031-942-1832
팩스   0303-3445-1832
이메일   press.arles@gmail.com

• 책값은 뒤표지에 표시되어 있습니다.
• 잘못된 책은 구입하신 서점에서 교환해드립니다.

아를ARLES은 빈센트 반 고흐가 사랑한 남프랑스의 도시입니다.
아를 출판사의 책은 사유하는 일상의 기쁨, 아름다움을 발견하는 즐거움을 드립니다.
• 페이스북 @pressarles • 인스타그램 @pressarles • 트위터 @press_arles